国家社科基金
GUOJIA SHEKE JIJIN HOUQI ZIZHU XIANGMU
后期资助项目

社会危机与法律变革

南京国民政府时期的新盐法风波研究

陈卯轩 著

上海三联书店

西南民族大学

民族法学研究创新团队(14CXTD01)资助

目　录

绪　　论

1931 年 5 月,南京国民政府颁布新《盐法》。在该法的制定前后,围绕其创制实施,各相关利益主体间展开了持久的争执与角逐,形成了范围广泛影响深刻的社会风波,学界对此事件的事实与价值重建和事件本身在法制史上的地位仍不相称。本书将这一事件置于清末以来中国法制现代性转型背景下,通过对事件起因、演变发展过程中各社会势力间相互角逐又彼此依存的博弈的分析,揭示了这部法律夭折的深层缘由及过程的正功能。本书的研究发现,南京国民政府的新盐法,其制定颁布与其后来被悬置一样,势在必然。南京政府在新盐法风波中为自身利益最大化,有控制地利用了政府资源,全面影响和引导了事件的演变。这场风波为展示中国社会构建现代性法制的努力与艰辛提供了一个重要文本。

中国税盐之法,兴起甚早,其中清末以来占主导地位的专商引岸制是一种“产盐有定场,行盐有定额,运盐有定商,销盐有定岸”的僵化落后制度,加之近代中国社会政治治理和社会整合失败,它加剧了盐政的腐败混乱。有鉴于此,民国以来,以自由贸易废引岸专商以新盐政之呼声日渐高涨。南京国民政府成立后,制定新盐法一度进入社会政治议程,专商引岸与自由贸易便成为新盐法焦点。围绕新盐法的创制、颁布与施行,有关各方均进行了充分的动员,借助当时已有相当发展的传播媒介,表达诉求,辩驳责难,申张权利,博取同情。拥护新盐法者以讨伐引岸专商之弊为号召,反对新盐法者则以自由贸易条件不具备自守。颁布新盐法以刷新盐政,民众翘首以盼;而政府以新法即可增加收入,又能制造新朝气象,新盐法呼之欲出。1929 年 7 月 23 日,南京国民政府立法院议决:令财政部遵照国民党三届二中全会“整理盐法,减轻盐税,剔除积弊,调节盐价”的决议,草拟盐法全案,并组织人力搜集关于盐法的资料,新盐法制定的程序开始启动。围绕新盐政,各利益相关主体均积极介入,通过各种方式影响盐政格局,以图自身利益最大化。新盐法于 1931 年 3 月 21 日在立法院获得通过,并在盐政改革派强大压力下于 1931 年 3 月 21 日由国民政府正式公布。不过新盐法颁布并未平息争议,为此法是否施行,各利益相关方又展开了长期的角逐。总之,围绕新盐法的制定、颁布及施行,盐政改革各相关利益主体均深度卷入,形成了一场范围广泛、持续时间长、影响深刻的社会风波。由于新盐法第 39 条规定:"本法施行日期以命令定之",而直到抗战前,国民政府始终未公布实施新盐法的日期,使之成为"一纸应付舆论的空文而已",因而这部法律夭折了。但新盐法的失败意味深长,在近代以来中国社会法制现代性转型的探索中留下了沉重印迹。

1931 年南京政府颁布盐法,推行盐政变革,发生在中国盐务法制和盐政现代性转型过程中。现代性文化作为"西方理性启蒙运动和现代化历程所形成的文化模式和社会运行机理",它包含着相互关联的多重精神与制度性维度,比如"个体的主体性与自我意识、理性化和契约化的公共文化精神","经济运行的理性化、行政管理的科学化、公共领域的自律化、公共权力的民主化和契约化"①等。随着 19 世纪末 20 世纪初严复、梁启超等人大量地将西方文化介绍到中国,尤其从新文化运动到 30 年代胡适等人对自由主义思想在中国社会传播的推动,自启蒙时代以来形成的自由民主法治为标志的现代性文化,在与延续数千年且独立发展的中国传统文化的较量中,已然确立起优势。实际上,师夷长技以制夷的美梦早随北洋舰队一起覆灭,中体西用设计里纲常名教的最后一块遮羞布也已被撕扯不存,至五四时以德先生赛先生为符号的现代性文化的合法性已在古老文明的废墟上就大体确立起来。现代性文化改变了权力合法性证明方式,民意有了新的价值,同时,政治共识的形成机制也改变了,协商妥协取代暴力争斗被初步接纳,这些都必然影响民国社会的法律生活。民国以后,中国社会法制文化与法律制度现代性转型日益明显,这对南京国民政府盐政变革目标、相关利益主体博弈方式、新盐法的命运和盐政变革的进程与结局,都会产生深刻影响,是解读新盐法风波演变的基础。

同时,随现代性文化兴起的媒介业的发展,为公共议题博弈提供了新的社会动员和博弈平台,增添了社会危机与变革的复杂性,也考验着当事各方的智慧。1840 年后西方列强的殖民入侵,催生了大众文化兴起,原来被封建统治者顽固执行的"言禁"、"报禁"政策,受到冲击难以为继,传统社会的施政理念、方式与技术必然需要适时调整。在工业化的大众社会,通俗流行的大众文化成为普遍的、主导性的文化形态,以报刊为主的大众媒介在"公共领域"操控大众精神,这种"公开的并且在较短时间就可以到达

① 衣俊卿:《现代性的维度及其当代命运》,《中国社会科学》,2004 年第 4 期。

远距离的众多接受者的有组织的传播"在近代以来获得快速发展,引导公众对各种事件的注意与判断。近代报刊与传媒业的发展,提供了新的政治交流与博弈平台,激发了大众的政治参与热情。民众也正是借助于近代报刊等大众传媒平台,改变了传统的各自为战、力量分散的状态,使彼此分散的社会大众联系起来,形成公众舆论,为推进近代民族国家意识的构建和大众政治参与,起到了十分重要的作用。在新盐法的颁行过程中,新兴的报刊如《大公报》等对政府与民众之间的互动起了很大推动。首先,它提供了信息集合与交流平台,各方均有机会展示表达主张、诉求,政府立场与政见得以发布并获得多样化的深度解读,政策信息的流失误读危险被最小化,民众得以比较及时地了解到政府、旧盐商和地方势力在新盐法问题上的立场态度;第二,它成为民间社会向政府表达意愿的一种新渠道,利用在报刊上刊载文论表达对新盐法的态度,从而形成社会共识,以便政府了解和疏导民意,在某种程度上影响了国民政府对新盐法的决策。

南京国民政府建立之初,政治上面临重建权力合法性和实现权力整合的严重形势,而这与盐政有直接关系,需要政府对盐政改革有所作为。

权力合法性"是指政治系统使人们产生和坚持现存政治制度是社会的最适宜制度之信仰的能力"[1],本身并无固定标准。君权神授、世袭制度,是传统社会主要的合法性证明方式。随着晚清王朝的覆灭和社会结构的变动,在从皇权向民主共和国的过渡过程中,即中国现代的国家政权建设过程中,原有的权力合法性证明显然不合时宜,权力合法性危机开始出现。中华民国的建立,标志着共和国取代了君主制。《临时约法》规定"国家主权属于国民全体",意味着这次改朝换代极不寻常,权力合法性必须重建。整个民国时期的两个政权——北洋政府和南京国民政府都努力谋求重建权力合法性,以避免政治危机。[2] 近代以来,受现代性文化冲击,民主法制意识已有相当发展,公众政治参与热情提升,传媒的社会渗透和动员能力显现。在此情况下,权力合法性建立须以民意为基础,民主为号召,奠基在民主的意识形态之上,最根本的是减缓民生痛苦,增进改善民众切身利益。而推行盐政变革,减轻民众盐税负担,有助于政府塑造民主形象,张扬权力合法性。

新盐政的首要目标是用自由贸易取代引岸专商制度,回应民众革新盐

---

① 西摩·马丁·李普赛特:《政治人——政治的社会基础》,上海人民出版社,1997年版,第55页。

② 鲁克亮:《略论近代中国的荒政及其近代化》,《重庆师范大学学报》,2005年第6期。

政改善民生的期盼,巩固执政合法性的民意基础。所谓引岸专商制,指一种以"盐引票内规定商人销盐区域及销盐数额"为中心的食盐产供销及管理制度,越岸销售,即为私盐,此即所谓"划地行盐者"是也。各大盐商"挟其专卖权之雄劳,往往与官吏缉私兵弁,狼狈为奸,上欺政府,下刮民脂,而盐吏兵弁,对于重斤夹带之私盐,连樯重载之枭败,因畏其势而受其贿赂之故,亦不敢过问,而对于人民购买已纳足国课之官盐,反多方勒索敲诈,借'越界为私'之名,任意罚办"。且"盐一经引商之手,则白净者变为污秽,鲜洁者变为苦涩,泥浆沙粒,米汤苦卤,任意掺杂,故纯盐不及百分之六十"。盐务官吏虽明知其弊,往往"受盐商的运动,互相勾结,狼狈为奸,尽其蒙混,欺诈,敲索,利用之能事"①。当时,社会舆论猛烈抨击此种落后的制度。显然,专商引岸为标志的旧盐政已丧失合法性。从经济上而言,一方面,它侵蚀政府税收,加重民生痛苦;另一方面,它抑止竞争,违背经济规律,不利于盐的品质改进。从政治上来说,专商引岸旧盐政使民生凋弊,民众困苦深重,怨声载道,任何负责任之政府都无法不对此作出反映。政府要塑造民主形象以重建权力的合法性,回应民众呼声减轻民生痛苦,改革盐政正是南京国民政府塑造民主形象建立权力合法性的机遇。至此,专商引岸制已声名狼藉,旧盐商要守护既有特权以获制度红利肯定难以为继,在缺乏替代性选择情况下,挤压旧盐商也就不可避免,专商引岸制成为盐政变革对象也就势在必然了。当时国内许多人士,包括国民党和南京政府体制内尤其立法院内的盐政改革派不少人都要求废除引岸制,实行自由贸易制度,认为此举除了有利于保证稳定的财政税源,而且还可以博取一个顺应民情,为民所虑的好名声,有利于南京国民政府权力合法性建构。

权力整合是民族国家中央权威的确立,即由单一的、全国性的政治权威,把国家权力集于公认的公共机构手中的政治整合,形成一个统一集中而有效运行的中央权威,完成地方秩序化建设。统治稳定的关键在于秩序的构建,对于20世纪初处于制度转型期的中国来说,巩固中央权威更具有特殊的重要意义。当时的中央权威已严重散失,地方势力自行其事非常普遍。中央权力的泡沫化不仅加剧盐政败坏,更破坏社会整体稳定,急须改革。巴林顿·摩尔指出:"在政治上,成功的现代化意味着在广阔的领域确立安定和秩序,这便要求一个强有力的中央政府。"权力整合需要厘清中央政府与地方政权的关系,用铁血与智谋实现中央政府对地方势力的控制,重建社会权力生态系统。民初军阀混战,纷争不断,社会长期处于失控

---

① 朱德龄:《改革我国盐务刍议》,《大公报》1931年1月18日,第十一版。

和动荡之中。在改朝换代的混乱中,由于道德习俗等地方性权力功能萎缩,社会向无序的黑暗沉沦。1927年以后,国民党开始实施旨在树立统治权威和秩序的政治控制,力图"建立一个能够延伸到乡村一级的更强有力的官僚控制机制"①,以达其现代国家建设目的。因此,南京国民政府肯定不会继续容忍地方势力对中央盐税收入的肆意切割,放任各地巧立名目以盐税附加盘剥民众的混乱状况而无所作为。革除旧盐政的积弊,实现盐政统一,就成为政府重建中央权威,实现权力整合的重要内容。同时,政府也力图通过盐政变革,规范地方势力,节制其对中央盐税侵蚀,借机整合政治权力。

引发南京政府决定推行盐政变革的直接因素是由于战事频兴导致的财政困境。自"国民政府建都南京以来",先"以完成北伐,饷糈浩繁",再由于"编遣军队,费用陡增",同时"辽案发生,赤匪西窜,外而御侮,内而剿共,需款尤急","天灾匪祸之交乘,世界经济恐慌之波及,东北事变之发生,时会艰难",使"财政收支上锁遭受贫困之境遇,为前此所未见"。因"税收锐减",迫不得已,只得举借债务,"用于弥补国库",其带来的直接后果是国民政府财政危机的更加严重,"每次公债均指定以关税为担保,故债愈发而中央之财政亦愈窘"。② 一方面是无法削减的支出,另一方面形象工程削减了税源,旧盐商和地方势侵蚀中央盐税收入,加之财政汲取对象已压榨尽净,国民政府在筹措款项时面临着财政汲取对象枯竭的严重局面,经济上面临破产。由于厘金没有废除,税制纷繁混乱,民众本已怨声载道;而帝国主义的赔款外债,锱铢必较,毫厘必偿,所谓开源节流一筹莫展。同时地方大小军阀林立,各据一方,中央政府无法控制全国的赋税,加之关税不能自主,除了依赖江浙财团外,南京当局基本上没有其他财源可言,国库入不敷出。为了改善财政困境,摆脱日益加剧的盐政危机,南京国民政府决意推行盐政变革,以增加政府财政税收,又回应民众减轻盐税期望而塑造民主形象。整顿盐税,推行盐政变革成为政府摆脱财政困境的突破口。

新盐法是南京国民政府推行盐政变革的产物。改革结果可能是零和的简单利益再分配,也可能变成多赢的格局,而结果并不取决于愿望,成功改革有赖诸多条件的集合。制度改革能否实现,相关利益主体诉求的充分表达、新制度的设计基础与原理的适用性、变革的政治意愿与执行力、博弈

---

① [美]费正清:《剑桥中华民国史》(第二部),上海人民出版社,1992年版,第364页。

② 宋子文:《十年来的中国金融与财政》,载中国文化建设协会:《抗战十年前之中国》,文海出版社,1948年版,第104页。

技巧、妥协智慧等,决定制度改革的走向与结局。面对入不敷出的财政、腐朽落后的专商引岸制、各自为政的地方势力、翘首以盼刷新盐政的民众,南京国民政府决心制定新盐法,实行盐政变革,以调整失灵混乱的盐税利益格局,在经济上巩固税源、协调与地方政府及盐商利益,抑止盐商与地方势力的侵蚀,政治上强化中央权力以实现民族国家权力整合;同时回应民众刷新盐政呼声、减缓民生痛苦以塑造民主形象重建权力合法性。于是,在诸种因素的综合作用下,巩固财税基础、强化中央权力、塑造民主形象的盐政变革目标清晰起来,整顿旧盐政的大幕便逐渐开启。

新盐法改革核心是税额及税收的再分配,此种再分配主要是中央政府与地方政府、旧盐商之间的利益调整,各方追求的是收获的最大化。旧盐商在此过程中表现的是利益博弈的讨价还价,而地方势力则是以对抗争取妥协,在危机中推波助澜与趁乱渔利。对民众而言,需要设立一个止损点,以防税收利益博弈的失败者向自己转移损失,期盼的是损失最小化。而税收取向的盐政变革目标的负相关决定了新盐法命运的一波三折。以增加政府盐税收入为目的的盐政变革,一开始就包含巨大的政治风险,操作不慎就会变成利益分配的零和游戏。如果挤压旧盐商和地方势力的利益空间不顺,民众减轻盐负的愿望极易落空,缺乏弹性的经济现实利益考量,会冲击收买民心的软性的政治设想。加上对法律客观性认识不足,习惯用意愿代替现实,对推行新法阻力缺乏预见,面对预料之外困难时,南京政府对新盐法的热情可能无法持续。总体上,这场改革的逻辑基础是摆脱财政危机的现实考量,核心目标是增加政府的盐税收入,而非民众福利。财政取向的新盐法制度变革,就在这一基础上起步,它引导和制约着这场变革的方向与深度,也宿命地决定了新盐法的结局。

新盐法启动进入创制程序,意味着盐政改革的拥护者和反对者摊牌的时候到了,双方都必然以自己所拥有和所能动员的资源作最后一博,新盐法风波因而是相关利益主体为确定自己在新盐政格局中地位而展开的彼此争夺和相互妥协的博弈过程。民国的盐政体制,包括中央政府、地方势力、旧盐商以及民众四大利益主体,形成了以政府为主轴的政府与旧盐商、政府与地方势力、政府与民众,以及民众、地方势力、旧盐商之间错综复杂的关系网络,各利益主体的实际处境、利益诉求各不相同,这决定了他们在为自身利益最大化的新盐法博弈中的立场和行动,从而影响着新盐法风波的演变。

旧盐商及其代表的制度是盐政变革的对象。这一群体加深了民众的盐税负担,侵蚀了政府的盐税份额,但同时又是政府实现财政汲取的便利工具。其守护专商引岸制有自利动机,却也有保障政府税收的实效。政府一直利用旧盐商实现和扩大自身利益,必要时又默认社会妖魔化盐商以洗刷政府漠视民生痛苦的过失。旧盐商的利用价值及与政府千丝万缕的牵连决定了盐政变革中政府对旧盐商的妥协立场。新盐法风波中,南京国民政府借推行新盐政,实现了与盐商间重新分配财富的运动,造成了盐商利益空间被挤压,政府最终成为经济利益的最大受益方。当然,虽然旧盐商在此过程中被迫让渡出大部分原属于自己的利益,但同时却获得了国民政府一定程度的制度保障,双方可谓各得其利。因此,可以从利益挤压与争夺和利益牵联与妥协两个维度解读国民政府与旧盐商的关系,这也是塑造新盐法风波走向的重要因素。

国民政府一方面尽力挤压旧盐商的利益空间,不断增加盐税扩大自身利益。事实上,为了救济政府穷困之财政,南京国民政府自 1928 年 1 月起,就曾屡次增加盐税,尽管因此而加重负担的不止各类盐商,但这必然挤压旧盐商的利益空间。但盐商既然是为利来,与政府争利而扩大自身的利益就必不可免。当政府用各种名目提高税率,以增加税收充盈国库时,盐商则千方百计地偷税漏税以自肥,如多领皮耗,侵占税款;携私盐以漏税;贿赂盐官,共同舞弊等。另一方面,政府又通过查验盐票,利用这种便利的传统财政吸取管道,确认旧盐商的既得利益,甚至以新盐法的效力为对价,安抚盐政变革的反对者,表现的是利益牵联与妥协。南京国民政府立法院制定了新盐法,但创制新盐法的意愿,代替不了推行此法的经济资源、社会前提与法律技术,新盐法的阻力,岂止是旧盐商利欲熏心的道德缺陷,而是坚硬的社会事实。新盐法博弈中,国民政府为了"增厚国家财政实力",意图须推行新盐政,以变革摆脱危机,牺牲旧盐商不可避免。但同时政府也知道作为同一个利益共同体,完全排除盐商,而利润独占是绝对行不通的。商人负担之力毕竟有限,如若"一增再增,初犹可勉力行之,逾重则一踣而不能复起,陡使后者鑑及前车,不敢再为尝试",[①]也有违政府之本意。国民政府正是认识到此点,所以在从盐商处获取食盐利润最大化的同时,给予盐商一些优待、保障,在具体的实施层面就是查验盐票,甚至延缓实行新盐法。1931 年 7 月,国民政府发行盐税公债八千万,当局曾与盐商主要人物,事前商量,由包商将运票押借盐款,尽量购买库卷。各岸盐商,闻此项表示愿意响应,不过却声称新盐法颁布之前本可办理,但新盐法原则颁布后,运票向银行押款,银行不纳,且原来已做押款者,银行催赎甚亟,故望政

① 寒梅:《政府与商人合作之起点》,《上海报》1935 年 1 月 14 日,第一版。

府予一种保证。于是,财政部声明,在此项库卷本利未清偿以前,不施行自由贸易就场征税制即新盐法。这种情况即便不是新盐法的未能实施的根本原因,但至少其在某种程度上影响着国民政府推行盐法的决心。随后,国民党政府通过查验和换发盐商的盐照,从盐商那里取得了将近1400万元的验票费,旧盐商则从国民党政府那里取得了验票凭证,注明"永远照旧环运,禅资保障,附发司谕,载明条件,安心营业,以坚信用"。① 从此,引岸制度反而获得了南京国民政府一定程度的法律保障。

新盐法的制定和推行,触及旧盐商的核心利益,必然群起反对。旧盐商从盐政历史和社会功能角度宣扬专商引岸制的合法性和功绩。旧盐商认为专商引岸制沿习已久,有历史正当性,并作了详细辩解。同时,旧盐商自知历史合法性证明不足以保卫自己的权利,转而以图通过对新盐法前景的负面描述,在维护公共利益的名义下为引岸旧制延续生命,尽力扩大自身利益。盐商指出,专商引岸不仅历史上有合法性和功绩,现时也有合理性,反而自由贸易容易产生问题。旧盐商对新盐法的质疑和攻击主要集中在盐民生计,盐商正当权利,盐业垄断,食盐供应保障,盐税收入稳定及私盐管控等问题上。专商所言虽多属似是而非、混淆视听之语,但即便旧盐商反对新盐法缺乏正当性,但支撑其所述理由的事实并非完全杜撰。在预缴税款、债务纠纷、金融震动等方面的危机确实存在,失业盐民"通匪涌共"之忧也确是令国民政府志忑不安的隐患,税收保障、盐业竞争承受力、边远地区食盐供应等也需面对。由于缺乏政治正确和道德合法性支撑,旧盐商的诉求和诉求理由被简单化,变革的意愿过滤了历史累积的客观性现实。而显而易见的是,当局在推动新盐法时不得不尊重这种客观情况,任何逻辑和伦理的正当性都绕不开社会存在的坚硬事实,道德目标需要技术支撑。专商引岸旧盐政的腐朽,只能为盐政变革提供部分合法性,只有支撑自由贸易的社会基础具备时,新盐政才可能顺利推进。

除了旧盐商,地方势力出于维持既得利益的动机,为截留中央盐税、增加盐斤附加税自行其事现状免受威胁,也操纵或附和守护专商引岸的旧盐商,反对政府制定新盐法刷新盐政的努力。南京国民政府成立后,急需建立包括盐政在内的统一的中央权威。这一努力中,像四川军阀这样偏僻地区的割据势力肯定不是唯一的麻烦制造者,甚至还不是主要的对手,国民政府为确立自己在全国的权威还需要很多的政治与军事胜利。中原大战

---

① 1929年2月财政部令两淮盐运使张家瑞,查验四岸盐票办法经提院令通过,仰遵照办理具报》,《财政公报》第20期,1929年4月1日。

的获胜,使南京国民政府控制全国局面能力大为改观,因而踌躇满志,决心统一盐政。1930 年 12 月 20 日,南京国民政府向行政院发布命令:"现在军事已定,全国政治,悉遵正轨。盐税收入,关系中央财政,断不容再任纷歧割裂,有妨统一。为此令仰该院,即便转行各省政府遵照:凡属原有盐斤附加税捐省份,均限于民国二十年三月一日,一律划归财政部统一核收,以便分别减免,通筹整理"。并规定:"自经此次划归中央核收整理后,各该地方永不得另立名目,再征盐斤附税。"①南京政府明白,如果连取消盐斤附加推行都困难重重,日后新盐法前景肯定无法乐观。后来新盐法风波的演变应验了这一推断。显然,南京政府的努力能否有成效,这要受制于中央政府对地方势力的实际控制能力,而当时的客观现实,决定了这一目标的实现并不容易。

地方政府在民国政府权力整合未完成背景下,存在与中央政府的利益区分与冲突,其中四川等南京政府控制力较弱的地方更是如此。为追求自身利益的最大化,地方势力通过对新盐法抵制姿态谋取中央政府的利益让渡,中央政府则借变革盐政整合政府权力,强化中央权威,实现盐政统一。在力量对比条件不具备时,政府对地方势力作技术性让步,而一旦形势转变,后者讨价还价空间定被压缩。在新盐法风波初期,地方势力或者公开抵制新盐法以维持各自为政半独立格局,或者对中央政府命令充耳不闻我行我素,或者花言巧语对南京政府敷衍塘塞。而随着形势转变,当发现无力阻挡盐政变革的推进时,新盐法变成讨价还价的话语策略,这种情况以南京政府与四川军阀围绕新盐政的长期交涉和博弈最为典型。

国民政府为了增加财政收入,对于盐务整理颇有期待。认为此举既可以"收减税的美名,而国库又增如是的巨额,一举两得,何乐而不为? 捨盐政改革外,没有收效如此之大的"!② 但政府增加盐税要直接面对两方面的制约:一是民众承受极限,自然经济下经历年天灾战乱,民生困苦不堪,已无财政扩大吸取潜力;二是盐商和地方势力的利益争夺,政府必须在政治全局调节挤压对手的力度与方式,避免整体形态崩溃。南京国民政府主导着盐政主体的关系状态,为巩固财政税源,必然要压缩旧盐商利益空间,但这要顾及并受制于相互间历史与现实的利益纠缠。地方政府与中央政府的矛盾重要而敏感,以成本最小方式实现政治整合、强化中央权力,也非易事。对此时的南京国民政府而言,地方势力的政治支持仍是紧迫需要。

---

① 行政院公报,第 215 号,训令,民国 19 年 12 月 27 日。
② 朱德龄:《盐政改革与中国建设及教育问题(续)》,《大公报》1931 年 5 月 6 日,第十一版。

为维持与类似四川军阀一样的地方势力间微妙的政治平衡,政府不愿过度刺激对方。既然新法颁布就已经对地方势力形成了足够的压力,中央政府的盐利份额已获得巩固甚至还有些扩展,对地方势力在盐政中的小动作也就睁只眼闭只眼,彼此心照不宣。

在涉及盐政四大主体中,民众处于食物链最底层,是政府财政汲取的来源。他们不仅要承担政府盐税,还要忍受地方势力与盐商盘剥,改革盐政的期望最迫切,虽然其根据也许不是对新盐法的自由贸易的理性认知,更多是出于对专商引岸制黑暗和地方势力盘剥的切肤之痛。受现代性文化影响,政府要通过塑造民主形象建立权力合法性,但让利于民在实际上运作空间极为有限,因此除了约束地方势力与旧盐商,还必须借助自由贸易的承诺,展示民主风范,倾听并回应民众刷新盐政呼声。因此,创制新盐法刷新盐政符合民众的期待。立法权是国家权力的重要部分,执政者须借助这一权力巩固统治地位,使自身利益最大化;对广大民众来讲,新的立法也往往意味着改变自身在社会利益格局中位置增进其权益的机会。所以,成功的统治者总是善用"变法"去陈布新,在巩固既得利益同时又张扬了权力合法性,用共享的价值装饰赤裸裸的统治关系。由是,在南京国民政府制定新盐法的过程中,可以看到社会的广泛动员和各方的深度卷入。民众极关注与其自身利益密切的新盐法,对其制定施行报有极大期待,也在事实上推动了这一法律的出台;国民政府通过新盐法塑造民主形象建立权力合法性目标受制于财政现实,财政而不是福利取向的盐政变革决定了新盐法的命运,因此政府在事件全过程表现犹豫矛盾。发韧于广东革命政府时期的盐政改革,于国民政府成立之初,因财政需要和扫除弊端而由社会精英人士提议与推动,与社会大众的积极响应交相呼应,无形中为南京国民政府新盐法的制定提供了适宜的土壤。在具体制定和颁布后的过程中,南京国民政府和民众借助于现代化的舆论媒介在新盐法问题上一度形成了一个有助于法律制定、颁布和施行的气氛。

南京国民政府是新盐法和新盐政的中心,也是新盐法风波主导者。虽然国民政府推动的税收取向的盐政变革操作不慎就会变成零和游戏,施政空间有限,但政府一直掌控着变革的方向、内容、力度与节奏。南京国民政府在新盐法风波中的危机管理尽管未能实现政治预期,但在法律生活层面,其危机管理意识策略与措施及节奏把控,仍具有相当的水准。

在制度运行中,存在着报酬递增和自我强化的机制。制度一旦走上某一路径,它的既定方向会在以后的发展中得到自我强化,形成路径依赖。沿着既定的路径,制度的运行可能进入良性循环,迅速优化,也可能顺着原来的错误路径下滑，并锁定到某种无效率的状态下。初始的制度选择在这种自我强化和锁定效应下，会形成强大的运行惯性。在起始阶段带来报酬递增的制度，会产生一些与现有制度共存共荣的利益集团。这些利益集团会加强现有制度，使这种制度改革沿着原来的轨迹持续下去。而制度变革若想成功，需要足够的资源、技术与社会前提，用以克服旧制度的路径依赖及运行惯性。旧盐法在千余年的实施过程中所形成的既得利益集团——旧盐商，对引岸专商制度有着强烈的需求，他们力求巩固现有制度，继续维持他们获得的制度红利，阻碍新的改革，罔视新的制度比现存体制更为有效。此种状态的打破必须有政府介入，由政府采取强制的手法，实施由上而下的制度改革。但政府也是理性的，只有当她预期强制推行一种新制度安排的收益要大于其成本时，政府才有足够的推进动力。改革能否顺利推进，取决于赞同、支持和推动这种制度改革的行为主体集合，与其他反对利益主体集合的力量对比。南京国民政府立法院于1931年3月21日通过新盐法后，虽"迭请国府公布"，但"惟是盐商反对，进行甚猛"，①，地方势力也对新盐法持反对态度。南京政府立法院通过的新盐法，动了旧盐商和地方势力的奶酪，必然激起他们的反对。一时间，新盐法犹如捅了马蜂窝，各种"不宜""应缓行"的通电文章充斥了各种传媒。当然，新盐法受阻，顾及旧盐商及地方势力等盐政改革反对派的意见只是问题的一个方面。国民政府内部财政部门顾虑新法可能对税收产生负面影响，这才是南京国民政府在新盐法问上犹豫谨慎的根本原因。财政部此前对立法院草拟盐法要求就并不配合，对立法院制定的新法也相当不以为然。新盐法通过后，"财部方面，虑税收减少，亦持疑议"。② 财政部认为，实行新法"颇多窒碍"，尤其是盐税收入的稳定问题，这是影响新盐法走向的重要因素。

　　这一情况超出了兴冲冲的立法院改革派的预料。新盐法制定阶段，南京国民政府立法院对新盐法的信心部分源自对新盐法可以稳定政府盐税收入的乐观判断。但恰好这种判断既不是来自负责税收的财政部门，也并没有得到政府财政系统的确认与支持，这就埋下了日后南京国民政府立法院与财政部在新盐法施行问题上的分歧。财政部的消极事出有因，只是当时制定新盐法主张来势汹汹的情势，不便直接反对。其实，立法只能是对政治经济客观条件的表述，马克思认为，即便是专制君主，也不能对经济条件发号施令。南京政府立法院在新盐法制定阶段，比较缺乏政治洞察力，

---

① 《新盐法诀公布》，《大公报》1931年4月11日，第四版。

② 《特种消费税与盐法》，《盛京时报》1931年4月25日，第二版。

对这些事实有所疏忽或对此类情况预见不充分,新法所站立的基础不大扎实,意气风发的国民政府立法院藐视法的客观性肯定会付出代价。实际上,国民政府的行政系统对盐政变革之废引岸专商盐政统一于中央的原则等等脱离实际,立法条件欠缺,困难及阻力重重,已有察觉。财政部对盐政变革价值的认知主要是财税巩固而非政治形象。立法院拟定的新盐法,尽管声称也是以摆脱财政危机为出发点的,但在财政部看来,首先冲击的恰恰是政府的税收,而这是当时南京政府无法承受的。也就是说,财政部门认为,当时并不具备新盐立法条件,加之立法技术粗糙,法律文本弹性不足,尤其立法中规定具体税额这一硬伤,使财政部门十分被动,因而对新盐法一直表现消极。至此时,国民政府高层已意识到施行新法的条件并不具备,财政部的踌躇不过是政府此前对法律客观性的疏忽立法不周祥的反映。

国民政府立法院根据国民党政策制定了新盐法,结果却遇阻力,使新盐法迟迟不能公布。这既是预料之外的困难,也是意想不到的纠错机会。新盐法起草成案,是南京政府变革盐政的重要举措,立法院不似行政系统,对新盐法颁行所面对困难现实认知不大深入,对新法所可能遭遇阻力概念笼统,因而在这一过程中表现积极。不过,立法院深知,只有国民政府的行政系统才实际上拥有左右政府意志、影响新盐法的颁布及施行的政治能量,因而有意将颁布及施行的权力留给了行政系统,为南京政府在新盐法风波后来发展中掌控主动提供了条件。所以,尽管南京国民政府在这一阶段看似被动,却仍有一定施政资源和空间。因此,南京国民政府克服阻力,高调颁布了新盐法。这不仅是对民众改革盐政呼声的回应,也是政府推动新盐政立场与决心的证据,同时也显示了南京国民政对社会重大议题塑造与危机管控能力。

南京国民政府能顶住压力,公布了新盐法,但再也无足够政治资源推动新盐政。新盐法颁布后,社会热切期待其尽快施行。通常情况下,颁布变革之法,只是制度变革的开始。但新盐法却有着不同的命运。近代以来,盐务积弊日深,其加剧民生困苦触目惊心,引岸专商制度已成众矢之的。国民政府因此推出了新盐法,宣示改革盐政之愿望与决心。但减轻民众负担不能帮助增加财政收入,利用旧盐商安抚地方势力就不可过度挤压其利益份额。南京政府希望塑造轻徭薄赋的新朝气象,在极端困难情况下裁撤了厘金,盐政让利于民空间就有限了。增进民众福利,重建权力合法性,就不应与民争利,这对财政近于崩溃的国民政府而言,谈何容易?加之对旧盐商财务支持的依赖,和对地方势力政治支持的急切需要,政府又怎能不顾他们的反对强推新盐法。这些事实规定了政府的施政空间,新法施行阻力重重。此外,就治理技术而言,国民政府在对缺乏政治正确和道德合法性支撑的旧盐政开战时草率从事,混淆了变革的愿望与变革的可能。政府对法律客观性和施行条件有重大误判与疏忽,对新法可能遭遇的阻力缺乏预见。新盐法的立法设计,对其施行条件和困难阻力认识肤浅,缺乏预见,所颁布的盐法,脱离当时环境,法律文本先天不足,条文粗糙,尤其税额规定硬伤,财政部难以下咽。在财政危机决定了政府施政资源有限情况下,强推新盐法并不明智。在此情况下,国民政府失去了强制推行新法的动力。所以,新盐法颁布后,南京政府推动新盐政的热情似乎耗费干净,变得迟钝和麻木,制定公布新盐法时的气魄和信心不见了踪影。

悬置新盐法也许不是南京政府的有意安排,却也不是其需要极力避免的结果。新盐法是盐政变革的符号,负载着新盐政的目标。法律文本的效力当然重要,但新盐法的内在精神,也即是盐政变革的三大目标才是这场制度改革的关键。这意味着,盐政变革是政府的核心利益。颁布新盐法,是政府收买民意敲打地方势力和旧盐商的施政手段;而悬置新盐法,则是政府送给盐政变革反对者的安慰。有意地推出与被动悬置新法,矛盾的行为却统一于国民政府追求自身利益最大化的政治思维,它们都是国民政府的国家意志。国民政府盐政变革本来就不是以增进民众福利为根本目标,自由贸易的新盐法只是财政取向的盐政变革的工具。所以当悬置新盐法有助于财税收入,又对维持与旧盐商和地方势力利益共同体关系需要时,国民政府对此诱惑难以抵抗。当牺牲新盐法的效力看起来符合利益最大化的理性原则时,新盐法被悬置已不可避免。或许这就不难解释为何国民政府高调颁布新盐法,却对施行此法呼声充耳不闻了。

当然,要让悬置新盐法在政治上可控,既需消耗政治资源,也需政治技巧,甚至一些运气。在新盐法颁布后,消极的行政院成了政府悬置新盐法的台阶,这种立法院与行政院在新盐法上对立的情况越来越有了苦肉计政治技术的色彩。好在立法院立法过程中已感到了反对者的能量,调整了部分内容,并因此有所顾忌,在法律文本中留了一个"本法施行日期以命令定之"的后门,为承载这一苦肉计安排预留了空间。尽管如此局面并非预先设计,也有一定政治成本,但至此似乎亦别无他策。南京政府利用了在象征变革的新法文本中的施行日期另行确定的规定,迟迟不公布新盐法施行日期。这手法也许不太光明正大,但对当时南京政府而言,也许是一次开明的立法院和保守的行政院对立姿态所提供的运用政治计谋的机会。恰好,由于要时间缓和旧盐商及部分地方政府对新盐法的抵制反对,财部方面新盐法实施会导致税收减少的疑议也有待厘清,出于"厘订税率过轻,则影响国库收放,过重,又引起走私。故实施新法,欲求各方均能兼顾,允宜先行剪除其障碍,奠定其新基,始足以推行尽利"①的考量,加上长江洪水、东北事变时局缓解了强推新法压力,虽然拥护新盐政各方一再呼吁,新盐法的施行在等待中没了下文,新盐法锈蚀在时间中。

国民政府立法院制定颁布了新盐法,却又放任其闲置,一直拖延施行。表面上,南京国民政府思想行动不联贯,相当被动,实际上南京国民政府对新盐法风波的演变仍有一定控制力。新盐法的颁布本身是南京政府与各方力量妥协的结果,是对新盐法支持者的礼物。新盐法的施行却是新的政治选择,至少其过程要取决于南京政府由施政资源和技术约束的政治意愿。幸运的是,法律即便颁布,如果政府没有强推新法的足够动力,新盐法仍可能在法律施行程序的沼泽中窒息。法律治理的弹性给了犹豫不决的政府与旧盐商和地方势力妥协一个机会,因未正式施行的新盐法不产生法律效力,只要政府不公布新盐法施行日期,现状即可维持。当然,此时已是民国时代,政治不再只是少数权贵的专属私事,社会大众对公共事务的参与不仅正当,而且流行。在新盐法制定颁布阶段激活的新盐政议题的热度尚未退去,何况盐政与公众生活关联度太高,南京政府不可能在此问题上大转弯急刹车,只可缓步试探,作出逐步实施姿态是合适的。南京政府在困难局面下,以缓慢局部和小步方式,稀释新盐法施行问题上的压力,尽管有一些政治信誉的消耗,却小心地避免了新盐法施行日期变成社会对抗的焦点。

在这一时段,因南京国民政府对施行新法有意拖延,制定颁布新盐法时期主导新盐政所获政治声望有所损耗。随时间流逝,仍无新法全面启动的实际措施,南京国民政府在新盐政问题上一点点地陷于被动,危机管理的压力也越来越大。南京政府此时期表现出的对施行新盐法的消极不仅遭到了社会大众的报怨批评,也承受着政府体制内支持新盐法改革派包括法律人的压力。每逢重大会议,总有代表拿新盐法问题敲打政府决策者。在此情况下,要求改革的呼声此起彼伏。报刊上呼吁新盐法施行的文章铺天盖地,体制内代表提案督促施行新法应接不暇,南京国民政府政治上承受着新盐法风波以来最大的压力。此时,已到了南京国民政府对施行新盐法下决心的时候了,于是表态承诺,于1936年底起分区施行新盐法。尽管南京国民政府从未正式施行新盐法,但分区施行新法是极具创意的政治操作,是南京国民政府新盐法风波中危机管理的高明手法。它不仅部分洗脱

---

① 财政部盐务稽核总视察处编辑:《民国二十五年盐务稽核总所年报》,第45页。

14

了政府在新盐法颁布以来消极敷衍的政治责任,同时将早应兑现的承诺包装成赢得民心的新礼物;既争取了与盐政改革反对派潜规则的时间空间,又掌控了施行新法的操作主动与技术灵活性;分区施行为南京政府解了套,盐政改革支持者和反对者的对抗得以消解;政府重获新盐政的主导权,民众又看到了新盐政的希望。

从危机管理角度看,南京国民政府给出的是它能作的较优选择。新盐法风波期间,南京政府默认舆论对国民党、立法院与行政院、财政部在新盐法问题上意见分歧的炒作,以心有苦衷博改革派民众体谅,逃避政府在立即全面实施新法的政治责任。同时,南京政府还利用准备实行新盐法拖延新法施行,最终借分区实施彻底为新盐政解套,其危机管理意识和技艺经受了考验。新盐法规定"本法施行日期以命令定之",而这一确定施行日期的命令从未到来,新盐法也从未被激活过。这种意义上,新盐法夭折了。新盐法夭折是国民政府受施政资源和空间等主客观因素制约而作出的妥协性选择。南京政府或许有推行新法的需要、意愿与行动,却缺乏施行新法的治理技术、经济资源与政治社会前提,这决定了新盐法风波的演变及新盐法的最终命运。表面上看,是"行政院和立法院之间的矛盾致使新盐法迟迟未能公布"①,之后行政院又借故拖延施行,给人一种立法院与行政院在新盐法问题上对立的印象。这不过是因应形势变化的政治计谋,它利用法律治理的特点为政府食言找到了一个台阶。实际上,新盐法的命运取决于变革目标所规定的政府当时的施政空间,悬置新盐法实是别无选择。增加盐税收入巩固财政基础、削弱地方势力的利益和权力侵蚀以强化中央权力、回应民众刷新盐政呼声塑造民主形象重建权力合法性的政治意愿催生了新盐法;财政而不是福利取向的改革逻辑,现实的税收利益,无法拒绝旧盐商的财务支持和地方势力的政治支持等坚硬事实,加之政府对法律客观性和施行条件的误判与疏忽及对新法可能遭遇的阻力缺乏预见,使南京国民政府丧失了推行新法的动力;而国民政府开明的立法院和保守的行政院对立姿态所提供的运用政治计谋机会,以及新盐法颁布后恰遇内忧外患时局使强推新法压力缓解的情形,新盐法得以在万众瞩目中被冷落遗忘,最终这场风波以分区施行新法这一极具创意的政治操作解套,但新盐法从未正式施行,仍以夭折落幕。

南京国民政府强制施行新法的动力丧失,新盐法被悬置,以夭折落幕,尽管分区施行新法冲淡了新盐政挫败感,而且,新盐法争执的意义也可能

① 丁长青主编:《民国盐务史稿》,人民出版社 1990 年版,第 182、178 页。

随时间锈蚀,但新盐法夭折定是有社会成本的。推动盐政变革的南京国民政府的施政行为首先要受制于财政取向而不是福利取向的变革逻辑。其盐政改革的态度渐由最初的革命而趋改良,表面上前后矛盾,实则是基于政权生存优于形象塑造、施政资源决定施政目标的逻辑的。这场风波本来为政府及民众提供了重新认识双方关系的性质,建构新的共识形成和利益调整制度的机会,双方有这样的愿望,也都作出了努力。新盐法激发了民众对新政的合理期待,国民政府也有意相向而行,改善政府民众关系,重建权力合法性。但形势发展出乎预料,结果显然不如人意。新盐法风波中,民众新盐法通过前对政府施行新盐政充满期待;新盐法通过后颁布前对政府作为有所疑虑;新盐法颁布后逐渐不满、失望。民众推动了盐政变革,对政府一度有所期待,对政府的新盐政大力支持,但南京政府新盐法施行的消极,民众只能转而失望。政府在新盐法风波初期所收获的有助于其政权合法性的构建的新政声望,也逐渐随着新盐法事件的演变而有所消退。"一个为民众谋幸福的政府,对于这个与全体民众福利攸关的大问题,既有解决方案,便须负责实行,不应再行拖延,何以一搁再搁,至于今日?"政府继续"决而不行,行而不动","空统欺伪之恶习,被于全国",因"迂腐而不切实际,乃徒以损党国之威信,召民众之失望耳"。[①] 国民政府此时已无推行新盐法的政治意愿,为安抚旧盐商与地方势力,新盐法的效力是一个可以承受的代价。尽管这在政治上看比较短视,但政府却缺乏选择机会。于是就有了这样的怪象:人民承受沉重的食盐负担,"却只能吃到质量很差的食盐"政府的正式盐税只占人民负担的很小部分。据中国盐政讲座会估计,30 年代中期,全国食盐总费用约为 8.19 亿元。其中交付正当盐价者,包括生产成本、运输营业及其他各项杂费仅约 1.575 亿元,即使加上每年1.84 亿元的正常盐税,也只有 3.42 亿元,而包括盐商的搀假短秤、漏税和盐官的贪污等不正当花费为 4.76 亿元。盐政变革阻力重重步履艰难可见一斑。尽管南京政府新盐法风波中并非一无所获,但新盐法的夭折,意味着南京国民政府争取民意重建权力合法性的盐政变革重要目标遭受严重挫折。被这场风波挑动起来的改革情绪和强化的善政饥饿预期,或许会成为南京政府的负资产。

本书将通过多种历文献特别是当时大量报刊资料,还原新盐法风波的历史现场,以方便围观这一现代中国法制史上著名的公共事件。

---

① 《'改革盐政'之重提》《朝报》,1934 年 12 月 16 日。
  丁长青主编:《民国盐务史稿》,人民出版社 1990 年版,第 273 页。

导　论

　　1931 年 5 月，南京国民政府颁布新《盐法》。在该法的制定前后，围绕其创制实施，各相关利益主体间展开了持久的争执与角逐，形成了范围广泛影响深刻的社会风波。本书意在对这场风波的起因、发展过程进行描述，透过相关主体在舆论层面互动视角呈现事件面貌，梳理决定其性质与演变方向的各社会势力间相互角逐又彼此依存的深层牵联与博弈过程，从而有助于整体上重建和解读这一事件。

一、研究缘起

　　食盐为人生必需之品，自生至死，无一日能离。其用等诸水火，其功能有类于米麦，且米麦尚可代以杂粮，而盐则未有代用之物。食盐的生产、运输、交换及消费活动有着久远的历史。以食盐为代表的盐业生产在人类经济活动中地位极为重要，在古代社会，是国家税收的主要来源之一。随社会发展，食盐税在国家税收中的地位或有降低，但由于盐成为工业上重要原料，盐的经济功能反而增强了。食盐之不可替代性以及保留盐税这一便利的财政吸取管道的历史惯性，在当今中国社会经济中，食盐仍然有别于普通商品，仍然实行食盐专卖。

　　中国税盐之法，兴起甚早。周礼六官，太宰掌山泽之赋，即已有盐税，不过所征甚少，没有禁止采制与运销的法令。历春秋而下，以迄民国，除隋代及唐初百余年间未征盐税外，大都征盐税为国库收入之要源。因各朝之时代背景不同，制度亦因之而异，或为官海专卖，或为就场专卖制，或为专商引岸制，或为就场征税制。专商引岸制的内容各时期或有差别，大体上是一种"产盐有定场，行盐有定额，运盐有定商，销盐有定岸"①的盐政制

---

① 　谷源田：《盐政改革委员会与新盐法之实施》，《大公报》1935 年 1 月 23 日，第十一版。

度。自宋元后,这种制度渐成为盐政制度主体。由于此后各朝政治腐败加剧,实行专商引岸制的盐政也日益败坏。延至清朝后期,商人滥用专卖权,以劣盐入市害人,并视引岸若封建,以越界为私,民众苦不堪言。盐商凭制度赋予之便利获取超额利润,贪婪无度,已越出商人逐利范畴而为盐政大弊。宣统之后,盐政大坏,积弊日深,至有"盐糊涂"①之嘲讽。朝野有识之士感于专商引岸盐政之弊,国库收入无多,人民购价实重,其多数利益均在专商,大声疾呼,图谋改革,筹划统一全国盐税税率。"无奈革故鼎新,未见实施,而革命风潮遂乘之而起"②,废引岸专商之议搁置。

民国成立之后,因缺乏近代工业的发展,盐税仍是当时政府极重要的财政来源,也是各种政治势力角逐的焦点。颇具讽刺意味的是,中国盐务近代化的开端,竟与导致中国盐政主权严重损害的善后大借款有关。政府由于募借外债,以盐税为担保,冀增加税收,以昭国信,不得不加速改良盐政。英国人丁恩在作为债权人代表来华主导盐政过程中,客观上推动了自由贸易取代专商引岸的改革,引岸制受冲击,部分地方逐渐开放自由贸易③。但由于积弊太深,各种改革措施收效有限。加之随后战乱频仍,各省军需浩繁,以附加盐税便捷易办,于是纷纷增征盐税附加,人民之税负日重。尤其1916年起,受北京政府控制较弱的广东、云南、四川开始将当地盐税截留己用,随后又有其他地方效仿,截税总额1926年时竟达4700万元之巨④,使严重依赖盐税收入的中央政府十分被动。虽经各种改革努力,北洋政府的盐政危机状况并未明显缓解。

南京国民政府建立时,盐政危机愈益加剧。民众盐税负担沉重,怨声载道;地方势力截取中央盐税,损害盐政统一;专商引岸制弊端百出,危机四起,难以为继。变革旧盐政已是大势所趋。

食盐征税,即财政学中所谓丁口税者,其"以间接之征税方法,使全国国民,按口摊担国用"⑤。政府以国家权力为后盾征收盐税,积年以久并因财政需求的刚性,民众期政府降盐税以减轻负担,操作空间有限。而引岸专商制度,积弊已深,社会久有怨言,便成为盐政变革的目标,旧盐商一时化为公敌。南京政府成立时,其盐制大体分票商制、专商制、包商制、自由商制、官运民销制和官专卖制。票商、专商和包商约占百分之四十八,这是

① 盐迷:《四十年来盐务革命之总检讨》,载《盐迷专刊》第一卷,1935年12月,第1页。
② 雄:《吾国盐务历年增加观》,《四川盐务日报》,1931年1月18日,第3版。
③ 李涵等著:《缪秋杰与民国盐务》,中国科学技术出版社1990年版,第27页。
④ 丁长青主编:《民国盐务史稿》,人民出版社1990年版,第115页。
⑤ 朱德龄:《改革我国盐务刍议》,《大公报》1931年1月18日,第十一版。

旧盐商的主体,专商引岸制的坚定守卫者。此时,这种"产盐有定场,行盐有定额,运盐有定商,销盐有定岸"的引岸制已僵化落后,加之政治治理和社会整合失败,它加剧了盐政的腐朽混乱。[①] 有鉴于此,以自由贸易废引岸专商以新盐政之呼声日渐高涨,推行盐政变革渐行渐近。

同时,国民政府在重建权力合法性、整合国家权力的现代国家政权建设过程中,需要打造"代表大多数人民"利益之"革命政府"[②]的新朝气象,并挤压旧盐商和地方势力在既有盐政格局中的利益,实现包括盐政在内的政治统一。也即是说,对南京政府而言,借盐政统一推动中央权威建构,变革专商引岸和地方势力分割盐政的旧盐政弊病,不只是经济政策的调整,而成为政治重建努力的一部分。加之政府也意图通过变革盐政,回应民众减轻盐税期望而塑造民主形象,顺应时代以重建权力合法性。在此情况下,推行盐政变革就成为南京政府紧迫的政治选择。

引发南京政府决定推行盐政变革的直接因素是战事频兴导致的财政困境。由于税负沉重,税制纷繁混乱,民众本已怨声载道;而偿付帝国主义的赔款外债也十分沉重,所谓开源节流一筹莫展。同时地方大小军阀林立,各据一方,中央政府无法控制全国的赋税,加之关税不能自主,南京当局财源相当紧张。此时,南京国民政府政权初建,百废待兴,需更多的收入为国家政权建设事业和军事计划注入资金,施政成本因此提高。为了走出财政困境,摆脱日益加剧的财政危机,严重依赖盐税收入的国民政府,不得不推行盐政变革,以增加政府财政税收。

总体上,这场改革的动机是出于摆脱财政危机的现实考量,增加财政收入的客观需要使政府形成了变革盐政的政治意愿,并随之有了制定新盐法的变革行动。这场改革的基本原则是以自由贸易取代专商引岸、盐政统一于中央政府,核心目标是增加政府的盐税收入,同时也能使民众盐税重负有所减缓。政府为摆脱财政困境,必须整顿盐税,推行盐政变革,而巩固财政基础、实现盐政统一、塑造民主形象则是盐政变革的基本目标。在此背景下,制定一部规制盐务的专门法典,进入社会政治议程。南京政府的新盐法正是这种意愿的产物。

围绕此部盐法的创制、颁布与施行,有关各方均借助当时已相当发展的传播媒介,表达诉求,申张权利,搏取同情。拥护新法者以讨伐引岸专商之弊为号召,反对新法者则声称自由贸易条件不具备力图维持旧有制度。

---

① 丁长青主编:《民国盐务史稿》,人民出版社 1990 年版,第 115、187 页。
② 《北京市党员建议督促政府公布盐法》,《北平晨报》1931 年 4 月 17 日,第四版。

但是,由于颁布新法以刷新盐政,颇受民众欢迎;政府亦因新法既可增加收入,又能制造新朝气象,极欲达成订法目标,因此,尽管各方争议激烈,南京国民政府立法院还是在 1929 年 7 月 23 日作出决定:咨行政院令财政部遵照国民党三届二中全会"整理盐法,减轻盐税,剔除积弊,调节盐价"的决议,草拟盐法全案,从速提送立法院审议;指定委员庄崧甫、陈长蘅、邓召荫收集关于盐法之资料,盐法制定的程序就此启动①。尽管财政部并不配合,1931 年 3 月 21 日,立法院通过自行草拟订立之盐法,此即所谓新盐法。1931 年 5 月 30 日国民政府公布了此法。新盐法颁布并未平息争议。由于此法涉及多方利益,引起广泛争议。就政府盐税收入稳定、民众盐税负担与食盐保障、盐民生存与盐业维持、旧盐商和地方势力既有利益调整与补偿等问题,各利益相关方展开了长期的角逐,形成了一场各相关利益主体均深度卷入、范围广泛、持续时间长、影响深刻的社会风波。由于各方争论不休,尽管盐法第 39 条规定:"本法施行日期以命令定之",但国民政府直到抗战前始终未便公布实行新盐法的日期,盐法遂成"一纸应付舆论的空文而已"②。

新盐法未及施行,没有产生实际的法律效力,不可能只是偶然的施政失误。南京政府或许有推行新法的需要、意愿与行动,却缺乏施行新法所必需的经济资源与政治的社会前提,也未熟练掌握法律治理技术,这决定了此部法律文本的命运及新盐法风波的演变。新盐法的夭折不等于新盐法和盐政变革完全失败。国民政府借新盐法作了一次民意测验和政治试探,以牺牲新盐法的效力为代价,部分地推进了盐政变革目标。新盐法挑战缺乏政治正确和道德合法性支撑的旧盐政,挤压了旧盐商的利益空间,震慑了地方势力,部分实现了巩固财税基础、实现盐政统一的目标,不过也付出了失信于民的政治代价。

本书以 1931 年 5 月新盐法颁布前后的舆论风潮为着眼点,论述在中国盐政现代性转型期因制订新盐法引起的风波中,相关的四大利益主体,即中央政府、地方政府、商人和民众,为实现各自的利益目标而互相牵制、彼此制约,调整利益格局的博弈过程。这场风波的焦点是以自由贸易取代专商引岸的新盐法;新盐法的命运,取决于国民政府的盐政变革逻辑及政治设计;而盐政变革的目标及演进,又受制于盐务法制和盐政现代性转型的大背景。以"解除民众痛苦,打破封建恶制,达到自由平等境地"为革命

---

① 《盐法改革之经过及近时之各方态度》,《大公报》1931 年 4 月 29 日,第四版。
② 丁长青主编:《民国盐务史稿》,人民出版社 1990 年版,第 182 页。

初衷的国民党,声称"代表大多数人民之利益为号召"的南京国民政府,由于国家财政捉襟见肘、日趋艰窘,并且"剿匪军事,建设大政",需款亟急,意外支出日有增加之际,对于"意美法良"之新盐法,[①]虽奋力推出,却最终未能明令实施。新盐法夭折了,但盐政变革的努力和过程并未而此而停顿,只不过因应情势改变调整了变革目标,转换了推进方式和具体制度、措施与技术。至抗战爆发,在大敌当前形势下,盐政的重要性降低并从属大局,围绕新盐法的博弈平静落幕。一部夭折之法,在当时社会掀起轩然大波,各社会势力皆有不同程度卷入,其间权力、利益、正义、阴谋等之间的碰撞、角逐与妥协,即便不是惊心动魂但也足够令人回味。围绕它的制定、颁布与施行展开的博弈过程中所提出的问题,甚至提出问题的方式,一定程度上不可避免地影响了当时以至后来的社会。从现代性文化启蒙角度审视,这场风波是有价值的。并且,可能正是因为它的命运多桀,才释放出足够的令人感动的意义空间。回味这一段史实,相信对于理解和深化中国当前正在大力推进的有中国特色社会主义民主法治,不无裨益。

二、学术史回顾与相关资料概况

(一)相关研究

盐,上关国计,下系民生,自然引起人们的关注,研究盐史者历来不乏其人。民国时期,盐政研究团体——中国盐政讨论会的成立,《盐政杂志》、《新盐法专刊》的问世,《盐政辞典》的编撰,一系列盐史论著的出版,如:景学钤《盐务革命史》、《盐政丛刊》、《盐政丛刊二集》,蒋静一《中国盐政问题》,何维凝编《新中国盐业政策》,林振瀚《中国盐政纪要》等,使盐业史研究呈现出空前活跃的局面。1949 年以后,尤其是近二十余年来,有关民国盐业史的研究论著陆续面世。有些是资料的集中整理,如南开大学经济研究所经济史研究室编写的《中国近代盐务史资料选辑(四卷)》,由南开大学出版社于 1991 年出齐,是第一部系统的反映中国近代(1912 年至 1949 年)盐务史资料选辑。在此基础上,由丁长清主编出版了《民国盐务史稿》,这是第一部民国盐史专著,填补了这一时期盐史研究的空白。此外,还有一些专著陆续出版。有关中国近代盐史的论文更是成果颇丰,尤其是 1986

---

① 均见朱德龄:《论盐商反对改革盐务之荒谬》,《大公报》1931 年 3 月 29 日,第十一版。

年专业性刊物《盐业史研究》创刊以来,相关研究论文蔚为大观。值得注意的是,国外学者对中国近代盐史亦颇有兴趣。如日本学者佐伯富1942年发表《盐与中国社会》(《东亚人文学报》1942年3期),渡边淳撰有《清末位于长江流域的青帮、私盐集团的动向》(国书刊行会,1982年)[1]。美国学者阿德谢德的《中国盐务管理的近代化900—1920》(哈佛大学出版社,1970年版)是一部研究中国近代盐务史的力作。以上所出版的资料、论著以及论文,对民国时期盐史问题作了不同程度,不同层面的勾勒、剖析。涉及到近代盐业的生产、运销、盐法、盐务改革与盐业近代化、盐业人物等各个方面。

对于笔者所选择的"南京国民政府时期的新《盐法》风波研究"这一论域,上述论著中,尤其是建国后的著作,在部分章节中都曾给予一定的关注。就民国时期的新盐法此一问题的专题研究来看,研究成果大致情况如下:

姚顺东的硕士学位论文《南京国民政府初期食盐立法研究》(广西师范大学2004年)及姚顺东、唐湘雨的《南京国民政府初期食盐立法与中国法律近代化》(《盐业史研究》2006年第3期)两文,对南京国民政府初期的食盐立法及其运作情况作了较为全面的考察。而王方中的《1927—1937年间的中国盐务与盐法改革的流产》(载彭泽益、王仁远主编《中国盐业史国际学术讨论会论文集》1991年12月)一文,则在考察国民政府建立之初十年间盐务变迁的同时,对新盐法的颁布过程进行了概述。曹蕾《浅论南京国民政府时期的"新盐法"》(《社会科学论坛》,2005年第3期),通过对南京国民政府时期新盐法的研究,认为新盐法虽已失败告终,但却是中国盐法向近代化迈进的标志。

此外专题性研究成果还有:王果《略论四川军阀对"新盐法"的抵制》(《盐业史研究》1988年第3期),从四川军阀抵制新盐法的缘由、手段与后果等方面加以考察,认为在国民党还未全面控制中国的前提下,南京政府想通过制定新盐法来控制地方盐业显然是不可能的,脱离当时中国的实际情况,这正是地方势力得以抵制新盐法,致使新盐法未能在全国得到很好实施的最根本原因。另张立杰发表《探析南京国民政府未能实施新盐法的原因》(《盐业史研究》2007年第3期)一文,认为南京国民政府颁布的新盐法最终未能得以实施,原因并非像大多数人认为的那样,是专商的暗中阻

---

① [日]吉田寅《中国盐业史在日本的研究状况》,载彭泽益、王仁远主编:《中国盐业史国际学术讨论会论文集》,四川人民出版社,1991年版,第586页。

挠和破坏,最根本的原因应为南京国民政府自身的财政危机及重重顾虑。

通过以上梳理,可以看出学界对南京国民政府时期新盐法问题有所涉及并进行了一定的探讨和分析,为对此进一步作全面系统的研究作了很好的前导和铺垫。然而,以上成果未能清晰交待新盐法风波的整体背景,对这一事件的起因、发展过程作完整描述,也缺乏对这场风波中各社会势力不同的立场与诉求的梳理,尤其是对卷入风波的主体间相互角逐又彼此依存的深层牵联与博弈情景的分析不够。而这些描述、梳理与分析,恰恰是认识这场社会风波的演变方向、规律与性质,实现对此事件史实重建与价值评判的基础。本书的资料征引、叙事体系及理论范式与以上研究有所不同。从史料依据看,本文运用了此时期大量的报刊资料及相关档案材料,力图全面再现卷入风波的主体通过舆论层面互动的史实。文章的叙事,不仅有意系统地还原事件的过程,即对新盐法的酝酿、立法、颁布及施行作系统的考察,也努力梳理事件中的关系脉络,挖掘并清理围绕新盐法颁布施行较量背后所隐含的诸多深层次的关系,尽可能对南京国民政府时期的新盐法风潮进行面貌展现和脉理陈示。就理论范式而言,本文尝试从社会风波的视角切入,在现代性转型范式内定义此事件,将新盐法法律文本的命运与相关各方政治博弈、决定事件走向的社会背景联接,对新盐法风波进行整体解读。总体上,本书通过时间、关系及逻辑的不同维度对新盐法风波的过程、内在脉络予以考察,透视南京国民政府初期社会的众多层面的关系与状态,反映变革的艰难与希望、现代性转型的兴奋与阵痛,为认识这一事件提供新的事实与思路,深化对事件性质与演变规律的认知。

(二) 资料来源

由于本书主要考察新盐法颁布前后各方通过舆论的博弈过程及机理,叙述目标不在盐法颁行政治过程、内部交易、盐法内容方面等,所以收集的相关研究资料主要集中于最能体现时人舆论变化的民国报刊方面:

民国报纸资料。民国时期唯一的盐务专业性报纸《四川盐务日报》,对新盐法实施颇为关注的民国全国性报纸《大公报》、《申报》,另如《新民报》、《上海报》、《新新新闻》、《盛京时报》、《益世报》、《时报》、《中央日报》、《救国日报》、《人民晚报》、《民生报》、《新闻报》等,都常载关于新盐法颁布前后各方对于新盐法的反映报道和评论,笔者较全面地搜集了这方面的资料,作为本文的立论之基础。

民国期刊资料。民国时期所刊行的期刊文献,是本文另一重要资料来源。主要有《盐政杂志》、《新盐法专刊》、《盐务月报》、《盐迷专刊》、《盐务汇刊》等。除了相关的盐务专业期刊外,还有诸如《东方杂志》、《国闻周报》、《四川月报》等,作为对以上报刊资料的补充。

为了弥补报刊报道内容容量、视角的缺憾,笔者还征引了民国时期的相关论著文献,利用了一部分档案资料。如《五中全会议决通过限期实施新盐法案及各方评论》、《各报对于最近盐政之评论》、《新盐法通过后舆论界之评论》、《新盐法舆论之一斑》、《盐法改革问题之释疑与辟谬》、《蜕化期中之新盐法》、《蜕化期中之新盐法续集》、《新盐法实行可中止吗?》、《新盐法的起草经过及其内容说明》、《中国盐务之现状》等文献,以及一些反映新盐法颁布前后南京政府与地方政府动态的档案资料。在涉及四川地方势力对新盐法抵制问题时,采用了四川地区相关档案文件。通过运用这些文献与档案,力求客观全面地反映新盐法颁布前后社会各方的处境、立场、诉求与行动。

以上只是对本书所征引资料的一个简单交代,一些材料未能逐一列举,只能见诸注释。在历史研究中,挖掘和使用第一手资料,是每个从事历史研究者都要遵循的最基本、最重要的原则。在本书的写作研究中,笔者遵循此原则,力求最大限度地掌握原始资料,并依据上述所搜集的资料,整体地反映当时历史原貌,使研究结论建立在客观真实的史实之上。

三、研究思路、方法与研究框架

(一) 研究思路与方法

总的研究思路。本书将新盐法风波置于中国社会回应现代性文化冲击的宏观历史背景,循中国近代以来民主价值观念的兴起导致政府合法性权威重新构建及法制现代性转型发展的线索,追寻盐政变革与新盐法出台的必然性。围绕政府巩固财税基础、实现盐政统一、塑造民主形象三大盐政变革目标,梳理新盐法的设计理念。进而通过对新盐法颁布前后社会各方在舆论层面的互动博弈的考察,对这场风波的内在背景、相关各方错综复杂的联系、一波三折的互动博弈过程进行全过程与深层次的陈述分析,展示新盐法制定、颁布过程,以及最终因变革资源、技术与社会前提限制而夭折的演变脉络及深厚缘由。具体的叙述安排,是在清理新盐法的产生背景及制定颁布过程的基础上,对新盐法风波中政府与旧盐商的利益争夺与妥协、地方势力与中央政府实现盐政统一努力的博弈、民众对新盐法的支持活动及对政府从期待到失望过程的考察,探析新盐法风波的性质及演变逻辑,从而丰富对此事件的认识。

方法运用。本书研究奠定在扎实的报刊资料基础之上,以历史唯物主义和辩证唯物主义的史学理论方法为基本导向,坚持以实证的史学研究为主,在叙述的基础上进行分析、概括。文章将尽可能地通过当时的历史资料,反映南京国民政府初期新盐法颁布之历程,以及各利益主体之间的博弈过程和错综复杂的关系,为解读这场风波提供主体间通过舆论进行角逐的视角与史实。

(二) 研究架构

本书除导论外其主要内容分为六章:

第一章,在回顾中国古代盐法的发展变迁和北洋政府时期的盐法变革过程之后,从巩固财政基础、实现盐政统一和塑造民主形象三个方面论述了南京国民政府建立之初推行盐政变革的深层缘由,为整篇论文提供一个分析的前提。

第二章,按照时间的渐进发展过程,全景式的再现新盐法颁行的错综复杂的历程和一波三折的命运。

第三章,揭示政府与旧盐商之间既相互争夺同时又彼此依存的复杂利益关系,分折新盐法颁布前后旧盐商利益集团对专商引岸制的守护和对新法的阻挠活动及其与政府的利益争夺与妥协过程。

第四章,通过南京政府新盐政必须面对地方势力利益这一政治环境制约的分析,展示了影响新盐法的又一复杂因素。本章梳理了南京政府与地方势力间围绕新盐政的博弈、特别是四川军阀对新盐法的抵制活动。揭示在新盐法风波中,地方势力对新盐法进行消极敷衍或公开抵制,都是一种博弈策略,其意在于对抗中央政府通过利益调整、从而推动权力整合实现盐政统一的意图。这为新盐法命运的演变展开了一新的解释维度。

第五章,研究民众对新盐政的推动尤其是新盐法颁布前后民众对新盐政的支持行动。本章梳理了政府回应民众呼声,塑造民主形象建立权力合法性的推行盐政变革的困难过程,展现了盐政变革中民众对新盐立法与颁布的推动,以及为新盐法施行所作出的持续努力。本章还呈现了新盐法风波中民国法律人的表现和贡献。

第六章,梳理南京国民政府代性法制建设努力与成就以定义新盐法和新盐法风波的社会意义,考察风波中南京政府的危机管理机制、理念、措施,总结其危机应对经验教训,揭示了由于国民政府施政资源与意愿的落差、财政而非福利取向的改革逻辑与新盐政目标的负相关，导致新盐法夭折、盐政变革的政治技术运用失败，从而付出政治成本的史实，对南京国民政府因各方面条件和资源制约导致风波走向的必然性作了分析。

　　最后为结论，通过对南京国民政府时期新盐法的立法背景、盐政变革目标、盐政利益相关各方互动博弈过程、新盐法及盐政变革命运的整体回顾，对新盐法风波的演变线索和内在逻辑作了交待。南京政府以颁布新盐法刷新盐政，借悬置新盐法推进盐政变革过程，收获了妥协的利益，也付出了失信于民的政治成本。这场风波反映了南京国民政府治理下的民国虽有构建和拥有现代性法制的需要、意愿与行动，却并不具备施行这种法律的经济资源、政治社会前提及法律治理技术。这一事件以一部法律的夭折为代价，推动了现代性法制文化启蒙的深入，为展示中国社会构建现代性法制的努力与艰辛提供了又一个文本。

第一章　新《盐法》的立法背景

　　早期人类利用盐和积累关于盐的知识,建立涉盐制度的历史或渺不可考。不过,可以推定,对盐的生产消费实行有效社会管理或者说盐政的推行,定是人类用盐历史的晚近之事。中国盐政史起始较早。禹有青州盐絺之贡,周礼六官,太宰掌山泽之赋,始有盐税,但极轻微。自管仲倡由海之利,煮水为盐,始由政府专卖,[①]中国盐政制度开始发展。自此之后,盐之专卖,"绍述于桑宏羊,而大备于唐之刘晏。然皆议事以制,并无成法,因之人存则其政举,萧规难期曹随,时移世异,遂成陈迹"。后至"蔡京创行引制,袁世振复立纲法",引岸专商之制,自宋明以来一直沿袭。清季盐制具体形式虽屡有变易,但却"不脱引制纲法之窠臼,言改进则格于成规,论筹款则变本加厉。而解渴以鸩,视条陈若规章,省自为制,人各有法,盐政之庞杂,至此极矣。"民元以后,引岸专商之弊愈益恶化,成为严重社会问题,于是有识之士大声疾呼,"力图革新,几经研讨"[②]。在社会改革盐政的期待中,至民国二十年,终有盐政变革之新盐法颁布。

一、中国古代盐政之变迁[③]

　　中国盐政制度,上自春秋,下迄晚清,时有变更,即在一代之中,或因时

---

① 德龄:《中国盐政沿革》,《盐政杂志》第六十四期,1936 年 6 月,第 1 页。

② 财政部盐务总局法规编审委员会:《盐务法令汇编》,1942 年 10 月,序言,四川省档案馆藏,全宗名称:历史资料目录一案卷号:7.9/2。

③ 本节相关内容参用了以下学人之研究成果,在此一并表示感谢:郭正忠:《中国盐业史(古代编)》人民出版社,1997 年版;田秋野:《中华盐业史》台湾商务印书馆,1979 年版;李明明、吴慧:《中国盐法史》文津出版社,1997 年版;曾仰丰:《中国盐政史》商务印书馆,1937 年版;何维凝:《新中国盐业政策》正中书局,1941 年版。另外还参考了以下论著内容:彭若璧:《盐制概论》,《大公报》1934 年 11 月 17 日、18 日、19 日,第三版;黄绍湘:《引制票制的沿革》,《大公报》1935 年 12 月 27 日,第九版;德龄:《中国盐政沿革》,《盐政杂志》第六十四期,1936 年 6 月,第 1—24 页;左树珍:《历代引法通论》,载景本白:《盐政丛刊》,盐政杂志社出版,1931 年,第 35—144 页。文中未再一一标注。

11

而屡变，或因地而各殊，纷纭复杂，难以枚举。然归纳言之，不过"或为官专卖制，或为就场专卖制，或为就场征税制，各以时代背景之不同，所采盐制，亦因之而异"①。兹将古代盐法制度，简述如下：

古人对盐的利用及盐法的萌芽。古人对盐的利用，荒远难稽，而有迹可考者始自神农氏即炎帝时代，许慎《说文解字》中曾曰："古者宿沙初鬻海盐。"②为海盐之始。虞舜时因池为盐，有南风之歌，为池盐肇始。自此日常生活中对盐之利用范围逐渐扩大，但盐产销主要还是听民自由，商因夏，周因商，三代政策相同，正如马端临在《文献通考》中言："三代之时盐虽入贡，未尝有禁法。"盐与其他土产一样，大率是作为贡物上缴国家，或在产地征税，听民自由经营，未有严格的制度法令。山泽之官于收赋外，仅止于调停民事，使百姓无争而已，虽有对盐的收赋征税之制，只不过是盐政的萌芽而已。

春秋之初，各国仍因袭西周，采用征税制。惟有齐国至齐桓公时，采用管仲之法，创官山海之策，行专卖之制。其制盐之法，有官制，有民制，属于滩池散漫之地，则归官制，其整聚之处，易于管理者，则归民制，但以民制为主，官制为辅。产量亦有限制，使其供求相当。凡民制之盐，仍由官收买，归官运销，故可称为部分专卖。其卖盐之法，则无论本地产盐或外地输入之盐，均归政府统制经营，实开专卖制度之先河。

秦用商鞅法，废井田，将山泽之利尽行开放，民可以买卖，盐之产制运销，听民自由。不过征税过重，盐价昂贵。《汉书·食货志》载："秦代盐利，二十倍于古，盐商且富累巨万"，③其苛征横敛，民困可知。

西汉初年，仍实行征税制，税重民困，豪商擅利。至武帝元狩四年，国家因财政困难，准许御史大夫张汤之请，收天下盐利归官，改行专卖制，禁止民众私自煮盐，归官府自办。当时官制之盐，由官卖，产、运、销三者，悉归国营，是为全部专卖制。其卖盐之法，是于市肆设置盐官小吏，贩盐求利，但盐利所入，多入盐吏私囊，以致盐价昂贵，民生困苦。元封元年桑弘羊领大农，于盐铁定均输、平准诸法，以资平抑。迄西汉末年，盐价格昂贵私盐日多，盐法日坏。

王莽篡汉自立，沿行专卖。产盐于官制之外，复有民制，规定民制之盐，必须缴纳赋税，是于专卖之中，含有征税之意，可称为混合专卖制。

① 彭若璧：《盐制概论》，《大公报》1934 年 11 月 17 日，第三版。
② 段玉裁：《说文解字注》第 12 篇上"盐"，上海古籍出版社，1981 年版。
③ 《汉书·食货志》。

东汉光武中兴,废除专卖之法,开放私煮之禁,听民自由煎煮贩卖,仅于产盐较丰之郡县,设官收税,而盐利所入,均归于郡县,其法与近代就场征税制相似。章帝时,因国家财力不足,虽曾一度改行专卖,但为时不久,即罢除专卖,仍行征税制,以迄献帝,大都采用征税制,盐业听由商民自由经营。

三国时之盐制,因曹操秉政,遂复开专卖之端,其后曹丕篡汉,三国鼎立,均循其法,实行专卖制。

晋一统天下,初循魏制,行专卖法,至元帝迁居江左,以盐区大都沦没,民多流移,专卖推行不易,于是比照杂物,改行征税。

南朝,均采行征税制,盐税之征,与杂物征缴赋税相仿,未专定盐法。北朝盐制,同样主张征税制。

隋初始仍行征税制。开皇三年,开放全国盐池、盐井,与民方便,盐之产制运销,概行放任自由,亦不征税,听由人民自由经营。至唐玄宗开元十年,始重新征盐课,其间凡一百三十九年,为中国盐业开放时期,史称为无税时期。

唐玄宗开元十年,恢复征税。至天宝之乱,诸道用兵,军费浩繁,肃宗至德间,第五琦领诸道盐铁史,改行专卖制。规定凡制盐之人,必须经政府许可,著其户籍,名曰亭户,亭户所制之盐,悉数由官府收买,不许颗粒私漏。官收场盐,由官运销,其办法为民制、官收、官运、官销之部分专卖制。宝应间,刘晏继任,就琦法损益变通,盐仍归民制,仍由官收,惟改为商运、商销,仅于产盐区域,设置盐官。凡亭户制盐,必须经官府特许,盐斤生产,悉归官收,就场售卖,寓税于价。商人纳价后,捆运出场,不论何地,听其自由运销,实为就场专卖制。德宗建中时,刘晏去职,盐法虽未改变,但主持者不得其人,并因为两河用兵,军费日增,于是加价厚敛,导致盐价昂贵,远乡贫民,多有淡食者,而各场所产之盐,官府收买又不能过半,以致亭户私售,私盐充斥。

宋初盐制,行官卖,系将盐户所制之盐,尽行官收,由官发卖。庆历间,范详创行"盐钞法",主张商运商销,令商人缴纳现钱,计钱给卷,名曰盐钞。商人按钞支盐,由盐场验明盐卷,照数发给,大体上仿照刘晏遗意,就场专卖。徽宗崇宁时,蔡京改行"换钞法",创立引制,分长短引,长引准往他路所指州县行销,短引只许行销于本路近场州县。长引限一年,短引限一季,各视道路之远近,以为时日之期限。限满盐未全售者,即行毁引,盐没入官。其后钞法屡更,益趋苛严,攘利罔民,商旅嗟怨。豪商富贾,往往有因此倾家荡产者。南渡以后,盐法亦迭有更易,但大体仍循用蔡京旧制,剥下益上,专务害民,盐政败坏。

辽行征税制,但征盐税,听民自由贩卖。金初循之,后仿行宋制,行钞引法。商人行盐,按引缴价,请领钞引,赴盐场按引支盐,较宋法大同小异。

元初仿宋之例,募民众入粟,给以盐引。后改现钞,按引收价,凭引支盐。中统四年,因近场私盐充斥,侵亏课额,遂仿后唐之食盐法,实行计口授盐。于是有"行盐地"与"食盐地"之分,凡有商人买引运销者,谓之"行盐",其近场各地,由官置局,按户口之多寡,配盐散卖,谓之"食盐"。至云十九年,议定卖盐引法,由盐司按照销盐状况,规定引额,由户部按额印送,户部驻印引,盐司主卖引,自是行盐用引,引由官卖,故引曰官引,盐曰官盐,实为专卖制度。至元二十一年,以盐商垄断牟利,民食贵盐,穷民甚至淡食,乃仿常平之例,设立常平盐局,以平盐价。凡额定盐数,半给商支,半归常平,惟官厅常假借常平之名,行排斥商人之策,官商竞卖,公私交困。至元二十四年,复加收盐课,官盐既昂,私盐愈多,不得不推广食盐区域,强县勒食民食,横征暴敛,民生困苦。

明承元代引法,洪武三年,为充实边关储粮,仿宋之"折中"而变通为"开中法",令商人输粮到边关,政府给以盐引,准其赴场支盐运售。正统间,创"兑支"之法,于淮浙盐额不敷分配时,准商持引往河东、闽、广诸场支取,以免久等。其后引法屡变,积引益多,流弊滋生,商灶俱困。至万历四十五年,袁世振创行纲法,为疏销积引,将商人所领盐引,编为纲册,凡纲册有名者,许其永占引窝,据为窝本,无名者不得加入。商人得引岸之利,令其赴场购运,专商之制,即源于此,可称为商专卖制。

清承明制,循用纲法,招商认窝,领引办课。引从部发,谓之部引。凡各省沿海及有池井之地,均听民开辟,置场制盐,与商交易。定为民制、商收、商运、商销之政策。视其产之多寡,与其运之远近,以配引而行于各岸。主行盐者,谓之运商,主收盐者,谓之场商,盐业之利,自是渐专擅于商。当清初时,凡商人所认额引,均须按年缴课,照额办运,如有课未缴足,引未运清者,即将该商窝单革退,另募殷商接充,欠课由该商家产追赔,其无力办运者亦如此。窝单不准转租,例禁本严。至乾隆间,报效之例开,每遇大庆典或巡幸,多由盐商捐输,动辄数百万两。政府既受巨贿,势不能更换新商,官吏复纵容包庇,商人遂藉报效之名,获取加耗、加价之优恤。藉窝本之说,世袭专商引岸之特权。于是有窝之商,不必行盐,或将窝单售卖,或将窝单转租,由是占岸之商曰"业商",租引者曰"租商",代租商办运者曰"代商",均得坐拥厚利。所有加耗、加价等负担,则转嫁于食户,病国病民,盐政由此大坏。

嘉庆、道光间，军需报效，照例捐输，河工经费，复两次增加，商力益困，因将陕西、甘肃、云南、广东、河东、山东各省盐法，屡为变通。惟两淮引多课重，销区最广，而积弊亦最深。道光十二年，两江总督陶澍奏请废引改票，以图整顿并疏销积滞。道光三十年，陆建瀛亦将淮南改行票盐，遂变引商为票商，然仅救弊于一时，未能收效于久远。太平天国之变甫平，两淮票盐畅滞无定，曾国藩因改定票章，聚散为整，凡行鄂、湘、赣三岸之盐，须以五百引起票，名为大票；行皖岸者，须以一百二十引起票，名为小票，自是非拥有巨资者，无力办运，更形成专商势力。后李鸿章复于票法中，参以纲法，定为循环转运之法，就认票现商，挨纲给运，永远循环，作为世业。由此盐商专利，积弊日深，至有"盐糊涂"之俗称。

清末，盐斤加价，导致官盐愈贵私盐愈甚，官不敌私，引岸多废，再加上"各省行政首长，对于盐务行政亦统辖之"。[①] 导致盐业各省各自为政，或主官督商销，或主官运官销，或主商运商销，制度不一，已无系统可言。鉴于各省盐务，纷如乱丝，国课民生，交受其困，有志之士乃倡议改革盐务运动，如张謇主张"可改为就场征税"，然后"废去运商，悉听其自由贸易"，但于"僻远之处，酌设官运，以济其不及"。[②] 但户部受盐商运动，否决了张謇之建议，专商积弊迄未能革。

二、北洋政府时期的盐政改革

纷乱如麻的盐务，迄于清亡亦未能理顺，民国初建，袭前清引制，弊端丛生。刘瀛岑在《为盐法问题上国议代表书》中曾言，"盐法之不良，坏于商专卖，蠹国殃民，已达极点。"[③]《大公报》社评也指出，其时商人"滥用专卖权，以劣盐入市害人，视引岸若封建，以越界为私，强人民以拾难就易，遭贱食贵"。[④] 左树珍《历代引法通论》对此指陈更重，其言，"引制之弊"，数百年来"莫之能革，引界之争，几如国防，引岸之专，视若采地，由是'引制'二字，遂为盐务一大弊窟"，[⑤]于是，有识之士迭有废引之呼声。但是，由于民初盐制"袭前清引制之弊，食其弊者，不仅数十万盐商，上自盐政院，下迄缉

① 阮湘等编：《中国年鑑·盐务》(第一回)，商务印书馆，1924年版，第673页。
② 均见《张謇改革全国盐政计划书》，载韬园：《盐务革命史》，1929年版，第75页。
③ 刘瀛岑：《为盐法问题上国议代表书》，《大公报》1931年5月6日，第十一版。
④ 《社评：盐法之重大改革》，《大公报》1931年2月10日，第二版。
⑤ 左树珍：《历代引法通论》，载景本白：《盐政丛刊》，盐政杂志社，1931年版，第144页。

私营,以及官吏幕僚,吏胥牙役,名士门客,游手好闲,无一不持盐为活,此等盐蠹,不下数百万人,阻力之大,自可概见,而当时明了盐务情形,主张改革者寥若星辰"。[①] 即便如此,随着革命运动之兴起,盐政改革之废除引岸专商的潮流亦兴起。再加上"盐务为国家收入大宗",而"引界未能破除,贩私未能禁绝",导致"税源无增加之望",同时,"盐纲无整理之期,数百年来几成秕政",当此"民国肇兴"之际,"盐务革新,适逢斯会"。[②] 于是,民初主张废除引岸专商呼声渐涨。张謇于元年时,提案《全国盐政改革计划书》,主张"废除引岸,就场专卖,任其所之",当时有凌文渊、王家襄、田桐等人附和此案。不料在提案交临时参议院,尚未审议,即遇强大阻力。财政总长周学熙因与盐商世有关系,主维持引岸之策,乃欲以盐款为抵押,而置盐政权于外人管理之下,以永杜改革废引之谋。[③] 同时,又因国会被袁氏解散,盐务改革案,未克提出讨论。鉴于此,当时"倡行改革盐政最力者",张謇景本白二氏,便组织盐政讨论会,发行"盐政杂志",揭示盐政内情,宣扬改革意旨,国内人士,才"方稍悉盐政弊害",而"改革声浪",由此"播散于全国"。[④] 据《盐迷专刊》文《增補盐务革命史》记载,民国二年正式国会开会,改革派提改革盐政建议案交众议院,已列入次日之议程,而袁世凯却在国会开会前一日将"国民党议员徽章收去,尤激烈者,则逮捕之"。国会虽"根据约法,不承认政府有解散国会及逮捕议员之权,仍每日开会,因人数不足而散,而每日之议案日程,即首列盐务改革案,如此者经三月之久",[⑤]国会始无形消灭,从此开会无期,此案遂无疾而终。及至民十一年国会复开,田桐复提出《改良盐政废引设场案》,亦上议程矣,同时连署者过三百人,超过众议院之半数,通过似乎已成定局。不料政局互变,乃曹锟逐黎元洪,贿选总统事发生。凡"民党议员,稍有气节者,连夜出京,田桐亦随众南下,而此改革案,虽列入议程,但开会无期",[⑥]此案遂举民国二年议案同一命运。自此一直到北伐革命成功,南京国民政府成立,谈盐政者国中寥寥无几。

综观整个北洋政府时期,虽然主持盐政改革者纷纷呼吁破除专商引岸,但破除后究竟采用何种制度,并无一致之纲领,改革派内也有"就场专卖"和"自由贸易"路线争执。"此曰就场征税,彼曰就场专卖,此曰自由贸

① 星吾:《评张佩纶"立法院新盐法案平议"》,《大公报》1931 年 5 月 4 日,第十一版。
② 均见《盐务署官制草案理由》,载中国第二历史档案馆:《中华民国史档案资料汇编》第三辑财政(二),江苏古籍出版社,1991 年版,第 1361 页。
③ 中国盐政讨论会编印:《蜕化期中之新盐法续集》(未有刊行),1936 年,第 1 页。
④ 德龄:《中国盐政沿革》,《盐政杂志》第六十四期,1936 年,第 25 页。
⑤ 《增補盐务革命史》,载《盐迷专刊》第一卷,1935 年,第 13 页。
⑥ 《增補盐务革命史》,载《盐迷专刊》第一卷,1935 年,第 17—18 页。

易,彼曰摊入地丁",①众说纷纭。但总其观之,改革意见不外"就场专卖"与"就场征税"此两大端,虽然"征税制与专卖制之外,尚有无税主义之学说",但由于国用浩繁,食盐免税"未尝不合理",当"终嫌其不合时宜",②而少有人多加倡行。主张就场专卖者主要为盐政讨论会之会员,而主张实行就场征税自由贸易者则是当时北洋政府时期聘任之中国盐政顾问兼盐务集合总所会办英人丁恩。不过双方人士所主张颇有相同之点,"专卖制在破引地,征税制亦破引地,专卖制在废专商,征税制亦废专商",③都主张"撤销专商","废除引岸",相异之处不过所采途径不同而已。而北洋政府的盐政改革就在这种争议中推进,作为损害中国盐政主权的侵略势力代表的丁恩,在中国盐政转型中,客观上发挥了积极的作用。

英人丁恩曾在印度治理盐政多年,拥有丰富之经验,并在印度实行"就场征税、自由贸易"之盐政政策,成果显著。故 1914 年来华任盐务稽核总所会办后,便依据其在印度管理盐务之经验,同时按照西方在 19 世纪盛行的自由资本主义经营原则,积极主张"中国採取印度盐税制度"④进行盐政改革,即在各产盐地方,凡所产之盐,于本自盐场或政府指定之盐坨起运以前,"直接收税一次,于征税后,政府即不再加干涉"⑤他认为"商人世传引权,于整顿盐务殊属有碍,且于国于民皆为蟊贼,极宜设法消灭之",因此他提出,按照"中国之情形,官收官运官卖之法,决不如运行之盐就场征税法,或为商人利便起见,就坨(场)征税之法"⑥和"自由贸易"之为好,此制可使各"盐商竞争贩卖,则盐价必低,盐价既低,则购之者,用之者必众,而国家税款自此增加"。⑦ 不但"政府每年之收入可达一万万元之数",且"一切开支经费亦当大为减少"。⑧ 在丁恩看来,只有就场征税,统一税率,才能平均民众负担,才能改正过去盐税正杂课项名目杂多,运地愈远收税愈

① 《增補盐务革命史》,载《盐迷专刊》第一卷,1935 年 12 月,第 6 页。
② 盐迷:《四十年来盐务革命之总检讨》,载《盐迷专刊》第一卷,1935 年 12 月,第 3 页。
③ 景学钤:《就场征税与就场专卖之比较》,载林振瀚:《中国盐政纪要》,商务印书馆,1930 年版,第 145 页。
④ 《丁恩改革中国盐务报告书》,载盐务署盐务稽核总所编:《中国盐政实录(四)》,文海出版社,1999 年版,第 2425 页。
⑤ 《丁恩改革中国盐务报告书》,载盐务署盐务稽核总所编:《中国盐政实录(四)》,文海出版社,1999 年版,第 2426 页。
⑥ 《1914 年 4 月 30 日丁会办致五国银行团代表函》,中国社会科学院近代史研究所图书馆藏:盐务稽核所收发文件,翻译科。
⑦ 《1913 年 12 月 9 日丁会办致张总办函》,中国社会科学院近代史研究所图书馆藏:盐务稽核所收发文件,翻译科。
⑧ 《1916 年 11 月 10 日丁会办致李总办函》,中国社会科学院近代史研究所图书馆藏:盐务稽核所收发文件,翻译科。

重的税负不均之弊端。

民初中国盐务专家一向主张专卖制度,皆以官收官运官销为良策,自"自张四(謇)殁后,国中谈盐政者,实以此君(景学钤)为首屈一指"。① 景氏断言就场征税非当时之所能行,实因"盐场未经整理,税率未划一,非经过一度官收政策,骤行任其所之,诚如反对者所谓天下皆官盐,天下皆私盐矣"。② 具体理由有二:"甲、清盐法先盐后税,多数在销地售出后完税,且税率多至数千种,场产未整理实行就场征税,漏税必多,且产地税轻,一次征收,势难实行;乙、运商势力伟大,政界中拥护者多,而社会未明盐务之利害,易受运商之蒙蔽。"就场征税既然不适用,为求根本改革计,景学钤认为莫善于专卖制(按:系指官收商运,但无引界,无专商的唐朝刘晏之所主张)。并且当时若实行就场专卖,则存中央集权之有利前提:因"官收资本,若无强有力政府,则国家专卖其名,地方专卖其实,地方专卖其名,军阀专卖其实,迨至军阀专卖,则人民痛苦,当更十倍于今日之引商",而"民元军阀未兴,中央有统一实权,且大借款告成,提出二百万镑为改革盐务经费,足敷官收资本。"③并且,若行"专卖制",则"全国之盐在国家之手,得以酌剂盈虚,平均支配,无供求不相应之患。"近场地方"准商组运盐公司,不许小卖,售价由国家规定",既"无拥挤争夺之弊",亦"无垄断专制之害,荒远地方,商人不往,则归官运,或设常平仓,盐贵则卖,盐贱则闭,以为调剂,自无食淡食贵之恐慌"。非"国家不能为盐之买人,亦不能为盐之卖出",虽有"豪商巨贾不能为屯盐之投机业,不能为运盐之託辣司"。④

虽然当时中国盐务改革者景学钤等极力倡行就场专卖,并且还"召集全国盐政专家于北京,讨论盐专卖法,开审查会至数十次,盐署亦派委员列席",同时,景学钤所起草之《盐专法草案》,已得"盐务署同意",经盐务署长张弧修订后,打算提交国会通过后,即予公布。但当时"丁恩必欲以治印度之法治中国,主张就场征税,自由贸易,不主张官专卖"。经景学钤与丁恩讨论数次,丁氏谓"彼初来中国,对于改革政策,不能决定,须俟彼全国各场实地调查后再定,而期限则以三年为度"。⑤ 草案遂被搁置下来。同时,鉴于"政府所设官收官运官销各局所得之财政结果",已"切实证明此项办法

① 《盐政改革将行实现》,《盛京时报》1931年2月11日,第二版。
② 盐迷:《四十年来盐务革命之总检讨》,载《盐迷专刊》第一卷,1935年12月,第3页。
③ 本白:《盐制不应讨论》,《大公报》1934年12月2日,第十版。
④ 以上均见景学钤:《就场征税与就场专卖之比较》,载林振瀚:《中国盐政纪要》,商务印书馆,1930年版,第154页。
⑤ 《增补盐务革命史》,载《盐迷专刊》第一卷,1935年12月,第14页。

（专卖制）与中国情形甚不相宜"，而"仿照印度实行之直接收税办法（征税制）成效甚为显著"，①盐务署采纳了丁恩之意见，"将商人运售盐斤之引权一律取消，改行自由贸易之制"，并决定由"民国 3 年 7 月 1 日起一律实行开放自由贸易"，随后再将"引岸十处按年抽签取消"。②

不过，要取消在中国沿行数百年之久的专商引岸制度，丁恩知道必然要引起依赖坐食厚利的专商的激烈反对，"提倡此项政策，当然为特有专利权各商所反对，中国各报纸对之大肆攻击"，故"提议之初，均皆不以为然"。③ 即便如此，为实施之计，丁恩不得不采取渐进之方针，正如他在《改革中国盐务报告书·广东》中曾言："商人世代相传之引权于整顿盐务大有障碍，且于国于民皆属有损，亟应设法取消，而所需偿恤之款，则为数甚巨，但此事于实行时必须审慎办理，首宜择其最有害于整顿者先行取消。查中国全国此项引权极多，故所需偿恤之费亦极巨，是以鄙意以为，若同时将其尽行废除，实属不智之甚，故对于取消此项引权，宜择一处先行试办，若能收效，则其余各处当不难下手也。"④实际上，在引岸制度根深蒂固、引商势力强大的广大区域内，自由贸易确是难以推行。如两淮，丁恩虽然知道"淮南二十县内只有食商七家有专卖之专利"，并且"所得此种专利不过仅担任配送一定之盐数"，对于"政府并未缴纳何种特费"，其"从前所定配运之额远不及所需销之数"，该"食商等则毫无义务而徒享专利"。但当他建议在"淮南各岸施行自由贸易之制"时，总办李恩浩则以若开放食岸，将"于国税大有损失"和若取消专商，需归还岸本，则财政困难，无此巨款两理由，回复丁恩说："鄙意开放一节拟暂缓办，果能办到全国开放之时，该商当无异言，现在实难办到也。"⑤

民国十年以前，盐政讨论会改革派原本对就场专卖制度鼓吹甚力，信心十足，民国十二年以后却不得不承认，鉴于"当时联省自治说，盛行一时，恐军阀攫取盐专卖权，为害更甚于专商"，盐政权不能统一，而"善后借款原

① 《丁恩改革中国盐务报告书》，载盐务署盐务稽核总所编：《中国盐政实录（四）》，文海出版社，1999 年版，第 2429 页。

② 《长芦盐商反对废除引制及盐务当局所取之对策》，丁恩：《改革中国盐务报告书》，第 99 节。

③ 《对于丁恩条陈之评议及中国政府施行之办法》，丁恩：《改革中国盐务报告书》，第 100 节。

④ 《丁恩改革中国盐务报告书》，载盐务署盐务稽核总所编：《中国盐政实录（四）》，文海出版社，1999 年版，第 2640 页。

⑤ 《1917 年 1 月 11 日丁会办致李总办函》，中国社会科学院近代史研究所图书馆藏：盐务稽核所收发文件，翻译科。

定之盐政改良费七百万磅,为袁氏挪用无余,就场收盐之款,毫无着落",根本已无实行专卖之希望。① 而"一方面税率渐趋划一,多数省分均在场收税,(销地非法附加不在此例)且运商十年犹豫期间早满",故于"民国十一年起,即放弃就场专卖,而主张就场征税,自由贸易"。② 但也有人对此并不表示乐观,认为"平心而论,吾国交通事业极不发达,盐场极其散漫",盐户又皆持盐为生,场盐不能归坨,盐区不能裁併,非"待三四十年之经营不为功",于此"过渡期中",而"欲使盐政能有头绪,非就场征税制所能奏效"。③

不过,盐政既然已问题化,社会为此消耗了如此多的资源,尽管改变目标路径仍然模糊不清,改变内容结果虽不如预期,但总体看,北洋政府时期的盐法改革还是有了一些成效。在张謇、景本白、左树珍等组织的民间盐政改革团体——盐政讨论会的推动下,在外国人丁恩及其后继者的"帮助"下,北洋政府设立盐务筹备处,1913 年 9 月改为盐政处,开始整理盐法,剔除积弊,进行盐务改革。1914 年 2 月财政部颁布了《盐务署稽核总所章程》、《盐务署稽核分所章程》。之后,财政部又先后颁布了《盐务署顾问章程》、《盐务署官制章程》、《场知事任用暂行条例》等盐务官制法规,其目的是为了"厘定名称,明令职掌,审择用人,以专责成"。在盐的生产方面,北洋政府颁布了《制盐特许条例》、《管理官销条例》等;以征税方面,1913 年颁布了《盐税法草案》,1915 年修订《盐税条例》,1918 年又加以修订。后来北洋政府盐务署又颁布了《精盐纳税章程》《实业用盐征税发放及管理章程》,对征收盐税加以规范;在缉私方面,1914 年,北洋政府颁布了《私盐治罪法》、《缉私条例》等。总体看,北洋政府在盐务规范化法制化方面还是取得了一些成效。④

北洋政府通过这些盐政规范,建立起了一套近代中央集权的盐税管理系统。北洋政府在中央设立稽核总所,主要职能在于"审计所有一切盐款收支账目,以及凡为政府一切收买、存储、转运及销售盐斤之收支,呈报账总长后并按季造报颁布",即负责盐税收支的稽核和保存盐款。稽核总所设立中国总办一员、洋会办一员,由盐务署长兼任总办,总所办兼任盐务署顾问。自总会办以下,设立英文股、汉文股、会计股,股长以下,分科办事。在地方,各盐区设稽核会所。1913 年先后设立了长芦、山东、奉天、河东、

---

① 德龄:《中国盐政沿革》,《盐政杂志》第六十四期,1936 年 6 月,第 26 页。
② 本白:《盐制不应讨论》,《大公报》,1934 年 12 月 2 日,第十版。
③ 田斌:《中国盐税与盐政》(下编),江苏省政府印刷局,1929 年版,第 19 页。
④ 姚顺东:《南京国民政府初期食盐立法研究》(广西师范大学 2004 年硕士学位论文)。

两淮、福建、广东稽核分所。1914年又设立四川、云南分所。同年6月，分所内增设淞江分所，后又因济南场所产之盐运销扬子四岸，事务殷繁，设立海州分所，后又改称淮北分所。分所设立之处可征收一切盐税、盐课及各费，并监督他处征收上列各税各费。为了确保稽核机关职员的素质，凡是从中央到地方的稽核所职员，都按照西方文官制度的要求，经过严格的考核才能被录用，并且他们只在稽核系统内部调动工作，终生在稽核所机构任职，实现工作人员的专业化。另外，为了防止腐败，稽核所的雇员一般领有很高的薪金收入。

在盐务制度改革方面，实践推行就场征税制度，开放自由贸易。民国初年，由于专商引岸制度的存在，食盐的盐运销为盐商所垄断，盐商凭借手中的引票，在场则压低收购价格，剥削盐民盐工，在岸则掺假抬价，使人民只能吃质劣价高的盐，少数盐商则发财暴富。由于划分引界，致使中国盐税"省与省异，府与府异，县与县异，甚至一县之中，此村与彼村，亦复不同"，且"最低之税率，与最高之税率比较，相去何止数十倍矣"。由于划分引界，人为造成"私枭"遍地，百姓如果为生计贩盐自卖，或购买非指定地点的盐，则被指斥为"私枭"，严刑治罪，而盐商及官吏却利用特权，大量走私偷税，致使国课损失甚巨。

此外，为改进盐税管理，引入近代财政原则，实行盐税征榷制度改革。北洋政府财政部颁布了《盐税条例》，实行均税：规定司马秤每百斤食盐一律征税2元5角，称为正税，其他名目的盐税一概废止。将全国以淮河为界，划分为两个区，淮河以北为第一区，淮河以南为第二区。过去淮河以北的轻税区，每百斤为二元，而第二区暂照旧税率征收。后又对盐税率加以修改，到1918年3月修正盐税条例，将每百斤食盐正税一律加至3元。经过几年的努力，过去那种税率紊乱、轻重不均的现象已有了相当改善，"已呈统一之象矣"。到1918年，全国主要盐区盐税的差别明显减少。

只是，直到北伐成功，无论是"很不彻底的改革方案"之就场专卖制，还是丁恩的自由贸易制改革，均遭遇阻力，成效有限。不仅"善后大借款成立，盐务稽核制度实行，张謇等改革派的盐政改革遂告失败"，就场专卖制不能推行。而且丁恩的自由贸易制改革结果亦不乐观。"引岸专商制度根深蒂固、势力强大的广大区域内，自由贸易仍是难以推行的，全国大部分区域仍行引岸制。即使已开放区域也不能称之为完全意义上的自由贸易"①。改革派路线斗争的终结并未赢得对引岸专商旧盐制的胜利。而

---

① 丁长青主编：《民国盐务史稿》，人民出版社，1990年版，第73、82页。

且,这场改革派就场专卖对自由贸易的路线批评还给了守护专商引岸的旧盐商以口实,提供了他们反对自由贸易盐政的底气和技术,直到南京政府盐法变革,新盐法反对者的攻击策略仍在利用此遗产。令人稍感欣慰的是,尽管北洋政府盐政改革不成功,它还是为南京国民政府推动盐政变革作了很重要的铺垫。

三、南京国民政府初期的盐政危机

1927 年北伐成功,国民政府成立于南京后,百废待兴,政府尤对盐政问题颇为着力,并在经过审慎考虑的基础上,于 1931 年 5 月 31 日颁布新《盐法》①。任何制度的建构,都是一定国情之下的历史环境的内在规定性的表述,南京国民政府初期的新盐法之制定同样体现着当时社会形势之需求,是针对对当时严重的盐政危机的变革努力。南京政府成立之初的盐政危机背景大体如下:

（一）民众税负沉重望刷新盐政

由于缺乏近代工业的发展,直到清末,国家财政仍然主要依赖农业。农业经济的脆弱与农民生活的困苦决定了国家财政吸取的限度,而施政成本的刚性也制约了政府税收让步空间。清朝覆亡后,农民的财政负担并未减轻,本来这就对树立轻徭薄赋的新朝气象极其不利。而民初的政治动荡中,各色各样的政治竞争者为国家统治权而展开角逐,更加沉重的财政负担压在广大农民的肩上,"民国肇造,国内多故,地方支应浩繁,当局急不暇择",遂"致征敛愈重,名目愈多,人民不胜负担"。② 有时人言道:"近年来农村经济破产,已为公认之事实;其恐慌之严重,现象之险恶,几有摧毁中国国民经济之基础及其存在之趋势。"③作为传统税源的盐税,不仅数量不断增加,而且制度越发无序,民众苦不堪言。这种局面对当局是极大考验,为树立民主形象重建权力合法性,减轻民众税负是新政府必然的施政目标,整顿盐政自是题中之义。

---

① 《盐法》,《国民政府公报》,第 786 号,1931 年 6 月 1 日,法规,第 1—5 页。

② 宋子文:《十年来的中国金融与财政》,载中国文化建设协会:《抗战十年前之中国》,文海出版社,1948 年版,第 117 页。

③ 朱契:《田赋附加税之繁重与农村经济之没落》,《东方杂志》,第 30 卷第 22 号,

（二）专商引岸制难以为继

引岸专商制度是一种"产盐有定场，行盐有定额，销盐有定地，运盐有定商"的制度，即在盐引票内规定其销盐区域及销盐数额，商人持票，照规定数额，由一定产盐区域，运到指定之销岸销售。若越岸销售，即为私盐，此即所谓划地行盐者是也。[①] 朱德龄在《大公报》上撰文揭露，引岸专商制下，各大盐商，"挟其专卖权之雄劳，往往与官吏缉私兵弁，狼狈为奸，上欺政府，下刮民脂，而盐吏兵弁，对于重斤夹带之私盐，连樯重载之枭贩，因畏其势而受其贿赂之故，亦不敢过问，而对于人民购买已纳足国课之官盐，反多方勒索敲诈，借'越界为私'之名，任意罚办"。且"盐一经引商之手，则白净者变为污秽，鲜洁者变为苦涩，泥浆沙粒，米汤苦滷，任意掺杂，故纯盐不及百分之六十"。[②] 盐务官吏虽明知其弊，往往"受盐商的运动，互相勾结，狼狈为奸，尽其蒙混，欺诈，敲索，利用之能事"。[③] 加之，行政方面积弊最大者之收受陋规一事："陋规者变相之赃款，一曰例规，又称规费，盐务积弊，莫甚于此"，[④]行之已久，安之若素，"馈送者认为应尽之义务，收受者亦视若应享之权利，贪婪成风，恬不为怪"。[⑤] 对于盐商的专横垄断，时人曾言："国府定都南京以来，盐商肆虐，变本加厉，竟俨然如专制时代之帝王，于其权力所支配下之岸区，可以自设巡兵，检查行人。"[⑥]鉴于以上积弊的存在，当时，除了盐商、地方势力和个别盐务官员外，几乎所有的社会舆论都在猛烈的抨击此种落后的制度，不少人指出，盐商是较北洋军阀更顽固的封建势力，指责其主张"政体可变，盐法独不能变，专制可除，军阀可倒，专商引岸独不能废"荒谬无理。[⑦] 专商引岸旧盐政使民生凋弊，民众困苦深重，怨声载道，任何负责任之政府都无法不对此作出反映，何况这还是塑造民主形象建立权力合法性的机遇。专商引岸制至此已声名狼藉，难以为继，成为盐政变革对象也就势在必然了。

（三）地方势力侵蚀中央税收与盐政失灵

改朝换代的喧嚣中，从清王朝废墟上建立的新社会，或许对民众权利

---

① 谷源田：《盐政改革委员会与新盐法之实施》，《大公报》1935年1月23日，第十一版。
② 朱德龄：《改革我国盐务刍议》，《大公报》1931年1月18日，第十一版。
③ 朱德龄：《论盐商反对改革盐务之荒谬》，《大公报》1931年3月29日，第十一版。
④ 《中国统制盐业（续）》，《盛京时报》1934年12月15日，第二版。
⑤ 《盐务稽核所整理全国盐务》，《申报》1934年12月7日。第十二版。
⑥ 愚夫：《中国社会之怪现象》，《盐政杂志》第63期，1936年2月，第2页。
⑦ 左潜盦：《盐法改革问题之释疑与闢谬》（未刊行），盐政讨论会，1931年5月，第2页。

改善带来了依稀的机会,却使中央权力的整合遭遇到现实的困境。在社会各方为国家政权逐鹿中原时,地方势力趁机扩张自己利益,经济上侵蚀国家财税收入。晚清以来,随着中央与地方财政收入竞争的加剧,有限的收入落入地方政府手中,这加剧了中央政府的财政困难。中央权威是建立在对全国经济的调控管理的基础之上,中央政府首要的经济职能在于保证对赋税合法的攫取。但是在 1928 年到 1930 年间,由于地方政府实力派的阻挠,南京国民政府的财政大权被架空,中央政府财政捉襟见肘,非常困难。在南京政府实际控制力较弱的地区,地方政府实力派建立起独立于南京政府之外的金融体系和经济体系,抵制中央政府的经济政策和财政收支制度。比如四川省,其田赋和杂捐的税收一文也没有缴给南京①。

在此情况下,国民政府对盐税十分依赖。但实际的现实却是,旧盐商之外,地方势力对中央盐税收入的趁机掠夺,导致国民政府的盐政失灵。各省截留盐税,盐税附加沉重的痼疾起自民国初期,至南京政府成立时局面已不堪收拾。民国肇兴,于元年十月二十四号,袁世凯曾明令"公布盐税条例,凡盐税项下,无论何人,不能私行增加一文,曩时各省,均能遵守"。由帝制发生以后,1917 年,护法运动兴起,广东政府因收入无着,将本省所有盐税留归已用,此例一开,各省群起效尤。此期"西南既独立,湘省又自治,四川亦纷乱,中央权力所及者,仅淮浙直鲁耳,东三省为阻止军阀干涉盐务,有取消稽核所之议,曹锟贿选事起,两浙又脱离中央,最后吴佩孚在汉口,发起八省联军,通电截留盐税,孙传芳虽拥五省地盘,不敢与吴氏对抗,亦与中央争税",当"国民军未来湘省以前,稽核所威信已失,服从中央之省份,亦各自截留盐税,附加盐捐",中央"无力制止"。② 据贾士毅《民国财政史》(商务印书馆 1934 年版)所述,民国十五年,仅 12 月份一个月,各省截留盐税即达 377 万元,而该月盐税收入总数仅为 710 余万元,除去偿还外债和河北、江苏、湖北三省协款,仅余三、四十万元。③ 而就附加而言,自"民国十二年至民国十八年",内乱频仍,军阀割据,"军需浩繁,以附加盐税为便捷易办",④军阀们大肆征收名目繁多的盐税附加。据统计,仅四川各地即有各种同名或不同名的盐税附加 26 种。⑤ 盐迷在《大公报》上发表

① 章开沅、罗福惠:《比较中的审视:中国早期现代化研究》,浙江人民出版社,1993 年版,第 770 页。
② 《潘树煊请减免川盐行楚附税》,《四川盐务日报》1931 年 4 月 22 日,第三版。
③ 贾士毅:《民国财政史》,商务印书馆,1934 年版,第 187 页。
④ 《社评:盐法之重大改革》,《大公报》1931 年 2 月 10 日,第二版。
⑤ 贾士毅:《民国财政史》,商务印书馆,1934 年版,第 189 页。

《盐务稽核所盐政改革总检讨(续)》一文揭露:"各省军阀,截留盐税,违法滥加附税,巧立名目,曰脚力捐,曰报效捐,如吴佩孚,萧耀南,唐生智,李宗仁等,各有所加,一加再加,三加四加,每盐一担附加税,至七元五角之多,曾经部署减过一次,每担尚有五元五角之多,超过正税一半,超过盐本四倍以上"。税重召私,于是"私盐逢起,沿江沿海,凡产盐区域,正税日减,私枭日盛"①。据《新民报》统计,就当时中国现状而言,以"四万万七千五百万人口计算,每年每人平均食盐十公斤(即市秤十六斤),消费数额惊人。如此巨量之消耗与出产,而政府每年盐税收入,仅为一万三千万强",原因之一在于,中国"人民所食之私盐,约在三分之一左右,政府对此项私盐,无法征税"。② 这一部分的利获也被各种地方势力实际控制。盐政如此混乱情形,在南京政府成立后并无好转,地方势力截留中央政府盐税及各种名目的盐税附加仍很普遍。南京政府成立之时,面对新旧军阀、日本人等各色挑战者,应接不暇,千头万绪,内外交困,无力控制盐政也是情理之中的事。此时,实现盐政统一对南京政府力图整作开创新局,十分重要。

(四) 政府的财政危机

国民政府既为"革命"政府,得以"民生"为念,"人民当颠沛之余,自不能重其担负,限制其生产力,而为饮鸩止渴"也。于是,为了树立一个有别与以往的使民众信服的政府,制造一点新朝气象,用顾念民生的民主政府形象重建权力合法性,便"秉本党废除苛杂之政策",对于各省市苛细捐税,"颇多蠲除",并考虑正式裁撤涉及中央财政收入的厘金制度③。当时政府财政主要有厘金、关税、盐税三大来源,政府并未有足够本钱与施政空间减税,但为建立新朝气象只好勉力为之。协民在 1931 年 1 月 1 日《国闻周报》,第八卷第一期上发表《裁厘运动之过程》一文,对厘金废除缘由作了分折。他认为,因厘金制度,久为世所诟病,"蠹国病民,有百害而无一利",虽"早在清季",已有"撤废之议,乃十余年来,迄未实现"。但厘金制"尤复变本加厉,侵蚀中饱,日甚一日,秕政不除,何以为国",如不将"厘金制度根本废除,不足以谋国家经济、实业之发展,与财政制度之改进"。于是,政府为"实现革命政策,解除民众痛苦",在 1930 年 11 月 2 日召开四中全会时,议

---

① 盐迷:《盐务稽核所盐政改革总检讨(续)》,《大公报》1935 年 11 月 24 日,第十版。
② 《新盐法一年后实行》,《新民报》1931 年 5 月 23 日,第二版。
③ 郑直明:《增加盐税之商榷》,《大公报》1931 年 4 月 17 日,第十一版。

决"定二十年一月一日，实行裁撤厘金"。① 另外，基于"非澈底废除苛杂，不足以昭苏百业，培养民生"目的，筹议削减杂税，后于民国二十三年五月召开第二次全国财政会议，确定不合法捐税范围六项，决定"自二十三年七月一日起，分期废除，永远不得再立不合法税捐"。② 以上所为，某种程度上树立起政府为民之观感，对刷新政治形象或有帮助，解了合法性危机之急，却加重了实际的财政危机。

自"国民政府建都南京以来"，先"以完成北伐，饷糈浩繁"，再由于"编遣军队，费用陡增"，同时"辽案发生，赤匪西窜，外而御侮，内而剿共，需款尤急"，"天灾匪祸之交乘，世界经济恐慌之波及，时会艰难"，使"财政收支上锁（所）遭受贫困之境遇，为前此所未见"。③ 因"税收锐减"，迫不得已，只得举借债务，"用于弥补国库"，④其带来的直接后果是国民政府财政危机的更加严重，"每次公债均指定以关税为担保，故债愈发而中央之财政亦愈窘"。⑤ 一方面是无法削减的支出，另一方面形象工程削减了税源，旧盐商和地方势力侵蚀中央盐税收入，加之财政汲取对象已压榨尽净，国民政府在筹措款项时面临着财政汲取对象枯竭的严重局面，经济上面临破产。

而看起来走出这种局面的只有变革盐政的狭窄通道。在关税、厘金和盐税之三大国家财政收入中，因"关税不能自主"，政府"无能为力"，⑥而厘金又已裁撤，此两端如若再想"开源"，似"无可再开"⑦之可能，增加盐税之收入，就成为政府的首选，"中央裁厘后"，"财政上实无法弥补，只有整顿盐税"。⑧ 同时，政府如若"明令增加丁税，人民必群起反抗，寓税于盐，人民虽欲避税，亦不可能"，⑨既保证了政府稳定的财政收入，又避免了激起官民冲突，而影响政府威信。更为有利的是盐税可以向盐商预支，"近年国家

① 以上均见协民：《裁厘运动之过程》，《国闻周报》，第八卷第一期，1931年1月1日，第5、7、1页。
② 宋子文：《十年来的中国金融与财政》，载中国文化建设协会：《抗战十年前之中国》，文海出版社，1948年版，第117页。
③ 均见宋子文：《十年来的中国金融与财政》，载中国文化建设协会：《抗战十年前之中国》，文海出版社，1948年版，第104页。
④ 宋子文：《十年来的中国金融与财政》，载中国文化建设协会：《抗战十年前之中国》，文海出版社，1948年版，第117页。
⑤ 千家驹：《去年中国财政之回顾》，《大公报》1935年1月5日，第三版。
⑥ 景学钤：《废引与裁厘》，《大公报》1931年1月8日，第二版。
⑦ 《社评：税收短绌与整理对策》，《大公报》1935年2月2日，第二版。
⑧ 《新盐法税则》，《四川盐务日报》1931年4月27日，第三版。
⑨ 彭瑞夫：《盐政改革与新盐法之实施》，《东方杂志》第32卷第10号，1935年5月16日，第47页。

以课税预为抵用，动辄数百万，由盐商出立借据，金融家尚能见信通融"。①盐政的重要性在厘金裁除后愈益提升。本来，对增加盐税历届民国政府都颇为着力。如袁世凯继任大总统后，其财政总长熊希龄就曾表示"财政整理之策千条万绪，而要求收入之简便，较有把握者，莫如盐务"，②并多次在财务报告中建议整理盐税以缓解财政压力。南京政府承袭了这一传统思路，为巩固统治、增加财政收入计，决意改革盐政，"以洗积年弊窦，而裕税收"。③1931年的新盐法承载着南京政府的此一意图。

　　显然，专商引岸为标志的旧盐政已丧失合法性。从经济上而言，一方面，它侵蚀政府税收，加重民生痛苦；另一方面，它抑止竞争，违背经济规律，不利于盐的品质改进。从政治上来说，政府要塑造民主形象以重建权力的合法性，回应民众呼声减轻民生痛苦。在缺乏替代性选择情况下，旧盐商要守护专商引岸制特权以获制度红利肯定难以为继，挤压旧盐商也就不可避免了。同时，政府也力图通过盐政变革，规范地方势力，节制其对中央盐税侵蚀，借机整合政治权力，实现盐政统一。于是，国内许多人士，包括国民党和南京政府内的不少人都要求废除引岸制，实行自由贸易制度。财政当局从防止私盐泛滥，增加税收收入的观点出发，也趋向于在部分地区取消引岸制，试行自由贸易。此举不但可以保证稳定的财政税源，而且还可以博取一个顺应民情，为民所虑的好名声，于是，在诸种因素的综合作用下，巩固财税基础、实现盐政统一、塑造民主形象的盐政变革目标清晰起来，整顿旧盐政的大幕便逐渐开启。不过，以增加政府盐税收入为目的的盐政变革，本身就包含着巨大的政治风险，操作不慎就会变成利益分配的零和游戏。如果挤压旧盐商和地方势力的利益空间不顺，民众减轻盐负的愿望极易落空，缺乏弹性的经济现实利益考量，会冲击收买民心的软性的政治设想。加上对法律客观性认识不足，习惯用意愿代替现实，对推行新法阻力缺乏预见，面对预料之外困难时，南京政府对新盐法的热情可能无法持续。税收取向的盐政变革目标的负相关决定了新盐法命运的一波三折。

---

① 左潜盦：《盐法改革问题之释疑与阐谬》（未刊行），盐政讨论会，1931年5月，第22页。
② 林增平、周秋光：《熊希龄集》，湖南人民出版社，1985年版，第288页。
③ 《改革盐政声中周骏彦详谈盐法特点》，《四川盐务日报》1931年3月4日，第三版。

第二章　新《盐法》的颁行及夭折历程

　　1925 年 7 月，国民政府于广州成立，即"按照总理遗嘱及三民主义精神"，并出于改革政治之考量，在财政方面开始筹划涉及盐政改革的租税政策。自此以后，随着北伐革命的推进和最终胜利，国民政府对于盐政之改革主旨也逐步明晰化。在 1929 年 3 月的国民党第三次全国代表大会以及同年 6 月的三届二中全会上，就盐政改革明确提出就场征税、自由买卖的主张，决议"整理盐法"。[①] 于是，1931 年 3 月 21 日，新《盐法》在立法院通过，并于同年 5 月 10 日由国民政府正式颁布。然而，由于立法的粗糙，同时因南京国民政府受制于自身财税利益及与旧盐商复杂的利益纠缠和地方势力的掣肘，虽然民众翘首企盼，但直至抗战爆发，新《盐法》一直被悬置。后出于战时情形需要，再考虑到 1931 年所颁布之新《盐法》与现实境况迥异，1939 年国民党五中全会决定建立"民制、官收、官运、民销"的盐专卖政策，并于 1942 年 1 月 1 日明令实行。新《盐法》及围绕此法的论争与角逐正式落幕。

一、租税政策及盐政改革原则制定阶段（1926.1—1929.6）

　　1925 年 7 月 2 日国民政府于广州成立。鉴于政治形势的需要，国民党于 1926 年 1 月 4 日在广州召开第二次全国代表大会，决定接受总理遗嘱，改革政治之基本政策。在财政方面，此次大会通过《关于财政决议案》，主张统一财政，建立预算，改善国家租税政策，创立良好币制，直接谋国家财政政策之改善，间接立财政及经济之基础，以为国民政府实行一切政治计划之根据。对于租税政策，曾有下列决议："现在国家税收情况之下，本党

---

① 齐允光：《国人一致声请政府切实施行新盐法》，《盐政杂志》1936 年 6 月，第 64 期，第 1 页。

以直接税为最公平之征收,然亦不可遽废间接税,因间接税之征收方法,实简单而易为,且又容易管理,而人民亦鲜知有此负担,但仍须逐渐趋重直接税以达公平征收之目的。关于直接税一层,本党以为凡一切扰商害民之苛捐杂税,应同时废除之。"并且决定,"涤除昔日不论民政军政人员,皆须征收税项之陋习以代之。"此举"或有收入骤减之患,但无论如何,其扰害人民之税项,必逐渐废除之。推使政府之财政部为唯一之设立及征收税项机关。政府宜保护已完纳法定税项之人民,使不至在缴纳不法之税项。商人承买饷税之制度,与国家及人民均无利益,宜逐渐废除之。如关于改良税项一层,与其设法增加税项之收入,不如设法完成现在之税项制度"①。

何维凝在《新中国盐业政策》(正中书局,1947 年版)一书中就此阐释道:以上租税政策决议虽未直接阐述盐政内容,却奠定了盐政整理的基本原则:第一,盐税为间接税之一,仍有维持之必要,但须逐渐废除;第二,当时各属盐税,均由军队抽收为军费,实为扰商害民之苛捐杂税,应加厘革;第三,当时军队庞杂,行政紊乱,盐税之征收,亦不划一,为统一财政计,有妥加整理之必要;第四,当时广东盐税之征收,仍沿旧制,为承包饷税制度,其弊与淮浙芦东之专商等,厚取于民,无补于国,应即逐渐废除;第五,一时不欲别增税项,但求改善原有各种征收制度,盐税自亦不能例外。故在前项租税政策决议之下,盐政方面,仅能以改进现状为目标,去其苛杂,统一收支。其时正在军政时期,大军云集广东,北伐尚无端倪,军政各费之发放,急于星火,彻底改革,谈何容易。②

1928 年北伐告成,中原粗定。政府意欲抚绥流亡,休养生息,觉于裁兵之外,厥为理财。认为财政"为国家之命脉,尤贵彻底统一,方能顺利进行"。盐税作为南京国民政府的重要财源之一,如何加强对食盐的立法成为南京国民政府急需解决的问题。同时对于第二次全国代表大会所决定之统一财政政策各案,亦觉有郑重讨论制定具体方案之必要,以为训政时期财政实施之方针,于是筹备召开全国财政会议,以议决上述诸事。为此,1928 年 6 月 20 日,财政部长宋子文在上海召集金融界、实业界专家以及政府主管部门征询意见,"将政府之原定财政政策及施行方针,咨询众意,公开讨论"③。在此讨论中,各方所提议案很多。从会议提案中,各方对于盐政改革之态度,已可窥其一斑。此后,国民政府盐业政策之决定,多受其影

---

① 以上见孙彩霞:《中国国民党历次代表大会简介》,南开大学出版社,1989 年版,第 54 页。
② 何维凝:《新中国盐业政策》,正中书局,1947 年版,第 84—85 页。
③ 以上见全国财政会议秘书处:《全国财政会议日刊》,1928 年 7 月 1 日,第一号,第 1 页。

响。这些议案主要有：

一是盐务署提出《整理盐政案》，分为三项：第一，统一盐税收入；第二，稽核盐税事项；第三，改良盐运，救济盐荒事项。撮其要旨：在场产方面，主张化散为整，以便管理，废煎改晒，以轻成本，建仓收盐，以杜场私。在运销方面，主张推广销路，以裕税收，疏通运路，以重民食。在盐税方面，主张划一税率，以防轻税贱盐之冲销。在行政方面，主张稽核机关，并入行政机关，并统一盐税之征收与征解，以一事权。至其整理之趋向，则为就场征税政策之推行。盐务署代表官方主管部门，其意见被认为重在现状之整理，兼以策动将来之改革。①

二是金融界专家议案，如卫挺生提《改革盐税制度议》，主张废除引岸，就场征税。其议案称："我革命军为全国人民建设美满政府而征讨，今北伐成功在即，政府决将荡除数百年之污政，与民更始。盐政方面，引岸似宜一举废去，产盐似宜就场征税，一税之后，任其所之，一切运销，概不限制，裕国库而淑民生，此似其关键矣。"②

三是商人意见，分为相反二类。酱商方面，主张平衡盐价，废除引商，并解除酱商束缚。盐商方面则以周庆云之《整理盐务以裕国税案》为代表，主张划一税率，整顿缉私，限制产量及改进盐质，而其趋向则在反对就场征税制度，维持引商③。

总体上，在各项提案中，学者主张就场征税，重在将来之改革；盐商主张维持引商，重在现状之苟安，酱商当然反对；政府有意改革，又不情愿担负成本，踌躇难决。这种复杂局面制约着盐政变革。改革必须与社会需要协调，尊重基本的利益格局，调和矛盾，以求各方利益的最大化。冲突的利益、相反的诉求，决定了政府在盐政变革中的施政目标、方式与空间。

在此背景下，1928年7月1日于南京举行了第一次财政会议，对于财政设施，作进一步具体之决定。在此会议中，各方所提议案，直接或间接关系盐政之改革者甚多。

列入第一次议事日程的议案，计有财政部提出之《统一财政案》及《财政整理大纲草案》；盐务署提出之《统一全国盐税收入案》及《统一各省盐务机关征收人员任免案》。④ 经大会讨论结果，由主席交付财务行政等组审

① 何维凝：《新中国盐业政策》，正中书局，1947年版，第86—87页。
② 《经济会议会员卫挺生改革盐税制度议》，载韬园：《盐务革命史》，1929年版，第186页。
③ 见韬园：《盐务革命史》，南京京华印书馆，1929年版，第187页。
④ 全国财政会议秘书处：《全国财政会议日刊》，1928年7月2日，第二号，第6页。

查后,并为二案报告,一为统一财政案,一为整理财政大纲案。① 前案无异议通过,后案大体通过,交原审查会修正。前案系就一般财政着想,重在行政上调整,对于盐业政策,关联不大。后案则关系近十年来盐业政策之动向,其于盐税一项中,曾谓:"盐税本为恶税,英美诸国,早已废止,惟为我国国家重要收入之一,一时未易遽废。为改良整理计,必须就场征税,买卖自由,以裕国课,而利民生。"②此项决议,系遵照第二次全国代表大会通过之原则,首次明确确定盐政改革根本原则。其要点有四:第一,盐税为国家重要收入,一时不易遽废;第二,就场征税,仅为改良整理地步;第三,将来根本改革,尚须因时制宜;第四,此案系财部提出,可见政府对已盐政已有改革之意向。③

列入第二次议事日程的议案,计有盐务署提出之《划一盐税税率》等案,及徐静仁、周庆云提出之《整理盐务案》。④ 另有浙江省代表庄松甫提出之《整顿盐务办法案》,主张由政府颁布盐专卖法。庄案称:"今欲整理盐务,增加税人,不在严禁私贩而在打倒专商,则税不必加尔收入自倍,私不必缉而自无私盐矣,至入手大纲,列举如下:(一)集盐政权于中央;(二)颁布盐专卖法;(三)整理场产,废止不适宜盐场;(四)废止引界,取消专商;……(六)税率划一;(七)人民对于课税之盐有卖买食用之自由。"⑤以上各案经大会讨论结果,交付盐务组审查。审查时,盐务署所提各案,大体无变动;庄案据其入手整理之办法,分为数类审查,或舍或从;徐周之案,仅供参考,未加审查。⑥ 该组又依审查意见,拟定二报告书,一为审查划一盐务税率案报告书,一为审查关于盐务各案报告书,旋提出第四次大会,即照审查意见通过。决议为:一、盐税以划一税率,整理场产为第一步;二、就场征税,自由买卖为第二步。⑦

1929 年 3 月 15 日,国民党第三次全国代表大会于南京举行,其时正值财政会议之后,关于财政上大政方针,政府已有缜密之讨论。大会听取国民政府政治报告之后,经郑重之检查与考虑,提出明确之施政方针《政治报

① 全国财政会议秘书处:《全国财政会议日刊》,1928 年 7 月 7 日,第七号,第 4 页。
② 全国财政会议秘书处:《全国财政会议日刊》,1928 年 7 月 2 日,第二号,第 9 页。
③ 何维凝:《新中国盐业政策》,正中书局,1947 年版,第 90 页。
④ 全国财政会议秘书处:《全国财政会议日刊》,1928 年 7 月 3 日,第三号,第 5、7 页。
⑤ 《浙江省政府委员庄松甫马寅初提议整顿盐务办法案》,载韬园:《盐务革命史》,1929 年版,第 193—194 页。
⑥ 全国财政会议秘书处:《全国财政会议日刊》,1928 年 7 月 8 日,第八号,第 6—7 页。
⑦ 何维凝:《新中国盐业政策》,正中书局,1947 年版,第 91 页。

告决议案》。①关于财政金融部分,大会决定以整理为主,并确定十大原则。在此项决议案中,曾有下列之阐述:"大会以为从前行政,久不统一,国家财政与地方财政之分配,素不确定。政府耗费过滥,而军费尤为膨胀,本国币制紊乱,而外币充斥市场,内外债累过巨,而信用乃益低落,全国税制杂出,而系统破坏无余。凡此种种,既皆为中国财政积病之源,则今后根本救济之方,必须确定财政整理之计划,而预定其实行之步骤。"由此可知大会对于财政金融设施之方针。在十大原则中,关系租税制度者约有两端,第一,划分国税与地方税,凡应归国家征收之税,各省不得截留,第二,整理国税与地方税,并杜绝收税机关一切积弊。尽管在此并未直接规定盐税政策,但显然,"盐税为国税之一,自应受此项原则之支配,惟无明文之决议耳"。②1929年6月14日,国民党第三届中央执行委员会第二次全体会议召开。会议认为盐政历史悠久,积弊甚深,兴利除弊,为刷新政治要项之一,亟宜加以革新。蒋介石提出刷新政治案,郑重说明盐政改革之原则。经大会决议如下:"整理盐法,减轻盐税,剔除盐弊,调价盐价,财政部应于十八年内制定此项计划,负责执行。"③

自此,国民党改革盐务、刷新盐政的政策确立。其时建国伊始,百废待兴,于财政困窘之日,作减轻人民之盐税负担、除民痛苦之举,虽仍旧维持征税制度,然对民众变革盐政呼声也算有所回应。由于南京国民政府为"党治政府",④其意志很容易转化为国家意志和政府行为,国民党关于国税的政策必然对盐政变革产生决定性影响。此时国民政府对实行盐政变革制定新盐法政治意愿明确、态度也较积极。但由于南京政府推行盐政变革的决定主要是受新盐政塑造新朝气象的鼓舞,未顾及实行变革所需资源及社会前提,对实际的困难和会遇阻力缺乏预见,使政府的盐政变革一开始便驶向了暗礁遍布的急流。

二、起草与立法过程(1929.6—1931.3.21)

1929年6月国民党第三届中央执行委员会第二次全体会议决议"整理盐法,减轻盐税,剔除盐弊,调价盐价,财政部应于十八年内制定此项计

---

① 孙彩霞:《中国国民党历次代表大会简介》,南开大学出版社,1989年版,第95页。
② 以上见何维凝:《新中国盐业政策》,正中书局,1947年版,第94页。
③ 《国民政府训令第五二〇号》,《国民政府公报》1929年7月2日,第206号,第7页。
④ 钱瑞升:《民国政制史》,世纪出版集团,2008年版,第214页。

划,负责执行"后,"案至财政部",却并未见立即行动。因此,不得不由蒋介石亲自"在政治会议"上提议"速行之"。①恰巧,财政部以私盐治罪法,沿用有年,与现行新刑法,多未符合,特参照现行法令,及历来办理情形,拟具《私盐治罪法》修正案,由行政院咨送立法院审议。立法院第二十五次会议议决付法制财政两委员会对此进行审查。审查结果,立法院议员声称,所谓"私盐治罪"四字颇为费解。立法院认为,在引岸制度之下,引商各有划定的专卖区域,在区域内的人民,只能向区域内的专商买盐。不特未纳税的盐是私盐,就是曾经纳税而从别个区域买来的盐,也是一律视为私盐,一律禁止买卖。而且盐商有处置私盐之权,一经查处私盐,盐商自己就可令商巡扣留治罪,所谓"越境为私格杀勿论"。同时政府方面,也另设缉私步队去保护专商。"这种奉旨专卖的办法,原属欠妥。加以各处盐务积弊甚深,异常腐败,盐法早有全国改革之必要,私盐治罪法原为引岸制度的保障法,何谓私盐,既根本有问题,自不必单独规定。"于是,立法院讨论结果,认为因中国国民党第三次全国代表大会政治报告决议案内关于财政一项所定"整理国税与地方税制并杜绝收税机关之一切积弊"的根本原则,及二中全会对于盐法曾有根本改革之决议,《私盐治罪法》应俟整个盐法议决后,方得审议。于是立法院于1929年7月23日第三十六次会议议决:"(一)私盐治罪法缓议;(二)咨行政院令财政部遵照二中全会决议,草拟盐法全案,从速提送立法院审议;(三)指定委员庄崧甫、陈长蘅、邓召荫蒐集关于盐法之资料。"其后约历半年,1930年1月,财政部以军事迭兴,各省盐务深受影响,改革计划不易实行,呈复行政院②。

直至1930年5月,立法院仍未见财政部草拟盐法草案送立法院院审议。不得已,立法院只得自行草拟盐法。5月24日,立法院第九十二次会议,讨论盐制品监督条例时,议决请院长指定焦易堂、庄崧甫、陈长蘅、邓召荫、罗鼎、林彬、马寅初、刘舆训、方觉慧、王用宾、卫挺生、曾杰、楼桐荪、孙镜亚、陈肇英十五位委员为盐法起草员,由焦易堂召集,着手起草盐法。其后盐法起草委员开会多次,加推委员二人继续搜集材料,负责整理,分送各委员参考,并推定委员七人拟定起草原则,由全体委员会审查决定,再推定委员五人起草条文。但由于盐法起草原则未能决定,止11月第一届立法

① 以上见《新盐法起草经过及内容说明》,《大公报》1931年5月19日,第二版;《新盐法起草经过及内容说明(续)》,《大公报》1931年5月20日,第二版;盐政讨论会:《新盐法的起草经过及其内容说明》(未刊行),1931年5月,第1—4页;《增补盐务革命史》,载《盐迷专刊》第一卷,1935年12月,第21—25页。

② 以上均见《盐法改革之经过及近时之各方态度》,《大公报》1931年4月29日,第四版。

委员任期期满,盐法也尚未起草。于是,庄崧甫曾一度面询蒋介石寻求支援。"庄得到后盾力,遂密约景本白南来,盖均盐政讨论会重要分子也,因约立法委员数人与景会商,定出原则数条,经秘密议决后,依此定盐法条文。"①

1931年1月,第二届立法院委员就职,关于盐法的起草,复由院长重行指派十六位委员负责进行。其中十五位委员和前次相同,只添加朱和中委员,各起草委员复推定委员五人初步起草。同时,立法院"鉴于历来盐商之运动,故自始终,即守秘密"。不料,"就场征税、自由买卖之原则"经报纸披露后,"盐商大起恐慌",②认为"系打破金饭碗之举动,遂起而为反抗之运动焉"③。一面草成宣言,遍登全国报纸;一面筹集巨款,包围财政部,收买反对文章,种种作为,意在"维持其封建式之世袭原状以千秋万岁耳"。④即便当时之舆论,闻此消息也颇不乐观,其言,"所谓废引岸改盐法,毋宁为自然之趋势,特就道路所传者观之,其所拟议中之改革,是否能立见施行,尽如人意,似犹在未知之数"。⑤ 这种担忧不无道理。除了旧盐商,地方势力出于维持既得利益的动机,为截留中央盐税、增加盐斤附加税自行其事现状免受威胁,也操纵或附和守护专商引岸的旧盐商,反对政府制定新盐法刷新盐政的努力。新盐法的制定颁布一开始就处在这种复杂环境中,对国民政府推行新盐法意志形成干扰。

在新盐法支持者的期待中,立法院开始加紧起草盐法草案步伐。2月6日,盐法起草委员会拟订盐法草案十五章;⑥旋又于3月5日将盐法草案修改为十三章。⑦ 随后,将"盐法草竣",立法院于是"定十六日初步讨论,星期四再提审查",⑧审查后,"内容修正甚多"对于"是否提出二十一日立法院大会讨论",立法院并不宣布,起草员"恐引起外间无谓阻碍,对内容坚不吐露"。⑨ 政府"内部颇守沈默",但"倡议最先主张最力之立法院"以免"夜长梦多",⑩遂于3月21日立法院第一百三十六次讨论,议决通过盐法

---

① 《盐法改革之经过及近时之各方态度》,《大公报》1931年4月29日,第五版。
② 《景本白之新盐法观》,《大公报》1931年3月27日,第三版。
③ 《改革盐法案有暂时延缓趋向》,《盛京时报》1931年3月19日,第二版。
④ 《新盐法未能公布之症结》,《大公报》1931年5月18日,第四版。
⑤ 《社评:盐法之重大改革》,《大公报》1931年2月10日,第二版。
⑥ 《新盐法要点》,《大公报》1931年2月11日,第三版。
⑦ 《盐制改革以拟定新法要点》,《四川盐务日报》1931年3月5日,第三版。
⑧ 《新盐法》,《大公报》1931年3月16日,第五版。
⑨ 《盐法草竣内容秘密》,《大公报》1931年3月21日,第三版。
⑩ 《社评:立法院通过新盐法草案》,《大公报》1931年3月23日,第二版。

全案共计七章三十九条,移付政府,听其公布。该法第一章为总则,凡八条;第二章为场产,凡五条;第三章为仓坨,凡八条;第四章为场价,凡二条;第五章为征税,凡九条;第六章为盐务机关,凡四条;第七章为附则,凡三条。①

立法院通过之新《盐法》规定:"本法施行日期以命令定之",这就使得其在何时实行、是否能够得到颁布施行成了未知数。这也许并不是无心的疏忽,而是当时情势的逼迫。在阻力面前,国民政府立法院内主张盐政变革的改革派也感到意愿无法代替现实,强行推出条件并不成熟,在新盐法问题上开始有所动摇。立法院委员多少还是具备这样的政治洞察力的,其表现就是对新盐法的施行保留了一个活结。新法果然引起了社会热议,政府有了观察各界反映的回旋空间。支持新法者对此颇感焦急。就在新《盐法》刚在立法院通过不久,就有人提出:"草案通过,亦即二十有余日,政府尚未公布。则新法之实行与否,政府对于改革盐政,能否决然毅然,实为一大问题。"②同时,舆论媒体对其也颇有疑虑,《大公报》就曾评论道:"国家是否因此三十九条条文,便可将取销引岸就场征税之大改革,遽尔见诸施行,实是重大疑问。然而立法易,行法难,关于财政税制者尤难,试观行政方面与立法院对于此案之冷热异趣,自始不同,可知草案虽定,其实行尚有待于努力也。预料新盐法草案,现在虽经立法院指定,而兹事体大,一时断难实行。"③

新盐法起草成案,是南京政府变革盐政的重要举措,立法院在这一过程中表现积极。不过,立法院深知,只有国民政府的行政系统才实际上拥有左右政府意志、影响新盐法的颁布及施行的政治能量。事情后来的演变表明,立法院制定的新《盐法》关于"本法施行日期以命令定之"的规定,似有先见之明。新盐法制定后的命运,已不再由制定它的兴冲冲的立法院掌控了。

三、立法后颁布过程(1931.3.21—1931.5.31)

自立法院于 1931 年 3 月 21 日通过新盐法后,虽"迭请国府公布",但

---

① 《立法院通过新盐法七章九条全文一览》,《大公报》1931 年 3 月 22 日,第三版;《立法院一三六次会议》,《申报》1931 年 3 月 22 日,第九版;《立法院通过之盐法》,《申报》1931 年 3 月 23 日,第六版。

② 左潜盦:《盐法改革问题之释疑与闢谬》(未刊行),盐政讨论会,1931 年 5 月,第 2 页。

③ 《社评:立法院通过新盐法草案》,《大公报》1931 年 3 月 23 日,第二版。

"惟是盐商反对,进行甚猛",四出运动"在各报花巨额金钱,刊登广告",抨击新盐法[①],地方势力也对新盐法持反对态度,而"财部方面,虑税收减少,亦持疑议"。[②] 财政部此前对立法院草拟盐法要求并不配合,对立法院制定的新法也相当不以为然。财政部认为,实行新法"颇多窒碍",称新盐法有三种难行之点:"(一)税率太低,原来税收每担征收八至十元,新盐法只及三元余,当国家用钱之时,万难减少税收;(二)盐商系出资本所得,且经财政部注册,似不能一旦完全尽斥,不为之所;(三)场厂未经完全整理就绪,办理甚多困难,"[③]主张交立法院复议。

直至4月下旬,行政院与立法院仍未就此达成共识,政府"能否毅然宣布,暂不能定"。[④] 此项消息传出后,全国舆论"咸以新定盐法为确立盐政改革之原则,适应时势之需求,深得民众之心理,并符合民生主义之精神,热烈希望政府,毅然决然公布施行"。[⑤]

由于新盐法迟迟未能公布,因而"外间谣言遂愈盛,一般盐商亦遂认为有机可乘,而运动宣传,亦遂不遗余力"。旋值1931年5月5日国民会议举行于南京,社会各方"近日之集中点,遂均注意于国民会议"。[⑥] 改革派对此次会议寄望较高,如庄松甫,理直气壮,提《迅速实行新盐法案》,主张盐法所定税率,不能变动,并须立即实行,催促政府从速公布。而同一理由之案,另亦有二起。代表洪陆东等也提《催促国府赳日施行新盐法并限期成立盐政改革委员会案》,认为:立法院通过之新盐法,其用意在扫除积弊,溥利民生,其办法为废除"引岸",减轻税率,此法如得实行,据专家估计,其有益于国课税收,因无专商蠹蚀与私盐消灭两种关系,有每年增加四千七百零五万元之望,而人民负担之减轻,则以无盐商剥削与附税之裁撤,可由每人年纳税款七角五分四厘之数,降至四角一分。[⑦] 代表陈斯白等亦提《请政府公布新盐法以利民食案》,称:"盐为民食所需,亦为国家税源所寄,于国计民生,关系至钜,中国旧制,向以食盐商人专卖,不啻以日常生活所需,悉为商人所操纵,积习相沿,弊病百出,而人民感受之痛苦,殆与厘金

① 《新盐法诀公布》,《大公报》1931年4月11日,第四版。
② 《特种消费税与盐法》,《盛京时报》1931年4月25日,第二版。
③ 《辩论新盐法实行困难》,《四川盐务日报》1931年4月22日,第三版;《新盐法问题打开舌战》,《上海报》1931年4月4日,第二版。
④ 《盐法前途如何》,《大公报》1931年3月26日,第三版。
⑤ 伯穆:《驳"盐法平议"》,《大公报》1931年5月10日,第十一版。
⑥ 以上见《新盐法未能公布之症结》,《大公报》1931年5月18日,第四版。
⑦ 《改革盐政提案》,《申报》1931年5月11日,第四版;中国盐政讨论会编印:《蜕化期中之新盐法》(未刊行)民国二十四年双十节,第23页。

之害无稍差异，此种秕政，急应彻底革除，视与实行裁厘，同为切要，立法院制定新盐法通过，将及两月，民众方面希望该法早日实行以减轻其负担，盼望甚切，政府方面则尤在慎重考虑之中，尚未公布，而各地盐商，更为种种谰言淆惑视听，以保全其私人之利益，长此不决，对于国民生计，影响甚大。"①

以上提案，经提案审查委员会议决，于5月11日合并讨论，"主席本以付经济股审查付表决，而多数代表当场起哄，谓此案何容再付审查，遂将原案付表决。出席四百数十人，未起立者，仅三人而已，此案遂完全通过"。而"旧盐商团体本亦与被请愿案两起，卒以照院法须得十分之一连署人，闻一案仅得十七人，又一案则尚不及此，至是遂葬于有若无之中"②。最后，国民会议第三次大会议决："通过催促国民政府赳日施行新盐法，并限期成立盐政改革委员会案，及请政府公布新盐法案之原则，併交国民政府。"③

会议闭幕后，政府鉴于民气之激昂，各方于盐法期待之殷，国民政府终于1931年5月31日将盐法明令公布。④ 新盐法的主旨在于"取消专商引岸，改为就场征税，任人民自由买卖，以期扫除数百年来民间积久之痛苦，而上符总理民生主义之精神"。⑤ 当时社会对此评价很高，称新《盐法》"革去了以财政为目的之盐政制度，而代之以社会福利为目的之盐政制度。既重生产者之利益，又重消费者之利益"⑥。国民政府的盐政变革期减轻民众盐税负担、舒缓民生痛苦也许是真的，但这并不是以牺牲政府盐税收入为代价。一方面，要避免竭泽而渔带来的后果，另一方面，尽力挤压旧盐商和地方势力的盐利空间，最终巩固中央政府盐税收入。国民政府推行盐政变革是税收取向而非福利取向，"以社会福利为目的之盐政制度"说过于一厢情愿。但是，不管出发点如何，不可讳言的是，新《盐法》所规定的以自由贸易制度取代专商引岸的垄断制度，确是一个非常大的进步。

① 《改革盐政提案》，《申报》1931年5月11日，第四版；中国盐政讨论会编印：《蜕化期中之新盐法—四年双十节》，第24—25页。
② 《新盐法未能公布之症结》，《大公报》1931年5月18日，第四版。
③ 《民会讨论新盐法案》，《申报》1931年5月12日，第三版。
④ 《盐法》，《国民政府公报》1931年6月1日，第786号，法规，第1—5页；《新盐法公布》，《大公报》1931年5月31日，第三版。
⑤ 《盐法》，《盐务汇刊》，1935年1月15日，第58期，"法规"，第47页。
⑥ 刘隽：《现今中国盐务之检讨》，《社会科学杂志》第六卷第四期，1935年12月，第25页。

四、颁布后阶段(1931.5.31—1942.1)

(一) 盐政改革委员会组织法颁布过程(1931.5.31—1932.5.2)

新《盐法》第三十七条规定:"本法公布后,应设盐政改革委员会直隶于行政院,掌理基于本法之一切盐政兴革计划,至盐政改革完成之日裁撤。前项委员会由委员七人至九人组织之,以行政院长为委员长,财政部长为当然委员,其组织法另定之。"①而依照国民会议第三次大会议决案,行政院应于国民会议闭幕后三个月内,成立盐政改革委员会,以便制定各种施行法。由于"盐政改革委员会之组成,实即新盐法实施之第一步",②所以,社会各界对于盐政改革委员会之成立颇多期待。为了推行其尽快成立,社会有识之士曾提出相关建议以供政府参考,如于去疾在《大公报》撰文:"政府应早日依据新盐法成立盐政改革委员会,所有旧日官僚及曾业盐商者,不得使其混入,一切改革计划,务求公开,以期征集大多数国人之意见,力求完备而免流弊,舆论机关,应站在人民立场,尽力宣传新盐法之优点,以期推进顺利。"③另如《大公报》在其社评中言:"望政府负责当局,故照新盐法草案附则规定,尽先成立'盐政改革委员会',罗致此道中夙有研究之人才,旁咨新旧盐业关系人士人意见,通盘筹议,妥订方案,分立步骤,逐渐实施。"④并且,为避免盐商一贯之阻挠,舆论媒体也希望"盐务改革委员会之组织",政府能够使"盐商方面绝对不许加入,以免阻碍"。⑤

鉴于此,政府考虑到盐政改革委员会"如久不成立,必滋谣言,民众责备政府",⑥于是开始着手起草盐政改革委员会组织法。盐政变革似乎在政治惯性的轨道上运行。但"适长江大水成灾,救恤不遑,遂亦置之。其后水尚未退,而沈阳之变起,日本强占东三省,国难未已,更何暇顾及盐政"⑦。艰难时局成为社会焦点,使要求新盐法施行的压力大为缓解,政府的被动局面有所改观,此事拖延下来,盐政改革委员会组织法迟迟未能公

① 《盐法》,《国民政府公报》1931年6月1日,第786号,法规,第5页。
② 谷源田:《盐政改革委员会与新盐法之实施》,《大公报》1935年1月23日,第十一版。
③ 于去疾:《新盐法与稽核所(续)》,《大公报》1931年6月3日,第二版。
④ 《社评:立法院通过新盐法草案》,《大公报》1931年3月23日,第二版。
⑤ 《施行新盐法案》,《申报》1931年5月23日,第四版。
⑥ 《新盐法应明令实施》,《盛京时报》1931年4月12日,第一版。
⑦ 《增补盐务革命史》,载《盐迷专刊》第一卷,1935年12月,第25页。

布。延至 1932 年 5 月,在各方压力下,南京国民政府权衡利弊得失,按新盐法中先设盐政改革委员会的规定,始于 5 月 2 日将《盐政改革委员会组织法》①明令公布施行,但原定盐法公布后三个月内成立盐政改革委员会机关仍未如期设立。② 新盐政陷入了法律施行程序的泥潭。

(二) 盐法实施方案讨论阶段(1932.5.2—1935.12)

1934 年 1 月间,国民党召开第四次中央委员会全体会议。会上,孔祥熙提出《整理田赋减轻附加案》。此案经大会决议通过,由中央政治会议送交行政院交财政部执行。③ 财政部为明瞭各地实际情形,于 1934 年 5 月间召集第二次财政会议,汇订实施方案。此次会议上,各方代表所提关于盐务之议案甚多,内容有的是希望政府根据新盐法第三十七条之规定,"请求早组设盐政改革委员会,俾得讨论逐步推行方案,切商平均盐税,及从事其他兴革事项。将来税率平均,任商自由贸易,销数必旺,税收绝对不受影响。并且,因就场一次征税关系,各地收税查验机关人员税警,俱可裁併减少,节省经费,为数至钜,而办事效能,反可增加"。④ 有的议案主张政府分区施行新盐法。⑤ 对这些提案,曾经大会交付审查结果,认为提案主张实行新盐法,原则上应认为成立,送请财政部核办,大会决议照审查结果通过。因第二次财政会议分区施行新盐法,并从速成立盐政改革委员会以便讨论推行方案之决议,当时并无实际拘束力,未对新盐法施行产生立即推动作用,不过,代表们推动新盐法的提议,尤其是分区施行新盐法设想却深刻地影响了新盐法风波后来的正面演变。

1934 年 12 月 10 日,第四届中央执行委员会举行第五次全体会议。有议员在会上呈递提案,督促盐法之施行。主张:(一)按照盐法第三十七条所规定,限一个月内成立盐政改革委员会,筹议各项规章及施行细则;(二)在盐政改革委员会内组织场产整理处,积极调查及整理场产,限一年办竣;(三)改革委员会成立后,即日呈请行政院,通令全国,恢复人民自由购买,表示改革决心;(四)决定分区施行盐法之切实办法,于一年内实行;(五)规

---

① 《盐政改革委员会组织法》,《国民政府公报》1932 年 5 月 10 日,洛字第 7 号,法规,第 1—2 页;《盐务汇刊》,1935 年 1 月 15 日,第 58 期,"法规",第 59—61 页。

② 盐迷:《所望于盐政改革委员会者》,《大公报》1935 年 2 月 24 日,第三版。

③ 何维凝:《新中国盐业政策》,正中书局,1947 年版,第 114 页。

④ 中国盐政讨论会编印:《蜕化期中之新盐法》(未刊行),民国二十四年双十节,第 27—28 页。

⑤ 中国盐政讨论会编印:《蜕化期中之新盐法》(未刊行),民国二十四年双十节,第 29 页。

定两年内各区完全施行整个盐法。① 还有议员提案主张：（一）恢复人民食盐自由，取缔选购；（二）准许任何商人纳税贩运，一税之后任其所至，在自由竞争之经济原则下，听人民自由买卖。同时建议政府遴选盐务经济法律专家，组织盐政改革委员会，限两年内筹备妥当，实行新盐法。②

议员提案经 13 日大会讨论，作出如下决议：一、按照盐法第三十七条规定，限一个月内成立盐政改革委员会，筹议各项规章及施行细则；二、在盐政改革委员会内组织场产整理处，积极调查及整理场产，限一年内完竣；三、限于民国二十五年底完全施行新盐法；四、盐政改革委员会每月应将工作进行情形，报告中央政治会议；五、由中央政治会议推定委员三人负责审核该会工作报告并督促其进行。③

大会闭幕后，各方对于盐法之施行，期望甚殷。有舆论言，"改革盐务，固属千经万纬，事理繁颐，其中自不免有相当困难，然如何规划，如何设计，自有该法所规定之盐政改革委员会负责事实，逐步解决。故该会应尽先组织成立，以便筹备一切。"④《大公报》对此更有热烈好评，谓："渴望新盐法之早日实施久矣，一闻当局有设立盐政改革委员会之议，正如'空谷足音'，莫不喜形于色。"⑤

1935 年 1 月 8 日中央政治会议亦函促行政院，拟定盐政改革委员会人选，以便交国民政府任命。⑥ 在各方推动下，行政院于 22 日召开的第一九六次会议拟定陈立夫、王正廷、张嘉璈、胡筠、邹琳、钱隽逯为盐政改革委员会委员，以邹琳兼总务处长，钱隽逯兼设计处长，并报中央政治会议。⑦ 不料，峰回路转时却又节外生枝。中央政治会议认为，1932 年 5 月公布的《盐政改革委员会组织法》"颇有窒碍难行"之处。因四届五中全会关于实行新盐法决议案第二项规定："在盐政改革委员会内设立场产整理处，积极调查并整理场产，限一年内办竣。"若按此决议，盐政改革委员会之整理场产事务职能，事涉执行，会与盐务稽核所之职权冲突，与新盐法规定的盐

① 中国盐政讨论会编印：《蜕化期中之新盐法》（未刊行），民国二十四年双十节，第 33 页。
② 中国盐政讨论会编印：《蜕化期中之新盐法》（未刊行），民国二十四年双十节，第 34—35 页。
③ 《五中全会通过刷新政治案原则》，《申报》1934 年 12 月 14 日，第三版。《国民政府训令第九八一号》，《国民政府公报》1935 年 1 月 7 日，第 1632 号，训令，第 2—3 页。
④ 《请立法院促现新盐法》，载盐政杂志社：《各报对最近盐政之评论》，中山印书馆，1934 年版，第 12 页。
⑤ 谷源田：《盐政改革委员会与新盐法之实施》，《大公报》1935 年 1 月 23 日，第十一版。
⑥ 《改革盐政》，《大公报》1935 年 1 月 8 日，第三版。
⑦ 《盐政改革委员会即成立》，《大公报》1935 年 1 月 23 日，第三版。

政改革委员会注重设计之主旨颇为不合。并且盐政改革委员会组织法对委员会职权规定亦不明确。为此中央政治会议第四四二次会议作出了如下决议:第一,盐政改革委员会依据盐法第三十七条规定组织,为设计机关,组织法关于职权各条文,应交立法院修正;第二,场产整理之设计,包括设计处工作内,不必特设一处;第三,第十三条应规定盐政改革委员会为处理设计事务,得向主管机关调用盐务人员及与盐务有关人员;第四,盐政改革委员会须俟组织法修正后,始能成立。① 中央政治会议令立法院查照修正。立法院依据此项意见,修正了盐政改革委员会组织法②。1935 年 6 月22 日,由国民政府将修正之《盐政改革委员会组织法》③明令公布施行。

国民党与行政院就成立盐政改革委员会事项装腔作势、咬文嚼字的交涉,或许表明南京国民政府已无强推新盐法的动力了。时人对此评论道:"改革委员会本负有兴革责任者,一变为设计机关,而五中全会所议决之场产整理处,亦不另设,则委员会已无事可办,故迄今尚未正式成立,则所谓两年内实行新盐法,又成为泡影与幻想矣。"④失望与无奈之情自可概见。

不久,国民党于 1935 年 11 月 12 日举行第五次全国代表大会,各方多有催促大会改革盐务之函电发来。代表们向此次大会提交了不少涉盐议案。有的主张整理场产,减平税率,废除专商,订分期推行办法,以二十五年底为最后限期;有的主张将税率改为每百公斤八元,使盐法实行后,税收不致减少而积弊可去,庶国与民两利;有的主张革除给耗加皮名称。⑤ 以上三案,经提案审查委员会经济组于 11 月 18 日提出审查报告,谓拟请大会交国民政府饬主管机关,于 1936 年底分区施行新盐法。⑥

(三) 筹备实施盐法及最终落幕(1935. 12—1942. 1)

自五全大会闭幕后,在各方压力之下,财政当局似已有启动实施盐法之迹象,在法律施行程序泥潭中几近窒息的新盐法迎来了无疾而终前的最后演出。当局初议划定全国盐区,依次分期实行,某一盐区税率整理完善

---

① 《国民政府训令第一一二号》,《国民政府公报》1935 年 2 月 8 日,第 1660 号,训令,第 5—6页。
② 《立法院开会修正盐政会组织法条文》,《申报》1935 年 6 月 1 日,第十二版;《改革盐政》,《大公报》1935 年 2 月 7 日,第三版。
③ 《盐政改革委员会组织法》,《国民政府公报》1935 年 6 月 24 日,第 1775 号,法规,第 1—2页。
④ 《增补盐务革命史》,载《盐迷专刊》第一卷,1935 年 12 月,第 26 页。
⑤ 中国盐政讨论会编印《蜕化期中之新盐法续集》(未刊行),1936 年 3 月,第 6、12、13 页。
⑥ 张传英:《分区施行新盐法之检讨》,《盐政杂志》第 63 期"选论",1936 年 2 月,第 2 页。

之后,即开始实行盐法,继议先从推行便利区域较小者着手,然后逐步推进,以底于成。其间始实行地方,传说不一,或谓为淮、浙二区,或谓长芦、山东、两浙三区,或谓四川、两广二区,或谓四川、福建、两广三区,且有见诸筹备者。① 延至 1936 年 12 月底,照五全大会决议案,应即开始实行盐法,其时财政当局以施行之手续极为繁复,窒碍甚多,不易如期实现,复呈报中央展缓施行。

1937 年 2 月国民党五届三中全会开会,有委员再度提迅速施行盐法议案,经第四次大会决议,交国民政府转令各主管机关切实施行。但南京政府财政部则以盐税岁入,此时已达年入二万万余元,若照盐法规定之税率收税,将减少收入八千万元之巨,势必牵动整个财政预算。财政部认为只有将新盐法原定每百公斤五元之食盐税率与三角之渔盐税率,予以提高,使与现行税率接近,俾能采用急进政策以实行盐法。其具体意见:拟将盐法税率中之公斤字样改为市斤,税率仍旧。此种办法,表面虽未加税,然因一市斤仅及一公斤之半,实践上不啻将食盐税每百公斤改征国币十元,渔盐税每百公斤改征六角。同时中央党部国民经济计划委员会盐业组,亦认为新盐法税率与现行税率相差悬殊,深恐不利施行,特拟具实行盐法之五年计划纲要,使现行税率在五年内逐渐降低,以与新盐法税率相近,期采用缓进政策,以施行盐法。后经中央政治委员会讨论结果,认为盐法之施行,仍应采急进政策,惟税率之修改,亦不能尽如财政部之意见,一律作骤然之提高,故主张参酌目前盐税收入状况,规定食盐税每一百市斤至多不得征过国币五元,全国盐区税率另表规定,但不得带征或附加,渔盐税每一百市斤则改征二角。此种办法,系将盐税税率作弹性规定,使与现行税率比较接近,以免施行时影响整个财政预算②。

中央政治委员会讨论时,认为新盐法所规定盐务机关一章,与现在改组后之盐务组织不合,多主张将该章删去,仅在附则章中规定"盐务机关组织以法律定之"条文。对其附则章中关于盐政改革委员会之设置,亦多以为不宜。其理由有三:盐政改革委员会向未正式成立,事实上亦无设置该会必要,此其一;中央国民经济计划委员会之盐业组已能代行该会职权,此其二;熟谙盐务人才该会不易罗致无遗,此其三。有此三因,故该条文尽可删除。时人就此评论:"此等理由,是否正确,姑不具论,惟盐政改革委员会,既由执行机关,一变而为设计机关,果有相当机关可以尽设计之能事,

① 《财部改进盐务》,《大公报》1935 年 12 月 23 日,第三版。
② 《财部筹划分区施行新盐法》,《申报》1935 年 12 月 24 日,第七版。

则该会成立与否,诚属无关轻重矣"①。而后,所有上列应加修改之处,由中央政治委员会会发交立法院审议修正。立法院认为,"盐法之实施,即使采用急进政策,而税率一项,尚应分年酌加增减,以期逐渐全国一致之目的。因全国现行盐区税率,食盐每百市斤最高者已征至十二元,最低者则征一元,新加之建设捐尚不在内。若遇新盐法原定之食盐每百公斤征五元相较,固相差甚巨,即与拟议修改之每百市斤征五元相较,亦仅为比较接近。果然此拟议修改之税率通过,将来施行时,势必将现行各区高于五元之税率一律递减,低于五元之税率一律增加。惟骤减现行高税区税率,税收仍将受重大影响,当非顾全整个预算之道,同时又须骤加现行低税区税率,太增人民负担,恐亦非人民所乐从。故主张应由财政部对税率一项,拟一具体施行计划,期将高税区与低税区税率分年逐渐减低与增加,限于若干年内,使各区税率均与盐法之法定税率相等,俾国库民生,均可兼顾,以便施行"。②

不过,直至抗战前,新盐法也未能得到正式施行。在围绕新盐法制定颁布施行的博弈期间,南京政府主导下的盐政变革虽明显令人失望,但还是有了一些成效。专商引岸逐步萎缩,自由贸易的区域稳步发展,盐政混乱状况稍有好转。1931年全国销盐县数为1972县,采用自由贸易的为971县,票商专商包商制为907县,1937年时,全国销盐县数为1968县,自由贸易的为1179县,票商专商包商制为694县。旧盐商通过验发引票,保守住了自己的核心利益;而拥护自由贸易的新盐商及改革势力逐渐控制了盐政话语权,专商引岸日益失去合法性基础。中央政府控制力增强,地方势力虽仍趁乱征收盐斤附加税,四川安徽以此弥补军饷,其余各地多有效仿,1932年地方擅自征收盐附加税约为8500万元。但总体上,地方势行截留中央盐税情形逐步有所收敛。此期盐产量变代化也不大,1927年至1937年间始终维持在4200万至6000万担水平。但是政府盐税收入增加较为明显。通过查验和换发盐商的引票,取得了1332万元验票费。并以各种借口加税,使政府盐税收入从1927年约11963万元逐年递增,1931年约15414万元,1933年16069万元,1936年达21781万元③。

后至1939年2月,第五届中央执行委员会第五次全体会议举行于重庆,有经济组审查委员会提出建议报告:"食盐引岸制度,流弊滋多,在战

① 楼复:《盐税制度概述》,《盐务月报》第四期,1942年4月30日,第14—15页。
② 何维凝:《新中国盐业政策》,正中书局,1947年版,第124—125页。
③ 丁长青主编:《民国盐务史稿》,人民出版社1990年版,第188页。

时尤不适用。中央以前拟订五年经济建设计划书内，曾决定以民制、官收、官运、民销为原则，应本此原则计划实施，澈底废除引岸制度。大会依据此项建议，盱衡全局，近察当前盐荒之危机，远观国家经济建设之趋势，一面治本，以民制、官收、官运、官销为今后盐业政策之准则；一面治标，以消弭盐荒，为当前之急务，爰为下列决议：食盐引岸制度，流弊滋多，在战时尤不适用，中央以前拟订五年经济建设计划案，曾决定以民制、官收、官运、民销为原则，应本此计划实施，彻底废除引岸制度。"①并最终于 1942 年 1月 1 日，国民政府宣布自即日起实行盐专卖，"查盐为日用品，关系国民经济至巨，业经中央决定实行专卖，兹遵定于(民国)31 年 1 月 1 日起实施，所有过去原有专商引岸，及其他关于私人独占盐业之特殊待遇及权益，应自专卖实行日起一律废除"②。新《盐法》论争与角逐至此告一段落，这场风波随同新《盐法》法律文本的退场而正式落幕。

---

① 何维凝：《新中国盐业政策》，正中书局，1947 年版，第 128 页。

② 《1942 年 1 月 2 日财政部关于废除专商引岸给盐务总局的训令》，载南开大学经济研究所经济史研究室编：《中国近代盐务史资料选辑(第四卷)》，南开大学出版社，1991 年版，第47 页。

第三章　政府与旧盐商围绕新《盐法》的博弈

政府对经济的管理目标是自身利益的最大化,它决定了施政方式及方式的改变。旧盐政扎根于自身的社会环境,有其存在的内在逻辑,制度的路径依赖惯性会使它尽管不能在根本上抗拒变革趋势,但却会对时代变迁带来的变革压力反应迟钝,由此产生的碰撞是社会前进所通常要负担的成本。"米谷百物,皆系自由买卖,任何商人,均无专卖权,亦无区界之纷扰",[①]唯有食盐,由于引岸专商制度的存在,其生产和运销均为垄断性质。但近代以来,应时势所发展,引岸专商制度还是在某些地区有所松动,尤其是丁恩倡导自由贸易盐政改革后,国内部分地区一定程度上开放了自由贸易。截至新《盐法》颁布的 1931 年,全国(1932 县)各区行盐之制,大抵可别为六种:一为票商制,约占全国 8%;一为自由商制,约占全国 50%;一专商制,约占 18%;一为包商制,约占 20%;一为官运民销制,约占 4%;一为官专卖制,仅闽省二县而已。[②] 以上六种制度中,弊端最多、为害最大者是票商制、专商制与包商制,而此三种引岸专商制度下之盐商正是本书论述所指。

南京国民政府建立初期,中央的财政遇到了极大的困难。"剿匪军事,建设大政","在在需款,意外支出,日有增加",[③]而同时,地方大小军阀林立,各据一方,中央政府无法控制全国的赋税,令"掌度支者点金乏术","年来中央财政之日趋艰窘,已是一个不容讳言的事实"。[④] 为了摆脱困境,使财政经济迅速进入正常轨道,政府于"山穷水尽之日",遂"不得不出于借债与增税之一途"。但是,"每次公债均指定以关税为担保",故"债愈发而中央之财政亦愈窘",借债"既不足以救济目前中央穷困的财政","自不得不

---

① 愚夫:《中国社会之怪现象》,《盐政杂志》第 63 期,1936 年 2 月,第 2 页。
② 《1931 年自由贸易商在盐商中的比重》,《盐务稽核所年报》。
③ 千家驹:《去年中国财政之回顾》,《大公报》1935 年 1 月 5 日,第三版。
④ 见章开沅、罗福惠:《比较中的审视:中国早期现代化研究》,浙江人民出版社 1993 年版,第 770 页。

在增税上设法"。①

近代以来,关税、厘金和盐税成为为国家财政收入的绝大部分。因"关税不能自主",政府"无能为力",②厘金 1930 年又已裁撤,此两端如若再想"开源",似"无可再开"③之可能。盐税历来为政府重要财源,"中央裁厘后",其在财政中的重要性进一步上升,增加盐税之收入,成为政府稳定财政的首选。正如时人就此所作评论:"财政上实无法弥补,只有整顿盐税"。④ 据统计,盐税收入占岁收入总额比例,在 1933、1934 年度,就分别达到 21.57%、24.61%。⑤ 同时,盐税还有两个优势:一、税收稳定。食盐是生活必需品,人人离不开,此为盐税提供了一个稳定可靠的基础。并且政府如若"明令增加丁税,人民必群起反抗,寓税于盐,人民虽欲避税,亦不可能",⑥既保证了政府稳定的财政收入,又避免了激起官民冲突,而影响政府威信。二、盐税可以预支。"近年国家以课税预为抵用,动辄数百万,由盐商出立借据,金融家尚能见信通融。"⑦

正因为盐税具有如此的地位和特点,国民政府为了增加财政收入,对于盐务整理颇有期待。此举既可以"收减税的美名,而国库又增如是的巨额,一举两得,何乐而不为? 捨盐政改革外,没有收效如此之大的"!⑧ 但政府增加盐税要直接面对两方面的制约:一是民众承受极限,自然经济下经历年天灾战乱,民生困苦不堪,已无财政扩大吸取潜力;二是盐商和地方势力的利益争夺,政府必须在政治全局调节挤压对手的力度与方式,避免整体形态崩溃。这种形势规制了政府与旧盐商的关系格局。一方面,国民政府尽力挤压旧盐商的利益空间,不断增加盐税扩大自身利益;旧盐商则千方百计偷逃税收、转移损失,表现为利益挤压与争夺。另一方面,政府为继续利用旧盐商这种便利的传统财政吸取管道,通过查验盐票,确认旧盐商的既得利益,甚至以新盐法的效力为对价,安抚盐政变革的反对者,表现的是利益牵联与妥协。因此,可以从利益挤压与争夺和利益牵联与妥协两

---

① 千家驹:《去年中国财政之回顾》,《大公报》1935 年 1 月 5 日,第三版;千家驹:《去年中国财政之回顾(续)》,《大公报》1935 年 1 月 6 日,第三版。

② 景学钤:《废引与裁厘》,《大公报》1931 年 1 月 8 日,第二版。

③ 《社评:税收短绌与整理对策》,《大公报》1935 年 2 月 2 日,第二版。

④ 《新盐法税则》,《四川盐务日报》1931 年 4 月 27 日,第三版。

⑤ 《社评:税收短绌与整理对策》,《大公报》1935 年 2 月 2 日,第二版。

⑥ 彭瑞夫:《盐政改革与新盐法之实施》,《东方杂志》第 32 卷第 10 号,1935 年 5 月 16 日,第 47 页。

⑦ 左潜畬:《盐法改革问题之释疑与闢谬》(未刊行),盐政讨论会,1931 年 5 月,第 22 页。

⑧ 朱德龄:《盐政改革与中国建设及教育问题(续)》,《大公报》1931 年 5 月 6 日,第十一版。

个维度解读国民政府与旧盐商的关系,这也是塑造新盐法风波走向的重要因素。

一、政府对旧盐商的利益挤压与争夺

盐税一直为南京政府的重要财源,对此相当重视。为了救济政府穷困之财政,南京国民政府自 1928 年 1 月起,曾屡次增加盐税,尽管因此而加重负担的不止各类盐商,但这必然挤压旧盐商的利益空间。政府加税主要有以下名目:

(一)1928 年之加税

此次加税以军用盐斤加价和善后军费为名而举。并以增收盐税作抵向银行和盐商筹措大笔借款。1928 年 1 月,财政部以"迩来北伐胜利,正在进展之中。接济饷需,急如星火",但"所有各项税收,有绌无增,似非另辟饷源,无以挹注"为由,向国民政府提议将"江浙两省各食盐斤,于正课及附税之外,每担暂加售价 1 元,名为军用盐斤加价"。明确指出,"照各该食岸历年销数,平均核算,于加价之后,每年收入,约可增加四、五百万元之谱,不无补于饷需"。[①] 国民政府同意并立即于 11 日转批此报告。于是,1928 年 1 月 28 日,财政部令两淮运使、两浙运使和松江运副,以此次军用盐斤加价作抵,向各银行及盐商筹借 300 万元。[②] 未及一年,12 月 7 日,财政部又以"年关将届","需款孔亟"为由,令"两淮两浙运使和松江运副向各食岸盐商筹借国币 500 万元,以附收之善后军费作抵"。[③] 自 1928 至 1930 年的三年中,盐商直接或间接借给国民政府财政部之款即达 4000 多万元。[④]

---

① 《1928 年 1 月 11 日国民政府令财政部、浙江省政府、江苏省政府》,《国民政府公报》第 23 期,1938 年 1 月。

② 《1928 年 1 月 28 日国民党政府财政部令两淮运使、两浙运使、松江运副,以江浙盐斤加价指抵借款 300 万元》,中国第二历史档案馆藏档案:财政部(1927—1949),全宗案卷号:3—18;盐政总局(1927—1949),全宗案卷号:266—18。

③ 《1928 年 12 月 7 日财政部令盐务署长》,中国第二历史档案馆藏档案:财政部(1927—1949),全宗案卷号:3—19;盐政总局(1927—1949),全宗案卷号:266—19。

④ 李建昌:《官僚资本与盐业》,生活·读书·新知三联书店 1963 年版,第 31 页。

(二) 1931 年的"镑亏"加税

此番则以弥补偿还外债之"镑亏"为由增加盐税。1931 年 3 月 13 日，财政部以"各区盐款收入，每年摊还外债"，但近"因金价关系"，"银价日低"，缺额甚巨，"额短一千万元"。呈请行政院，"自四月一日起，将产盐各区食盐场税，每担一律加征附税三角，以资抵补"，预计"本年内可征收七百万元，足抵补大半"，而"全年约可征收一千万元"。① 行政院旋于 18 日便批准此项增加盐税申请。此次增加盐税自 1931 年 4 月 1 日始，除山东、广东等极少数地区情况特殊不予增加，或略微减低外，其余盐区食盐一律加征三角。

(三) 1932 至 1933 年的整理盐税税率加税

新盐法颁布后，因旧盐商和地方势力的反对未及施行，但政府对旧盐商的利益挤压并未缓解。1932 年 7 月 12 日，财政部向长芦、山东、两淮、两浙、淮南、松江各运使运副、河南督销局训令称，"现行盐税税率系用等差税法，各区轻重不等"，易"启侵销之弊"，因此，应"将盐税局部加以整理，务令彼此平衡，不使过于参差，既可增益税收，并可杜绝冲灌"。同时，令各地"于电到之日遵照新增税率实行增加"盐税。财政部随同此令抄发整理产区盐税暂行税率表一份，后经盐务稽核所修正，全国各盐区先后于 1932 年 7 月和 8 月间实行。② 此后不久，1933 年 10 月 20 日，财政部又通过一个新的整理盐税案，并附发一份整理各区盐税暂行税率表。③ 综观两次税率整理表，其名为统一税率，实为增加盐税，政府"借平均税率为名，而轻税者则加矣，重税者迄未照减"。④

(四) 1934 年的改秤加税

1934 年 1 月 22 日，财政部以"所属之盐务，税务各机关稽征货物向来

---

① 《盐款偿债加征附税》，《申报》1931 年 3 月 21 日，第八版；《盐场附税补偿外债》，《申报》1931 年 3 月 27 日，第六版；《1931 年 3 月 13 日财政部呈行政院，请将各区食盐加征附税弥补外债》，中国社会科学院近代史研究所图书馆馆藏：国民政府档案—国民党行政院（二）10711。

② 《1932 年 7 月 12 日财政部训令长芦、山东、两淮、两浙、淮南、松江各运使运副，河南督销局，抄发整理产区盐税暂行税率表，令仰遵办》，《财政公报》第 53 期，1932 年 8 月 1 日。

③ 《1933 年 10 月 20 日盐务稽核总所训令各稽核分所为整理盐税安仰电到日实行文》，中国第二历史档案馆馆藏档案：盐政总局（1927—1949），全宗案卷号：266—205。

④ 盐迷：《盐务稽核所盐政改革总检讨》，《大公报》1935 年 11 月 21 日，第十版。

只用衡器一类,筹备较易,亟应早日改用,以资提倡"为由,令盐务稽核总所、各盐务机关,应"自二十三年一月一日起,一律改用新衡,按照法定税率,以应用勷担征税",各盐"一应自是日起,将中央正附税及地方税附加,合计每担原在十元以上者,一律减为十元,其十元以下者,俟察酌情形,徐图改善"。①

此次改秤加税,"财政部独舍公斤不用而用市秤",则"明改秤,暗加税之政策","实际等于增税百分之二十五"。虽遭到多方面的反对,长芦盐商反对改用新秤,"推郭春麟等八人二十一赴京请愿"。② 即便如此,除四川地区稍微延迟实行外,其余各地区均于 1934 年 1 月 7 日实行。

以上国民政府的屡次增加盐税,"政府财政收入之增加,则至为显著"。千家驹在 1935 年 1 月的《去年中国财政之回顾(续)》一文中就此总结道:盐税税收,"民十八年尚不过六九七二三零零二元,民十九年突增至一三九三九一四八七元,二十年为一七六六五一五一元,二十年后,因伪国截留盐税,但盐税收入仍达一五三一二一七一七元。据去年(1934)之概算,竟为一九零三五三八五一元,如与十八年相比,几增加三倍左右",在这十年期间,盐税收入平均占税收总额的 29%,此项增加"当然完全是加税的成效"。③

在食盐利润固定的情况下,政府所索求盐税越多,而相对的则是盐商利润的减少。芦纲公所"以芦盐产销军事等四种附捐,已觉过重(每种每包征四元),食户无不希望设法低减",现财政部令"芦盐自四月一日起,每石加收附捐三角,每包合加洋一元二角(每包四百斤)",而"盐商之痛苦,亦不减于食户,捐税既大于正价约三十倍左右"。④ 但盐商既然是为利来,与政府争利而扩大自身的利益就必不可免。当政府用各种名目提高税率,以增加税收充盈国库时,盐商则千方百计地偷税漏税以自肥。兹举例如次:

首先,多领皮耗,侵占税款。盐自产地运到销场,自由相当损耗,政府为弥补盐商的损失,给与一定的皮耗。这就是所谓"余斤"。"何谓余斤?淮盐到岸,分帆运轮运两种。帆运由十二圩制配,每担按司马秤 109 斤秤放,到岸时按 107 斤交斤。轮运由淮北出场,每担按 112 斤秤放,到岸按

① 《1934 年 1 月 22 日财政部咨各省、市政府,盐务税务改用新衡》,《财政公报》第 72 期,1934 年 3 月 1 日;《盐务机关一律改用新衡》,《申报》1934 年 1 月 31 日,第三版。
② 盐迷:《盐务稽核所盐政改革总检讨(续)》,《大公报》1935 年 11 月 25 日,第十版;《长芦盐商反对新秤》,《申报》1934 年 1 月 22 日,第八版;《社评:税收短绌与整理对策》,《大公报》1935 年 2 月 2 日,第二版。
③ 千家驹:《去年中国财政之回顾(续)》,《大公报》1935 年 1 月 6 日,第三版。
④ 《芦盐加价问题》,《大公报》1931 年 4 月 11 日,第七版。

109 斤交斤。此多余之耗盐是为余斤。又四岸商人收盐用司码秤,而卖出则用习惯秤。习惯秤小于司码秤,因之每票 4000 担之正盐,恒有 200—300 担余斤之多。此等余斤向不付税"。①

其次,携私盐以漏税。"私盐价廉,各盐店里用商巡贱价收买,或以商巡查获之私盐,搀入槽内,易漏国税。"②就淮南四岸中最远的湘岸而言,每盐一票带私甚多,运商每运盐一票,只作四千担课税,实际有五千担以上。③

此外,贿赂盐官,共同舞弊。各大盐商,"挟其专卖权之雄劳,往往与官吏缉私兵弁,狼狈为奸",④对于其夹带之私盐,各岸榷运局"上自局长,下至员司,无不视此为利薮,于发放之际,故事留难,于是商人不得不将利四六分摊"。⑤

南京政府为增加财政收入,必然挤压旧盐商的盐利空间。而旧盐商在与政府争利的长期历史中,已熟练掌握转嫁损失的技巧,并尽力将当下经济的损失变为长期的政治投资,用利益捆绑政府,以金钱购买有利于己的制度。盐商表面上被敲打,谁又能保证,感到疼痛的不是民众呢?

二、政府与旧盐商的利益牵联及妥协

中国食盐运销制度,历经变迁,大体上可以分为无税制、征税制和专卖制,其中专卖制又可以分为官专卖和商专卖两种。至国民党统治时期依然存在的引岸制度即是商专卖制(民制、商收、商运、商销),在此制度下,"官方仅居于监督收税之地位,而运销则由专商承办,运盐之时",⑥运商先向政府交纳一笔费用,经过政府特许,取得引票,垄断一定区域的食盐运销,也就是政府把食盐垄断权完全交托给固定的少数特殊商人来行使。即便如此,也并不是政府完全放任商人经营而不过问,实际上国家保有其对食盐的间接的控制权,对食盐的生产数量、销售数量、生产区划、供应区划都有控制,对食盐的价格也有管理,盐商替官府经销官盐,场价、岸价例由官定,加价、加耗须经官许。引票是架设在盐民、盐商和民众之间的一座桥

① 《盐务汇刊》第 33 期,特载,1933 年 12 月 31 日。
② 《盐务汇刊》第 38 期,1934 年 3 月 15 日。
③ 彭瑞夫:《盐政改革与新盐法之实施》,第三十二卷第十号,1935 年 5 月 16 日,第 49 页。
④ 朱德龄:《改革我国盐务刍议》,《大公报》1931 年 1 月 18 日,第十一版。
⑤ 《盐务汇刊》第 33 期,1933 年 12 月 31 日,第 21 页。
⑥ 朱德龄:《改革我国盐务刍议》,《大公报》1931 年 1 月 18 日,第十一版。

梁,盐民生产出的食盐要转移到民众手中,需要这座桥,商人要经营食盐也需要经过这座桥,才能得到食盐。而政府正是这座桥的建造者和所有人,他在要求盐民将所有的产品销售给盐商的同时,又利用盐商的力量,将食盐销售给民众,从中获取专卖带来的收入大部利润。寒梅在《政府与商人合作之起点》一文中指出,"商人之与政府,实有莫大利害关系",中国"财政统治政策之下,素有包商纳税之制,指定某种物类,由商人每年承缴比额税款,若干万元,至其经营方法,商人亦享有特殊利权,得以纳税剩余之款,为商人自身经营事业之盈余,以义务享权利,以心血易金钱,惟政府财政当局可坐收其利"①。于是,在引岸专商旧盐政中,政府与盐商之间形成了一种利益共同体关系。

新盐法风波中,国民政府为了"增厚国家财政实力",必须推行新盐政,以变革摆脱危机,牺牲旧盐商不可避免。但同时政府也知道作为同一个利益共同体,完全排除盐商,而利润独占是绝对行不通的。商人负担之力毕竟有限,如若"一增再增,初犹可勉力行之,逾重则一踬而不能复起,陡使后者鉴及前车,不敢再为尝试",②也有违政府之本意。国民政府正是认识到此点,所以在从盐商处获取食盐利润最大化的同时,给予盐商一些优待、保障,在具体的实施层面就是查验盐票、延缓实行新盐法,这反映了民国政府与旧盐商的利益牵联。

就查验盐票而言,政府实是以此举确认旧盐制的合法性③。中国自宋元以来,向行引票制,所谓引票者,即一运盐执照,为商人向政府交纳一笔费用后取得。商人取得了引票即取得了向某一地区运盐的垄断权,引商凭此可以永远循环运盐,成为世袭商人,也可以将引票出租或转卖。自民国成立,盐商虽然通过和官僚军阀的私下交易,使引票权得以苟延,但其始终没有取得法律之保障。于是,盐商们"恐前清引票,法律上失去效力",为此,旧盐商曾经发动过几次验票运动,"第一次验票之发生,在民国四年,当时袁氏称帝,以此款为大典筹备之用,直鲁二省商人,业已预缴,因丁恩反对,倔强如项城,归罪于张弧,以革职泄其愤。第二次验票之发生,在民国十二年,曹锟运动选举时,以此款充大选费,盐务署已下密令,饬各运使遵办,卒因稽核所提出抗议而中止"。④

① 寒梅:《政府与商人合作之起点》,《上海报》1935 年 1 月 14 日,第一版。
② 寒梅:《政府与商人合作之起点》,《上海报》1935 年 1 月 14 日,第一版。
③ 此小节参考了丁长清:《国民党南京政府与旧盐商》(《盐业史研究》1988 年第 1 期)一文中相关内容,文中未有一一标注,在此表示感谢。
④ 盐迷:《盐务稽核所盐政改革总检讨(续)》,《大公报》1935 年 11 月 24 日,第十版。

1927年6月孙科任南京国民政府财政部长时，曾"有令运商将旧引票重新注册一举"，但因当时政局动荡不定，"卒以盐商之观望，无人理及"。至1929年，国民政府统治趋于巩固，"盐商以军人之破坏引岸及精盐之广销，遂呈财政部维持原案，宋子文因乘机商之盐商，令仍行旧票注册，每票抽洋若干，颁行条例"，①查验盐票由此肇始。从1929至1933年国民政府先后在湘鄂西皖四岸、两淮、两浙、苏五属和长芦等区查验和换发盐票。

1929年2月，首先对湘鄂西三岸大票（每票4千担）共1,092张及皖岸小票（每票960担）共848张进行查验，盐商须将所执引票，送由两淮运使验明，盖印登记，并酌收验费，计每票盐一担（计100斤）收验费1元，在一月内，国民政府府共收验票费5182080元。②是年还对淮南进行了验票，其中票商向国民政府交纳验票费400万元（其中50万元移到1930年交纳），食商交40万元，共交440万元。③

两浙行盐，"除温台处三属以外，其他各地均沿用旧制"，盐商"所执引照，犹系前清颁发"。且从前引制，"或以355斤成引，或以400斤成引，或以800斤成引，参差不齐"。有以355斤为一引的，有以400斤为一引的，有以800斤为一引的。而且在当时市场上已有买卖抵押引照之事发生，引票丢失和被焚毁的现象亦存在。苏五属"情形亦复类是"。1929年盐务署命令两浙盐运使、松江运副负责办理查验盐票的工作。此次两浙盐商共交照费897800元，苏五属交照费602200元，共计1500000元。两浙引商共有2858户，苏五属引商共有311户，都于交纳照费的同时，领取了盖有南京政府财政部大印的新照。④

而长芦验票直到1933年3月才开始，分六个月完成。芦纲公所各商交137万元，德兴公司28万元，裕蓟公司交13万元，利津公司交12万元，襄汝各商交20万元，晋北各商交3万元，另外久大公司交10万元，通达公司交1万元，以上合计共为224万元⑤。

国民党政府通过查验和换发盐商的盐照，从盐商那里取得了将近1400万元的验票费，旧盐商则从国民党政府那里取得了验票凭证，注明"永远照旧环运，裨资保障，附发司谕，载明条件，安心营业，以坚信用"。从

---

① 《盐制大改革有实现可能废除引岸原则闻已决定》，《大公报》1931年2月8日，第三版。
② 《1929年2月财政部令两淮盐运使张家瑞，查验四岸盐票办法经提院令通过，仰遵照办理具报》，《财政公报》第20期，1929年4月1日。
③ 《1929年淮南验票的情况》，1929年《盐务稽核所年报》。
④ 《1929年两浙查发盐照的情况》，1929年《盐务年鉴》，运销概况，第35页。
⑤ 《1933年3月查验长芦盐票的情况》，1933年《盐务汇刊》第17期，第56页。

52

此引岸专商取得了合法地位,引岸制度有了明确的法律保障。

南京国民政府对引岸专商制度,的确如验票凭证上所言加以保障。如1932 年 6 月 2 日财政部训令河南省盐务督销局:"嗣后对于各属行盐扩务应各守销区,毋任侵越。"1934 年 3 月 17 日财政部决定,江苏"徐属五县及宿县,应暂仍照旧行销鲁盐,以维现状"。1935 年 11 月 9 日财政部在致云南运使电中说:滇盐在黔推销,"与成案不合"该运使应"仍循定案办理,以泯纠纷"。1935 年松江运副提出:"松场额产不能再减,余岔之盐远隔大海,运销苏属地方,途中既多危险,而强令苏省人民必食隔省所产之盐,于理亦未平见,盖松江为苏省所属,松既产盐,苏省实有尽先购运松盐之原则。"财政部批驳说:此说"殊属不合。浙区余岔场盐,行销苏属,由来已久,岂能无故变更?"①

总之,南京政府通过向旧盐商预征盐税和征收验票费,取得了它所急需的军费和偿还外债的款项。旧盐商则取得了南京政府所给予的法律上和事实上的保护。两者各得其所。

此外,政府还通过延缓实行新盐法以保护与旧盐商的利益共同体关系。虽然民国以来,尤其是南京国民政府时期,盐政改革之呼声日益高涨,但政府在主导盐政变革中,须顾及国家的财政来源和以往盐商对政府的支持,而作全局考量。1927 年 5 月国民政府所发行的二五附税库卷 3000 万元,两淮盐商就承担了 300 万元。② 并且国民政府经常向盐商借支盐税,动辄数百万元。③ 由于国民政府财政对盐商存在着严重的依赖关系,盐商自然对盐政拥有相当的影响力。

1931 年 7 月,因岁计奇绌,国民政府发行盐税公债八千万④,当局曾与盐商主脑人物,事前商量,由包商将运票押借盐款,尽量购买库卷。各岸盐商,闻此项表示愿意响应,不过却声称新盐法颁布之前本可办理,但新盐法原则颁布后,运票向银行押款,银行不纳,且原来已做押款者,银行催赎甚亟,故望政府予一种保证。于是,财政部声明,在此项库卷本利未清偿以

---

① 以上见《1934 年 3 月 17 日财政部令两淮运使,苏省徐属五县及宿县应仍照旧行销鲁盐》,1934 年 3 月 31 日《盐务汇刊》第 39 期,第 36 页;《1935 年 11 月 9 日财政部致云南盐运使电》、《1935 年 10 月财政部指令松江运副》,1936 年 1 月 1 日《财政公报》第 94 期,第 27 页。

② 左潜盦:《盐法改革问题之释疑与阐谬》(未刊行),盐政讨论会,1931 年 5 月,第 115、117 页。

③ 左潜盦:《盐法改革问题之释疑与阐谬》(未刊行),盐政讨论会,1931 年 5 月,第 22 页。

④ 《民国二十年盐税库卷条例》,《申报》1931 年 7 月 31 日,第八版。

前,不施行自由贸易就场征税制即新盐法。[①] 这种情况即便不是新盐法的未能实施的根本原因,但至少其在某种程度上影响着国民政府推行盐法的决心。而国民政府制定新盐法时,完全忽视或对此类情况毫无预见,藐视法的客观性如此,可见意气风发的国民政府立法时就种下了法律夭折的种子。明显的是,当政府感到立法粗糙,缺乏洞见,阻力重重时,失去了强推新法的动力。这种态度与旧盐商正好形成了一种共识,盐商给政府提供了巨大的财政收入,政府给与盐商某种制度上的保障,可谓政府盐商两得其利,两方交易中新盐法被边缘化。

三、旧盐商在新盐法风波中的活动概况

旧盐商与政府既相互争夺又彼此依存的关系决定着新盐法风波中旧盐商活动内容与方式。盐商的垄断是一种封建性的垄断,国家责令盐商包税,同时授予其垄断盐业生产、运销的特权。而与此同时,中国盐务之积弊也由此而与日俱深。封建时代,“厘订盐法,昧于平等,所以不惜偏袒于一方,限制人民之自由,于是成立引岸,授盐商一特权,宰割民众,不但划县为界,各领疆土,甚至一县分乡分段”。[②] 于是“各大盐商,挟其专卖权之雄劳,往往与官吏缉私兵弁,狼狈为奸,上欺政府,下刮民脂,而盐吏兵弁,对于重斤夹带之私盐,连樯重载之枭贩,因畏其势而受其贿赂之故,亦不敢过问,而对于人民购买已纳足国课之官盐,反多方勒索敲诈,借‘越界为私’之名,任意罚办”。[③] 并且盐商于“老百姓买盐时,不给准秤,又于盐里杂以秽土,泼以秽水,冀其增加分量,而得多利,老百姓虽怒之而不敢言”。[④] 所以,盐商之专横垄断久为世人所诟病,引岸专商制度也被视为弊政之首,“造成我国社会之腐暗状态,事之苛虐悖理,孰有甚于此乎”?[⑤] 改革废除引岸之倡议时有所兴。自“清季南通张季直首倡改革盐法取消引岸之策”,[⑥]中国“历来政府,莫不言改革盐务,然徒有其名,而卒未见诸实行”。[⑦]

① 《盐税库卷救济财政难关》,《申报》1931 年 7 月 31 日,第八版;《盐税库卷信用》,《申报》1931 年 8 月 5 日,第四版。
② 刘瀛岑:《为盐法问题上国议代表书》,《大公报》1931 年 5 月 6 日,第十一版。
③ 朱德龄:《改革我国盐务刍议》,《大公报》1931 年 1 月 18 日,第十一版。
④ 《山东盐政:实行新盐法》,《大公报》1931 年 4 月 2 日,第三版。
⑤ 朱德龄:《改革我国盐务刍议》,《大公报》1931 年 1 月 18 日,第十一版。
⑥ 《社评:国府应速行新盐法》,《大公报》1931 年 4 月 15 日,第二版。
⑦ 朱德龄:《改革我国盐务刍议》,《大公报》1931 年 1 月 18 日,第十一版。

考其缘由，一为"因从来之政府，或习于燕安，不思振作，或因特种原因，不能如意，或势力过微，无法进行"；[1]一为"诚由于专商之阻梗，奔走运动于其间耳"，盐商希图保全权利，每闻有一度改革拟议，"即持其财力之雄，蠢然出而运动"，上可动至尊下则奔走儒林，"巧宦奸商，互相为用，藉利国福民之法，作私人罔利之计"。[2]

民国肇兴，"海内志士，大声疾呼，提倡改革"，[3]其废除引岸实行自由贸易的呼声尤为高涨。而当时作为盐务稽核总所会办的英人丁恩极力反对引商，认为中国各引岸专商，"非得厚利，不肯运盐，而人民之淡食，国税之损失，皆所不顾，只知自顾其个人之私利，整顿中国盐务，必须取消专商引岸，方可实行改革"，[4]主张实行自由贸易，"此举能使国家与人民两受其利"。[5]此项提议一出，立即受到"有专利权各商所反对"，其利用"中国各地报纸对之（自由贸易制）大肆攻击"。[6]而当时北京政府由于"周学熙长财政"，并且"周固属两淮之巨商（大运商）"，而兼有滩户资格，当然为"盐商商谋久远"，旧盐制仍得大体维持。[7]尽管此后部分地方开放了自由贸易，但大多不彻底，民众从中并未获益。1922年1月，盐务署再度提出全国实行自由贸易，"除必要时间仍须专商行引外，此后进行计划要以自由贸易为归，庶场灶无积滞之忧，人民免食贵之苦。第事关改革，国计商情必须兼顾，如果日后变更引制，亦必须先行给以公允之代价，足以偿还商人之所失，使无亏损之虞"，[8]并拟具整理盐务大纲预呈政府立案。即便是这样一个很不彻底的改革方案，一经宣布，各地盐商"尤恐自由制之实现"，不仅"淮、芦各商既自行通电力争"，而且"苏、陕各督亦致电中央代商请命"。[9]如1922年2月27日长芦盐商反对废除引岸向盐务署呈文言："诚以引岸有专商，课税始有定数，故历年盐税可以指定用途。若果破除引岸，自由贸易，则盐商变为盐贩，无纲章以维系之，势如散沙，将欲按春秋两关催令报

① 龚德柏：《驳'湘鄂西皖四岸运商总会公表盐法之商榷'（续）》，《大公报》1931年4月14日，第三版。
② 《社评：国府应速行新盐法》，《大公报》1931年4月15日，第二版。
③ 林振翰：《盐政辞典》，中州古籍出版社1988年版，"亥"，第20页。
④ 和籁：《盐业商业化》，《朝报》1935年11月17日，第四版。
⑤ 《1913年12月9日丁会办致张总办函》，中国社会科学院近代史研究所图书馆藏：盐务稽核所收发文件，翻译科。
⑥ 《对于丁恩条陈之评议及中国政府施行之办法》，丁恩《改革中国盐务报告书》第44节。
⑦ 《周学熙、张弧对改革引岸制度的态度》，《盐政杂志》第33期，1921年6月。
⑧ 《1922年1月18日盐务署督办呈大总统为整理盐务拟具大纲由》，中国第二历史档案馆馆藏档案：盐政总局（1927—1949），全宗案卷号：266—49。
⑨ 《整顿盐务大纲公布后盐商军阀一致反对》，《盐政杂志》第33期，1921年6月。

运,其将何人是问?"又"况破除引岸之后,名为自由贸易,其实则必有大资本家如外洋所谓托拉斯者出而把持、一切垄断,隐收专商之利,显卸专商之责。倘再以外资参人,其害更有不可胜言者,噬脐之祸,悔将何及,有损商业且祸及国家"①。在 1922 年 3 月 24 日扬子四岸运商总会董事会向财政部的呈文中更是言到,如废除引岸,则"数百万人之身家财产"将受到损害,"商情观望,票价跌落",老弱孤寡无以为养。于是"群情愤激",纷纷要求财政部"更正大纲,宣布天下,以释疑虑,以维现状"。② 由于各地盐商的激烈反对,再加上北洋政府政令不出都门,稽核总所亦难以号令全国,此大纲未及实施,遂胎死腹中,不了了之,而此后政局动荡,废除引岸、实行自由贸易之议便偃旗息鼓。

南京国民政府更始,随着废除引岸专商,实行自由贸易之倡议重新兴起,各旧有盐商本着一贯阻扰、抵制破坏之作风,在面对南京国民政府为兴利除弊而起草、制定与颁布、施行新盐法时,其抵制阻挠之活动尤胜往昔。盐政交集各方切身利益,围绕改革的斗争历来都是公开的。《盛京时报》就此议论道:"中国的盐政,自唐朝刘晏创官卖制度以来,历代虽有改革,而百变不离其宗,遂以完成今日之现状,实为民制商运官卖是也,或亦有官运官卖者,更详言之,即盐之制有官定之滩池,官定之滩户,于一定时期,向运商借领款项,不能自由贩卖也,运商于一定之区域,一定之量数,向盐官领照,就滩运盐,是为运盐,运时须纳国税,运至行盐所法定区域之目的,交存官设仓库,不能自由卖出,亦不能丝毫越出应销之口岸及应销之引数也,盐入仓库后,由盐店向运商分卖,由官照发,店须领照,不能自由兴废也。近时盐官有所谓运使副运使榷运局等,即监督商运,兼榷国税,或更直接自运,而于滩户之制造即店户之分销,均其责任所在焉,此为今日之大概情形。在前清之季,朝野人士,感于盐政之弊,国库收入无多,人民价买实贵,其多数利益,均在少数运商,大声疾呼,图谋改革,遂于宣统年间有盐政院之设。民国以后,改制之议,随革命潮流而愈盛,主其说者为南通张四先生,及浙人景本白诸公,初时熊秉三亦附之,继而周学熙长财政,周本家传大运商,而兼有滩户资格,遂成改革与非改革两派,暗斗颇剧,卒以周为当权,改制之说,至此遂匿迹销声以至于今"③。盐政改革的较量延续到南京

① 《1922 年 2 月 27 日长芦盐商反对废除引岸呈盐务署文》,中国第二历史档案馆藏档案:盐政总局(1927—1949),全宗案卷号:266—49。

② 《1922 年 3 月 24 日四岸运商总会董事会呈财政部》,中国第二历史档案馆藏档案:盐政总局(1927—1949),全宗案卷号:266—49。

③ 《盐政改革将行实现》《盛京时报》1931 年 2 月 11 日,第二版。

国民政府时期,南京政府在这一问题上没有逃避空间,因他被认为"无事不带革命本色,加以改革盐政,尤见于中山先生平日议中,故识者早知二千余年运商专利之盐政,不久当与官僚军阀同为最后之命运矣"。尽管"国府年来对于盐务无处不见萧规曹随之观,去秋并有令运商将旧引票重新注册一举,此事在十六年孙哲生长财政任内本曾计之,卒以盐商之观望,无人理及,上年盐商以军人之破坏引岸及精盐之广销,遂呈财部维持原案,宋子文因乘机商之盐商令仍行旧票注册,每票抽洋若干,颁行条例,约计可得一千六百万之谱,此仅就淮盐四岸言之也,岸商允之,乃其结果,仅垫出百余万元而止,旧票仍未注册也,盖自十五年以来,淮商为政府所垫之款,自丁乃扬始,共计不下二千数百万之多"。① 国民政府在盐政问题上的处境社会是了解的,认为"宋子文亦非无根本改革之心,不过顾及将来之收入及往时之垫款,遂不无踌躇,颇闻财部计议改制,本非一日,然至今尚未有所见"。尽管立法院"近遂大有活动焉,浙人庄崧甫,现兼立法议员,其人本老成而与盐务向不无相当阅历,此次大倡根本改革之议,初请之于蒋主席问进退,蒋知其当然,未知具所以然,力言必改,继请之于胡展堂问可否,胡知改革之说,而未刻及细微数十议大抵如斯,盖盐务有二千年之历史,情形复杂,而改革之说,亦有就场专卖就场征税种种之不同,故自改制之议兴,而异说纷岐,莫衷一是,庄因函请向主盐政讨论会之景本白南来征其意焉,景向与张四同倡改革论,不过其于专卖征税等说,亦与张稍异,自张四殁后,国中谈盐政者,实以此君为首屈一指,现盐务署长邹琳,向于盐务本少关系,初任署长,隔膜颇多,即与景通殷勤,故景氏学说年来输入南府颇多,一般谈盐务者,大抵得自盐政讨论会曾前此所出之杂志中也,景自近时南来后,经庄崧甫之介绍与多数立法议员近,中经立法院一再之讨论,一再之决议,遂成定案,语其内容,大约(一)就场征税,(二)自有贩卖,(三)平均税率,为每石三元,(四)整理盐滩,盐必归坨,此其大概也,至详细组织及规定,现尚在立法院研究中,大约不久即有细密之发表,容俟记者下次通信详述,唯大纲确经全院通过,景氏二十余年来之主张,大率为当局所采取,而未国家之法案,闻初时在各委员中,亦尚有就场专卖与就场征税之两派,经景与庄之详细说明,嗣均入人为后者之一说,始得一致通过,二千余年之弊政,倡改制者亦近卅年,至今始得水到渠成之观,天下事有志竟成,盐政讨论会之谓也"。② 综观南京国民政府时期新盐法的颁行之历程,旧盐商之阻扰活动

---

① 《盐政改革将行实现》《盛京时报》1931 年 2 月 11 日,第二版。
② 《盐政改革将行实现》《盛京时报》1931 年 2 月 11 日,第二版。

也大致可以划为以下三个阶段：

（一）对新盐法制定的干挠（1931年1月到3月21日）

作为既得利益群体和中国"封建势力中的最强固坚韧者"之旧盐商，在专商引岸制下获利巨大。据当时估计，"盐商每年贩卖之盐，全国约在三千万担，假定每担利息仅一元计算，盐商可获利三千万元"。旧盐商每年"安坐不动，即可有巨款到手，且万无一失，较任何资产为可靠"，以此项巨大利益，自"不肯轻易放弃"，而"一旦被人剥夺，当然出全力一反对"。而自来盐商中，"尤以淮商之运动为最烈"，因"全国产盐之区十九，而以两淮为最多，约占全国五分之二，所谓两淮者，即淮南与淮北是也"，故"凡有盐票数张者，无不为资本家"。① 所以，各地盐商只要一"闻政府有改革之议"，就"不惜出千万之资，以为贿赂献媚之计"。② 如考查其运动之结果，似也颇为有效，"废引问题，酝酿已非一次"，但"旋起旋息，迄未成为事实"，虽"时闻盐政改革的声浪，都是'昙花一现'，不久就消沉下去了"。③ 鉴于以往之经验，旧盐商对于南京国民政府变动盐制之作为，颇为关注，并时时打探消息。

1931年1月，当第二届立法院委员就职后，立法院开始着手起草新盐法，鉴于以往盐商活动能力之大，"立法院之发动，事前尚各守秘密，不使人知，所以如此者，即恐长袖善舞之财能通神也"。④ 即便如此，当2月初盐法原则初通过，立法院"方拟定篇目十四门，及提出要点十八条，制成油印以便院内备观"时，即为"上海新闻记者所得，载于上月（2月）新闻报"。⑤ 此消息一经传出，"各地盐商，虽表示不满，然犹未见事实，未便猝然反对"，不过仍然"暗中集议，作消极抵制"。⑥ 其具体之做法就是集会凝聚共识、统一立场，由"浙商周庆云等发起召集长芦山东两淮两浙之盐商，开会于上海"，⑦并且"各省盐商"，也"均表示不满"，纷纷准备"派遣代表赴沪集议否

① 《盐政改革将行实现（续）》，《盛京时报》1931年2月12日，第二版；《盐政改革将行实现（续）》，《盛京时报》1931年2月12日，第二版。

② 朱德龄：《改革我国盐务刍议》，《大公报》1931年1月18日，第十一版。

③ 《盐商反对废引理由》，《盛京时报》1931年3月3日，第二版；朱德龄：《盐政改革与中国建设及教育问题》，《大公报》1931年5月5日，第十一版。

④ 《盐政改革将行实现（续）》，《盛京时报》1931年2月12日，第二版。

⑤ 《改革盐法案有暂时延缓趋向》，《盛京时报》1931年3月19日，第二版。

⑥ 《四岸运商等上府院部署所痛述盐法利弊》，《四川盐务日报》1931年4月21日，第三版。

⑦ 《景本白之新盐法观》，《大公报》1931年3月27日，第三版。

认"。① 同时，"浙引之代表周庆云，即乘机入京，谒见宋部长，有新原则十八条，请其转交立法院采用"，劝"政府取稳当手段，有引商可负筹款之责，稍加盐税亦可办到"。②

嗣后未久，2月6日，盐法起草委员会拟订盐法草案十五章，③当"盐法草案脱稿之消息披露以来"，因新盐法关系全国盐商生命，各地盐商大起恐慌，"两淮、两浙、长芦、山东四处盐商，即皇皇然奔走呼号，不可终日，运动缓行"。④旧盐商对新盐法制定的干挠具体措施有：

首先，动员各地盐商赴上海开会讨论，协商对策。由"淮、鄂、湘、西皖北四岸运商总会急电全国四大纲"，其"列首者为浙东有名运商之周庆云、王绶珊，函电急如星火"，并且将"其启事登载于沪报"，定于"三月八日全盐商在上海大集合"，以资讨论，"反对新盐法维持全纲盐商生活"。各地盐商迅速响应，"长芦纲已于日前组织干事团，推出刘淑颖等三人代表南下参加全国盐商大会。山东盐商在东纲公所召开行业商大会，亦积极组织干事团一致响应，《盛京时报》就此刊文称："近自国府议决统一盐政后，全国盐商因新盐法关系全国盐商生命，亟应急起一致向国府呼吁沥陈取消盐引之利弊，由淮鄂湘西皖北四岸运商总会急电全国四大纲，定于三月八日全盐商在上海大集合，派代表参加，以资讨论，反对新盐法维持全纲盐商生活，故长芦纲已于日前组织干事团，推出刘淑颖等三人代表南下参加全国盐商大会，因是山东盐商乃于昨日(四日)下午四时在东纲公所召开行业商大会，亦积极组织干事团一致响应，当推定李占九、张竹铭马悉鲁三人未鲁省全纲代表出席赴沪，参加全国盐商大会，并推定高戟门、杨清源、张季园、李玉生等二十人为干事团干事，该干事团即附设于东纲公所，问李占九等三代表定今日(六日)首途南下，预定明日(七日)四大纲代表齐集沪上，以便八日实行开会，并问福建盐商亦有加入之说云。"⑤"李占九等三代表"定六日"首途南下，预定明日(七日)四大纲代表齐集沪上，以便八日实行开会"。此时不过3月中旬，"不出一月间，两淮与山东之代表已报到至沪"，⑥盐商动作之快，组织之强由此可见。

① 《盐法慎重修正》，《四川盐务日报》1931年4月12日，第三版。
② 《新盐法未能公布之症结》，《大公报》1931年5月18日，第四版。
③ 《新盐法要点》，《大公报》1931年2月11日，第三版。
④ 于去疾：《盐法草案通过后之希望》，《大公报》1931年4月11日，第十一版。
⑤ 《盛京时报》1931年3月12日，第二版。
⑥ 《改革盐法案有暂时延缓趋向》，《盛京时报》1931年3月19日，第二版；《盐商反对废引理由》，《盛京时报》1931年3月3日，第二版；《鲁盐商代表参加盐商大会》，《盛京时报》1931年3月12日，第二版。

其次,向国府呈文、请愿悬置新法。当立法院将盐法草案十五章通过后,"各地盐商,均条陈新法弊多而利少,呈请府院部署所,打消成议,以利民生"。其理由不外如若引岸废除,盐运负责无人,食盐价格无从限制,甚至会有大公司垄断把持。同时,因为"国家经常收入,惟钱粮盐税国税为大宗",如若废除专商引岸,则国家税收有虞。① 同时,还有盐商赴南京请愿,如"盐法草峻,立法院定(3月)十六日初步讨论,星期四再提审查,可望在本星期六大会提出,盐商方面请求缓行者多,淮商代表周湘龄来京请愿",请求政府将"新盐法在训政时期以后实行"。②

第三,利用政治人物暗中运动政府展缓改革。盐商"知此次改革运动,非从前所可比例,欲求打销必得表里兼顾,着实奋图,方能达到目的,所以研究对付定策,一从表面的对象,求与革命政府的主义为不背,二从里面的对象,利用革命元勋起而为后盾"。这的确有前例可循,"民国元年,改革之议提出临时参议院,其势本盛,中途之所以复归于静者,实赖当时有世代盐商之某君(周学熙)为财政总长,更于议员中求得同调,始将改革案打销",鉴此往事,"欲谋此次反对之成功,不得不求得第二之此种人物,问近日在沪宁商,以为国民党中之世代盐商,唯有南浔张氏,自明朝以来,即包销苏松五属之盐,至今未改",所以,"派人与张氏接洽,请其出而号召,以打倒改革案"。③ 嗣后不久,1931年3月15日、16日《大公报》便对此事报道说:"张弧十四日到京,闻系应某方召,将于盐税事有所咨询,传盐法将有暂缓趋向。"④

同时还有四川乐山盐商,为了"盐法变更时盐商有陈述权",在南京政府"举办全国国民会议选举"代表时,"拼命力争",务求加入。并电请刘湘,言道:"国民大会,尚办选举,农工商学各法团,皆获选权,吾川盐场,具有特别情形,关系民生尤重,俾盐法变更,不无陈述,选举权被选权,势难落伍,乞急电中央,力争列入,以顾舆情。"⑤考虑不可谓不周全。

由于盐商的抵制、干扰,立法院进行了妥协和让步,先是于3月5日将

① 《四岸运商等上府院部署所痛述盐法利弊》,《四川盐务日报》1931年4月21日,第三版;《津芦纲筹请维引岸》,《申报》1931年2月27日,第六版;《盐商反对废引理由》,《盛京时报》1931年3月3日,第二版。

② 《新盐法》,《大公报》1931年3月16日,第五版。

③ 《改革盐法案将延缓》,《四川盐务日报》1931年4月3日,第三版。

④ 《改革盐法有暂缓趋向》,《大公报》1931年3月15日,第四版;《新盐法》,《大公报》1931年3月16日,第五版;《改革盐法案有暂时延缓趋向》,《盛京时报》1931年3月19日,第二版。

⑤ 《乐山盐商力争国民会议选举权》,《四川盐务日报》1931年3月3日,第三版。

盐法草案十五章修改为十三章,随后,立法院又于"十六日初步讨论",定于"星期四再提审查",①审查后,"内容修正甚多",最终将盐法全文于3月21日通过时,压缩为七章三十九条。此时的"各省盐商代表",虽"未表现强烈反对态度",但"仍暗中开会讨论",②为即将展开的更大规模的抗议、抵制反对做着准备,此时的寂静,只不过是暴风雨前的序幕而已。

(二) 公开反对新盐法颁布(1931年3月21日至5月31日)

在新盐法颁布前的两月间,各地盐商出于维护其既有之权利之考虑,因"改革盐制而后",其损失巨大,于是"图穷匕见,大肆挑唆",③"结党造谣,恐吓挟制,群起阻挠,无所不至",而且还"筹大批款项,阴谋运动当局,收买舆论,包围盐官"。④ 其阻扰活动日益频繁,"近日各地盐商,为欲维持其世袭专商之利益计,在沪集会,挟其一向勾结权贵之本能,与不劳而获之攫钱,四处运动,以冀新法之打消",同时,"复在京沪各报,不惜重资,大登其政府呈文及类似宣言之文告",⑤大有必使此良法中止而后已之势。综观此两月间旧盐商之阻扰运动,大体重复新盐法起草阶段手法,不过也有些新策略。

旧盐商们继续通过报刊媒介,营造有利自己利益的社会舆论氛围。立法院通过新盐法以后,"各地旧商起而反对,函电交驰","喧腾之声,甚嚣尘上",盐商"持其金钱之多,在报纸封面作广告,大登特登",藉文字之宣传,"尽力宣传其旧派议论",报端上几于无日不有讨论盐法之文字,而"论难之文,亦遂多"。⑥ 在1931年4月4日、7日的《申报》,4月12日的《大公报》上,长芦、山东、淮南、两浙盐商、湘鄂西皖四岸运商总会刊登大幅的广告,极力反对新盐法。

旧盐商们再度利用请愿向政府施压。在利用舆论媒体极力抨击新盐法的同时,旧盐商也认识到,新盐法能否得到通过和公布,关键要看政府的态度。于是,"四出运动","舞文弄墨,函电盈尺",以期影响行政当局。旧

---

① 《盐制改革以拟定新法要点》,《四川盐务日报》1931年3月5日,第三版;《新盐法》,《大公报》1931年3月16日,第五版。
② 《盐法慎重修正》,《四川盐务日报》1931年4月12日,第三版。
③ 《马寅初谈新盐法公布施行无问题》,《晨报》1931年4月19日,第八版。
④ 王类吾:《应无条件废除引票》,《大公报》1931年4月14日,第十一版。
⑤ 《京市党员建议督促政府公布盐法》,盐政讨论会:《新盐法通过后舆论界之评论》(未刊行),1931年5月,第54页。
⑥ 崔致平:《长芦盐政之现况及所期望于国议者》,《大公报》1931年5月13日,第十一版。

盐商意图向政府请愿,当面"陈述困难情形,请求新盐法缓期实行,以恤商艰"。① 湘鄂皖西四岸票商联合会、两淮盐商、四岸运商公会,以"引票变更,关系该业存亡,特公推熊纯武,蒋云阶,朱詠仁,朱式吾等为代表,来都请愿,求保留旧制",除向"蒋、宋、邹琳等请愿"外,还"分头向部署陈述旧制利益",以"盐法通过,废引废票,改为自由贩运,运商生计,盐民困苦,将无以维持",且于"国家税入,亦将因此感受影响",立法"非为不善,第虽审责有利之途,渐次施行,俾于国计民生,两均兼顾"。如"将从前之制度法令,一举而荡平之,仅袭用人民自由贩卖之说,偏于学理见解,力求翻新,一切事实困难,均若不足顾忌,揆诸国家立法之精神,似嫌轻易",惟"应在实行新法之先",有一种过渡制度,以"俟匪乱之平,军事之定,统一政令实行于全国,四海人民安居与闾里,一税之后,任何军队,不敢再加附捐,任何地方,不致再有匪患,中央威信,令出推行",然后"引岸专商,自然淘汰"。②

旧盐商仍旧运动政府之要人为其代言。早在盐法全文刚一在立法院通过,交付政府颁行之时,浙商周庆云就"二次入京见宋",有"对新盐法之签注六七条交宋",据彼等自述,谓"系宋自交彼辈签注意见,以凭采择者"。同时,周王等还一面"请张淡如自向蒋主席请其予以维持引岸,若必改革,则采就场专卖之策",一面"託曹某致函今立法院邵副院长,请将改革案延缓议决",并且"闻邵现已将原书交立法院委员作审查此案之参考"。除此外,周王等还"运动国议各省代表,作为后援,打销法案,以作釜底抽薪之计"。③

这一阶段,旧盐商反对新盐法法别出新意,提议就场专卖混淆视听。因民国初年改革派曾有就场专卖说,旧盐商别有用心地重提此事。有人就此分折道,因"时人于就场征税与就场专卖之分别,知之者甚寡,易为其所动",旧盐商意图避重就轻,以"就场专卖亦本从前改革家所曾倡者"游说当局,希望能够"图以此说乱其观听,使改革之中途发生分歧之意见,而缓其进行,以达到维持引岸之目的"。于是,旧盐商一方面"大倡就场专卖之

---

① 《鲁纲商大起恐慌》,《申报》1931 年 3 月 30 日,第七版。
② 以上见《扬州票商请愿》,《四川盐务日报》1931 年 4 月 5 日,第三版;《新盐法应明令实施》,《盛京时报》1931 年 4 月 12 日,第一版;《新盐法税则》,《四川盐务日报》1931 年 4 月 27 日,第三版;《国府会议讨论新盐法》,《四川盐务日报》1931 年 4 月 20 日,第三版;《芦纲反对新盐法》,《大公报》1931 年 4 月 20 日,第七版;周顿博:《新旧盐法之争》,《大公报》1931 年 4 月 28 日,第十一版。
③ 《新盐法未能公布之症结》,《大公报》1931 年 5 月 18 日,第四版;《两浙盐务》,《大公报》1931 年 3 月 23 日,第四版;刘瀛岑:《为盐法问题上国议代表书》,《大公报》1931 年 5 月 6 日,第十一版。

说",另一方面又"献议政府,谓就场征税,不如就场专卖较为完善"。实际上就场专卖,"虽非确实之维持引岸,而实尚保存承销区域,予旧商有承销之优先权"。①

旧盐商此阶段比较阴暗的手法是公开鼓动盐民反对新盐法。为了使自己更加师出有名,"遂相率起而为盐民争生计",称"新盐法实行后",于"地方的利益将有妨害"。他们声言,自由买卖如果实行,"贵盐必被淘汰",其"直接间接失业者恐不下数十万人"。而且还言称"现在中国的心腹之患不是所谓共产党吗?真正的共产党本来有限,其所以能够扰乱许多省份,经过若干年月,不惟扑灭不了,其势力反逐日增加扩大,原因就在他们利用、勾结、驱使一般失业的民众,作暴乱的工具",岂不是"一方面要想扑灭共产党,一方面又在制造共产党而使旧有的共产党利用这个机会来增加努力吗?"。进而声称,"此次中央变更盐法",除了"使失业的增多,酿成巨大变乱而外,实则别外寻不着其中变更盐法的成绩"。② 同时,盐商还鼓动盐民代表反对新盐法。1931 年 3 月 30 日,苏五属松江场全体盐民代表吴昆甫等也曾联名上书袁浦场场长李耀南,提出"盐法变更影响国家课税、断绝盐民生计",迫切请求他转请上峰"仍沿旧制,以拯民命,而维鹾政"。他们也列举了几条理由,如盐质不合标准会导致价低亏本、本重价贵会导致盐场被自然淘汰、盐民转业无望等几个方面。但据袁浦场场长观察,盐民代表的反应是受专商的影响,批示他们"切勿受人愚弄,妄论是非"。③

挑动盐官反对新法对是旧盐商又一策略。旧盐商声称由于"一旦实施新盐法,则许多机关,应当裁撤",于是"服务盐政人员,对盐法多取保守态度"。④ 如长芦盐运使洪维国称:"立法院制度,新盐法诚属允当,惟长芦情形复杂,将来施行,恐有困难。"⑤山东盐运使署科长徐望之言道,关于废引办法,以"山东之情形而论,确一时不易做到,盖废引本身并无重大关系,而其附带问题,较本身为尤大,绝非易于解决者",即如建筑坨垣一项,"山东

① 《两浙盐务》,《大公报》1931 年 3 月 23 日,第四版;《景本白之新盐法观》,《大公报》1931 年 3 月 27 日,第三版;《改革盐法案将延缓》,《四川盐务日报》1931 年 4 月 3 日,第三版;《改革盐法案有暂时延缓趋向》,《盛京时报》1931 年 3 月 19 日,第二版。
② 《盐法与失业》,《四川盐务日报》1931 年 4 月 14 日,第三版;《鲁纲商大起恐慌》,《申报》1931 年 3 月 30 日,第七版;《山东盐政:实行新盐法》,《大公报》1931 年 4 月 2 日,第三版。
③ 张立杰:《探析南京国民政府未能实施新盐法的原因》,《盐业史研究》,2007 年第 3 期。
④ 《社评:国府应速行新盐法》,《大公报》1931 年 4 月 15 日,第二版。
⑤ 《洪维国论盐法》,《四川盐务日报》1931 年 4 月 23 日,第三版;《长芦运使对新盐法意见》,《申报》1931 年 3 月 25 日,第六版。

全省即非数百万莫办,此款实无法筹措,即有款可筹,亦非半年后不克实行"。① 种种压力下,自新盐法通过于立法院,交付政府公布后,直至 4 月下旬,"财部尚无一字与立法院",新盐法反对者似乎看到了希望。

出乎旧盐商预料,在国民会议的推动下,国民政府最终于 5 月 31 日明令公布新盐法。即便如此,旧盐商岂会束手认输。出于继续"抵抗取消引制及谋阻碍新盐法之进行"的考虑,仍在南京设立"五纲驻京办事处,五纲各留代表一人,驻京办理一切事宜",②以便随时了解政府改革盐制之动态调整策略。更出人意料的是,新盐法的反对者居然还有可能争取有利结果。失去强制施行新盐法动力的国民政府,以悬置新盐法施行化解了旧盐商的抵制,建立起利益共同体妥协与默契。

(三) 旧盐商阻碍新盐法的施行(1931 年 6 月以后至抗战前)③

1931 年 5 月 31 日新《盐法》经国民政府明令颁布后,"盐商未得阻止于前,乃起暗中阻挠于后"。④ 此时期对于旧盐商而言,已不是说服政府不要颁布盐法的问题,而是如何尽量拖延盐法施行的问题,而他们的努力颇有成效。盐法公布后,政府以长江大水和沈阳之变为由,⑤实则主要由于当局"深恐改革后,税收或有短少之虞",⑥故延未施行。如此情形让旧盐商如释重负。直到 1934 年 4 月,当盐商据报载"南京盐务会议有逐步实施新盐法,取消引票"之说后,才"莫名骇愕",遂呈文于财政部,称现有盐制"法良意美,行之数年,官商称便",并且"对于公家税款,从未敢稍有贻误",即"荒僻边远之区,亦复辗转驳运,价由官定,无从擅加",人民"无淡食之虞",亦"鲜抬价之弊",足见"引岸制度亦无损于人民"。同时,盐商们还大谈其困苦状况,希望政府念"商人为政府服务近百年",万一"盐法必须变更,恳准予以犹豫期间,以全商命"。⑦

1934 年 5 月 9 日,南京西门外石城桥凤凰街一带发生食盐中毒案,中

---

① 《鲁省历年盐政演出各种现象》,《四川盐务日报》1931 年 4 月 20 日,第三版;《盐法改革声中山东盐政之过去现在》,《大公报》1931 年 3 月 25 日,第五版。

② 《鲁省历年盐政演出各种现象》,《四川盐务日报》1931 年 4 月 20 日,第三版。

③ 此小节内容参考了:张立杰《探析南京国民政府未能实施新盐法的原因》(《盐业史研究》2007 年第 3 期)一文中的思路和观点,文中未再一一标注,在此表示感谢。

④ 谷源田:《盐政改革委员会与新盐法之实施》,《大公报》1935 年 1 月 23 日,第十一版。

⑤ 《增补盐务革命史》,载《盐迷专刊》第一卷,1935 年 12 月,第 25 页。

⑥ 谷源田:《盐政改革委员会与新盐法之实施》,《大公报》1935 年 1 月 23 日,第十一版。

⑦ 《鄂岸淮盐公所为逐步实施新盐法取消引票各说缕陈困苦伏求格外矜全电》,中国第二历史档案馆:《中华民国史档案资料汇编》,第五辑,江苏古籍出版社 1991 年版,第 196—197 页。

毒者达80余人，①一时舆论大哗。盐商的垄断营私、掺假舞弊再次成为民众关注的焦点，要求改革的呼声此起彼伏，于是在国民党四届五中全会召开之际，全国工商各界也纷纷电请大会实行新盐法。在各方舆论压力之下，五中全会决议限于民国二十五年年底完全施行盐法，新盐法的实施似乎又重现希望，于是旧盐商反对新盐法施行的活动再次掀起高潮。

旧盐商此阶段反对新盐法的手法并无太多新意。第一，按照以往惯例，旧盐商派代表向中央请愿。"十二圩盐务各团体联合会推代表李一鸣等四人，（12月）十二晨携上五中全会书，赴中央党部请愿"，请"对新盐法展长施行期间，交国民代表大会复议"。② 第一，组织"引权研究会"。自五中全会议决公布施行新盐法，限于二年内完成后，芦纲公所"迭次召集会议"，决"由盐商组织'引权研究会'"，选举会员二十五人，研究"盐商对政府施行新盐法问题之应对态度"。③ 最后，向中央各院部递呈文函，"危言耸听"，谓"新法实行后，政府将损失八九千万元之国定盐税"，以期"分化行政与立法两方面之立场"。④

值得注意的是，与此前比较，此阶段盐商抵制盐法已不再幻想旧盐制一成不变，而是夸大盐制的复杂性，力图通过变通制度以苟延残喘。鉴于全国对新盐法的大力支持，旧盐商们也认识到新盐法之施行为时势所趋，于是便以退为进，"当今政治日新，研究经济学者，思想亦日见发达，于是新盐法之实行遂有不可中止之势。商等不敢谓新盐法之不适用也，惟在实施以前，必须筹备完善"。同时又以精盐侵夺引商之权利为证明，"新盐法尚未实行，而商民业已交困"，希望政府将"实行新盐法时期酌量延长，精密筹备"，而且恳求政府"在新盐法实行以后，淮盐浙盐之引区因天然趋势之故，仍须依旧维持。如虑商人垄断把持，不难立法以为箝制"。⑤ 缓兵之策不言自明。

旧盐商在新盐法风波中，为捍卫既得利益，公开或暗地运用各种渠道平台与资源和手法，请愿呈文、报刊发文章、私下交渗相关人士，意图延续专商利益，即便无法阻止，拖延也是符合自己利益。旧盐商在新盐法风波中各种阻挠新盐法活动的论述有两个方面：一是对专商引岸制的粉饰及

---

① 中国盐政讨论会编印：《为食盐牺牲人民命之一斑》（未刊行），1935年9月，第5页。
② 《十二圩盐务团体推代表向中央请愿》，《申报》1934年12月13日，第六版。
③ 《缓行新盐法》，《大公报》1935年1月25日，第四版。
④ 廷：《时评：改革盐政岂可再缓？》，《申报》1935年1月14日，第六版。
⑤ 《1935年11月4日国民党中央执行委员会秘书处致行政院公函》，中国社会科学院近代史研究所图书馆馆藏：国民政府档案—国民党行政院（二），3850。

合法性辩解，另一方面是新盐法的曲解与批评。

四、旧盐商专商引岸制的粉饰及合法性辩解

新盐法风波中，反对者也有充分的话语权，其所持立场观点论据是否合适另当别论。这是民国社会生活的亮点。旧盐商对专商引岸旧盐制的功能价值作了详细辩解。

旧盐商从盐政历史和社会功能角度宣扬专商引岸制的合法性和功绩。旧盐商认为专商引岸制沿习已久，有历史正当性，称："中国盐业，自唐以还，以引岸之制，为专商之业，于今盖逾千年矣"，而"盐法屡变而迄不改引岸与专商之原则"，实由于"引岸之设，盖国家调剂盐之产销，正其苦心为之规定"，"俾产地销场得相支配，无论成本之高下，均按法例所知道指定"，一方面"维持交通不便地点之民食"，一方面可以"维持成本较高盐场之民生"。且"引岸为政府之制度，为政府之所有，专商不过出资承领其权"，国家"引岸之设自有其深意"，并且"制度所归，莫善于此"。[①] 张佩嚴在《大公报》上写文言道："盐应就场征税，听人民自由买卖，此种主张最力者，近世有南通张季直，及其身任阁员，职掌盐政，乃未建议实行者何也，以近按事实，始知理想之非也。各种法典，更一时代，必有一步改进，就场征税，刘晏已行之矣，法果善矣，则宜守而勿替，何李唐未终，而王仙芝黄巢均以贩私盐聚众为乱，倾覆唐世易代之后，变更其法，行之一千二百余年，虽曰无百年不弊之法，此中因时损益，抉弊补救，自经无限过程。然未问将根本法变更者，非屡代步理财恤民之人，见不及此，诚以中国盐法重在征税，且取重税制度，值百抽千或抽二千者有之，如取不税制度，任何变更可也，否则国计所关，产销运均隶定法，盐民盐商各有其历史与貲力，一经破坏，国与民交受其害，是诚不可不慎者也。"[②]

还有盐商声辩，专商制历经变迁，大多现持引票者，不过从别人手上买来以此业为生的小商贩，远非昔日可勾通官府的豪强盐商，称："专商凭票营运，展转流通，一岸之中，仰食不少，然一人而经营数十票者，已不多得，下至二三小票，仪复有之，其无票者，又可出价租票，承其票权，循例贩运。"

---

① 　均见《盐法改革之经过及近时之各方态度》，《大公报》1931 年 4 月 29 日，第四版。

② 　张佩嚴：《立法院新盐法案平议》，《大公报》1931 年 4 月 14 日、15 日，第十一版；《申报》1931 年 4 月 7 日，第十二版。

盐业商贩多是小商人"非绝对若干人所得而垄断也"。并且,"牌价有定,运到即售,通销不合乎供求,待时无自而加价,故亦无可为居奇也。夫盐业既不属诸官办,自不得不以责之指定之专商,又且流通其运票,以利输转之频,限定其售价,以杜居奇之弊,窃谓欲图以一隅之生产,分配全国之销耗,制度所归,莫善于此"①。

上海淮南湘鄂西皖四岸运商总会,芦纲公所,东纲公所,淮南外江内河食岸公会,两浙盐业协会,苏五属盐商公会,通泰济南场盐商会等上政府院署部稽核所呈文称,盐务关系重大,变法宜求审慎。称:"立法院盐法草案,分十五章,自制作以至运送,皆有明文规定,其主要之点,一为就场征税,听人民自由买卖;二为产少质劣,成本太贵之盐场,政府得归并或消灭之;三为此法公布之后,关于引商包商制度,一律无效。就此三点,于国计民生商业,所关甚大。"②认为"现行盐法,为引岸制,产有贵贱,赖以调剂,销有定岸,不得侵越,售有定价,不容操纵,科委执简驭繁之良法,且商人为责任权利计,增销裕课,尤为切身,故课税常足,而漏私较少,自宋以来,代有修改,而此制相仍不替,产销两地,人民安之若素者,良有以也"。③ 而综观草案,其"所重在减轻税率,表面有利于民,而实际贸易自由之后,既无专责之商,即无负责之人,价格又从何限制,甚至有大公司发现,所谓垄断把持,所势必至,卒之民不获利,而国家损失,每年已在八九千万,至于民生偏枯,调剂无方,商业破坏,金融震动,国利民福之谓何,微末商人,何敢阻挠大计,但心所谓危,不敢缄默"。④

旧盐商们称:"岸商等虽营盐业,同属国民,既不敢妄有希冀,复不容自安缄默。"呈文首先为引岸制正名:"世之误解引制者,辄以引商为世袭,以销地为引商采地,视为封建余毒。不知引岸之起源,由于盐场有大小,盐本有低昂,销地有远近,月令有淡旺,国家为维持各场盐民生计,接济各地民食,调剂均平,因而视产地之多少,定销地之广狭,规定某场之盐,销于某地,招商承运,源源不绝,是引岸者乃国家之引岸,非商人私有也。商人不过有承运权耳。亦犹国家之土地,人民有地面权耳,何采地之有?经商素重经验,世业相承,经验尤富,盐商当然不能出此例外。日本之原卖人,人亦许父子相继。且引票之抵押租售,随时移转,即以清代论,咸同以来之旧

① 《四岸运商等上府院部署所痛述盐法利弊》,《四川盐务日报》1931年4月22日,第三版。
② 《四岸运商等上府院部署所痛述盐法利弊》,《四川盐务日报》1931年4月21日、22日,第三版。
③ 《票商呼吁请维引岸》,《四川盐务日报》1931年3月26日,第三版。
④ 《新盐法应明令实施》,《盛京时报》1931年4月12日,第一版。

商花名,今尚有几,运署册籍,班班可考,何世袭之有。"

旧盐商们陈述了引岸之社会功能,声称:"引岸之设,盖国家调剂盐之产销,正其苦心为之规定者。"盐商们提出:"诚以全国之广,产盐但有数区,非若菽米布帛,遍地可致。"而且,食盐没有替代消费品,"人民需要曾不可一日离"。这种情况下,"夫以滨海之产,供全国之需,苟不为之规定,则运者必就易而避难。山城僻邑,势难普遍,且有淡食之虞"。而且,"盐之产额有多少之别,成本有高下之分,其原料出于海水井水,初不能以人力强使画一"。若不是引岸制作"持平调剂",在利益驱动下"运者必舍昂而就廉,必致成本低者,供不敷求,成本高者自然废业"。而中国盐业产业所涉相关人员众多,尤其广大盐民会直接受到冲击:"滨海斥南数千里,盐民数百万,舍制盐外,别无谋生之路,倘一旦因竞争之失败,而断其生计,何以为业?黄巢之祸,往事可鉴,故国家必定规定引岸,俾产地销场得相支配,无论成本之高下,均按法例所知道指定,为之调剂,于以并存。质言之,一方为维持交通不便地点之民食,一方为维持成本较高盐场之民生,引岸之设自有其深意存也"。①

旧盐商们宣扬了引岸制的功绩,称:"查现行盐法,为引岸制,产有贵贱,赖以调剂,销有定岸,不得侵越,售有定价,不容操纵,科委执简驭繁之良法,且商人为责任权利计,增销裕课,尤为切身。故课税常足,而漏私较少。自宋以来,代有修改,而此制相仍不替,产销两地,人民安之若素者,良有以也。民国成立,如川如闽等省,皆有改革,然比之淮浙,成效若何,虽极反对引制者亦难辩护。"

旧盐商们声称盐法改革"于国计民生商业,所关甚大,此中出入,毫厘千里,立法之初,尤宜审慎"。②

旧盐商认为,引岸专商与自由贸易商人一样以本逐利,辛勤经营,利国便民,有所利益理之当然,其社会贡献本应象其他商人一样受公正对待,却受歧视,真是岂有此理?"若废引招贩,无所责成,易运之时,则争运,难运之时,则不运,况值兵争之际,更无有冒险贩运者矣。又岸商皆有存盐,足敷数月及一年之需,若小贩则利在速售,焉肯存储积压成本,一遇非常之时,必有盐荒之患,此民食一节,尤关民之利害也。"盐商指出,中国盐产大多位于沿海,"必赖商力以运致于全国",岸商担负了食盐流通职责,"引岸须由商运,废引岸亦须由商运,断无民人自行赴场之理",岸商因此有所获

---

① 《上海四岸运商公表商榷盐法》,《四川盐务日报》1931 年 4 月 24 日,第二版。
② 《上海四岸运商公表商榷盐法》,《四川盐务日报》1931 年 4 月 24 日,第二版。

利,何罪之有?"岸商以本图利,散商亦以本图利,岸商除纳课及成本运费挑费外,必须稍沾余利,方能招致。"声称"岸商改为散商,则盐价亦可减者,无此理也",因"岸商视为世业,谨守官法,不敢于法外取利,又兼富有资本,稍有余利,已足敷衍。若岸废则无法,任散贩之营私取利,无法制止,又小贩资本无多,或须借贷,则求利必厚,始满其愿,非掺杂私盐,即随便增价",弊端更多。盐商举例"长芦专岸课多,而卖价尚低,而云南等处零星小贩,卖价极大,此其故也。况引岸废除,必有大资本家,出而垄断,以巨资买积多数之盐而发与各贩,贩又发贩,转折愈多,求利愈厚,是成本一节,亦关民生之利害也"①。

旧盐商们指出,引岸制的设计和最大获益者是政府,盐商承担政府施加供应责任,经常承担政策性亏损,总体或有小利,也理所当然,何况这一制度有利于政府盐政管理效率。"引岸为政府之制度,为政府之所有,专商不过出资承领其权,从而制运而已。"盐商们认为,政府之所以设立引岸,责成专商负责,自有其理。因盐为人民所必需,若例以普通商业,随意经营,则设立与歇业,听其自由,地点与售价,听其高下,无从得而干涉,政府无权加重经营者责任。而为保障食盐供应,政府须干预食盐商业行为,增加盐商责任:"责任云者,盖专商既指定引岸以业盐,必使区域之内,推销普遍,关于盐产之多少,运价之高下,不论如何,必于限定牌价之下,使民无淡食之虞。"这一规定之下,"专商负此责任,通都大邑固有利可图,而交通僻远之区,天灾人祸所及,亦当冒百险以赴之,成本之昂,超过预算,自不待言,而牌价之限制依然",往往免不了亏本。而通都大邑,一区之内,只有若干,而山城僻县,比比皆是,况"萑苻不靖,自昔已然,以少数盈余之所得,而责令赔耗之于交通不便之诸区,时会较佳,倖获羡余,否则入不敷出,亦辄有之",盐商要承担政策性亏损,并非必然有利可图。盐商感慨,"专商之名,世人或警其专利,而利亦仅矣"。盐商指出,"政府之加责任于专商,非资专商以牟利之途,实使专商尽推销之道,俾全国人民胥有所给。否则商人逐利,通都大遂,不患无经营之人,边远之区,人人视为畏途者,且何自而得盐?"盐商们还指出,专商准入条件很高,方便政府管理监督,行政成本低有利于行政效率,称:"在先必课以引岸之费,使无较大之资本者,不致滥竽充数,近亦征其验票之费,使于监督稽核之中,藉以補裕国课,并保障其营业之权,使久于其事,以宏其经验,盖所以督责专商者亦诚无微不

① 《洪维国论盐法》,《四川盐务日报》1931年4月23日,第三版。

至矣。"①

旧盐商们还指出,引岸专商制节约了盐政成本。称"国家钱粮,由各处官吏征收公费甚巨,而所收每不足额。关税由中外各员征收,费用尤多。惟盐务则只设一运使而已,场中则只设数知事而已,岁收千万万,而公费有限,且盐课纵无欠缺,运移亦皆及时,商人何负于国,盐法何害于国乎?"盐政在盐商们眼里成了民国模范制度。若废除引岸,"则沿海数千里,皆须设立机关,禁其偷漏,其费用岂能预计乎? 更凭私销遍地,不得不用兵力驱除,而严禁夹带私盐,则关津要路,亦须多立居所,每岁开支,将不可以数计"。盐商因此断定,"专岸利国,散贩病国也"②。

除了粉饰引岸专商制,声称其合法正当有功于社会,旧盐商还将自己说成是盐政败坏的受害者,提出旧盐政弊端归咎于盐商有失公允,并表达了代人受过的苦衷。

旧盐商们意识到,人们之所以诟病盐商,因"恶其为专商,异于百货贸易也"。对此,盐商作了声辩,称:"盐为国家专卖之品,若设官销售,不惟有乖与政体,切恐侵蚀之难防,不得已乃将专卖之责,寄之与盐商。"而社会公众"以为价贱之私盐,不得任意购食,遂诬指盐商为垄断为世袭,且目为封建制度之残余",这是对盐商的误解。事实上,因私盐导致国家税收流失,国家"悬为厉禁",非为盐商之利禁私盐,"然则专商之者,乃国家之专利,非盐商之专擅,不过国家以盐商为机械,盐商负专卖之名,国家收专卖之效",于盐商乎何干? 而且"秤价皆由制定,不得随意伸缩,近年灾患频仍,运路梗阻,一切开支,十倍昔岁,终不敢稍增价值,弥补亏赔",盐商有苦难言。所以盐商与社会大众一样,"同受专卖之拘束",但只盐商"独为社会所不谅,揆诸情理,宁得为平?"盐商指出,政府为保税严厉禁止私盐,人民出于自身利益,欢迎价廉私贩,"双方已成对待之势也"。尽管数十年来在私盐问题上民众怨气日盛,而政府与人民"尚未演出剧烈风潮者",恰因"有专商周旋其间,代政府缓冲耳"。盐商因此称:"国家苟欲牺牲税收,放弃专卖,亦复何说之辞,若仍欲专卖,而议废专商,是犹南辕北辙也。"③

旧盐商也注意到,人们对盐商之所以不满,还因"忌其获厚利,享用过于侈靡也"。盐商承认:"昔年承平时代,盐商之馆食起居,或不免偶有过奢之举,然其时康乐富强,无论何种商业,类皆坐拥厚资,岂独盐商一界",

① 《四川盐务日报》1931年4月25日,第三版。
② 《盛京时报》1931年3月3日,第二版。
③ 《鲁盐商反对新盐法(续)》,《四川盐务日报》1931年4月25日,第三版。

这是富人共有毛病,并非盐商独有"。而"近来经军阀之摧残,受战事之影响,彼私盐之侵灌,种种灾祸,盐商首当其冲",不少盐商"债台高筑,破产难偿,不死不生,仅存皮骨,远不如他商之阔绰"。好不易可喘口气,又逢盐政改革了,"方冀时局枚平,稍能恢复旧业,岂竟纳税佐饷,事定反被捐弃,或谓盐商昔已享用过分,今不妨弃之如遗",盐商被社会出卖。并且,"贫富屡经递嬗,引业久已转移,今日受尽苦痛之盐商,非昔年僭拟之后裔",让他们为昔日盐商侈縻买单,似乎并不合适。盐商们称:"试问直鲁淮浙四省,尚有以财产完好之盐商乎? 则侵縻之说,已不攻自破矣,况以之血汗金钱,购得千百道之引业,自销自运,藉瞻身家",应予保护才是。而"山东引碎商散,确有特殊之情形,均系弱小商家,并无资产阶级,是实行民生主义时,所当力为培护者,若必执行废除,徒为社会增出数百万无告之穷民耳"。①

　　盐商认为,人们诉病盐商还因盐局商经营中短斤少两奸商伎俩。对此盐们不敢一概否认,只辩解情有可原,称盐价由政府上制定,"不敢随意伸缩,盐商已被其拘束,而山重水复之区,兵灾匪患之域,往往两元之运脚,盐商之赔累方深,人民之怨毒难解,况知交购盐销售,确遵令不肯稍贬价值,辟讥其不近人情,而各县市秤,又多不同,有所谓三斤二两秤者,有所谓三斤四两秤者,虽文告频颁,不能强之划一,盐商售盐,悉用定制之三斤八两,对食户自制之私秤,当然不敷甚多,故不免短秤"。②

　　鹤龄在其《盐价过高不能归罪盐商》的文章中谈到,"盐价之贵,指为盐商居奇剥削,窃不欲受此无妄之责",以"芦盐运销河南汝光者为据,每包以四百斤计算",成本"已在四十三元六角五分"。至于"盐斤亏耗,成本利息,营业开支,尚未统计在内",如若"遇时局发生变故,路运不通,或通而未畅,其直接间接损失之巨大,更有出人意料之外者,非此中人不能知,知之而且不能为外人告",盐商之苦,"苦已极矣"。而"平均售价,约在四十七八元之间,所赚几何,不难计核而得,盐价之贵,是否盐商所造成,不待辩而自明矣"。③ 有盐商就此辩称:"盐价之贵,近人或以集矢于专商,其实盐价伸缩,全在乎正税附税之增减,现在专商所得之盐本,尚系十余年前所制定,较之政府所收,仅及四分之一,徒以课税屡增,故售价亦随之俱涨,外人不知课税为售价标准,转以咎诸专商之操纵,殊昧与事实者矣。"并以鄂岸举说明,当时该岸盐价定十四元六角零(每百斤计),内计正附税十元零五角,

---

①　《鲁盐商反对新盐法(续)》,《四川盐务日报》1931年4月25日,第三版。
②　《鲁盐商反对新盐法(续)》,《四川盐务日报》1931年4月25日,第三版。
③　鹤龄:《盐价过高不能归罪盐商》,《大公报》1931年4月15日,第十一版。

票租约六角,盐本包装一元三角五分,运鲁栈租开支一元五六角,其他杂项一二角,商人盈亏所得除开支不过数角①。

山东盐商也声言,腐败盐政下,盐商遭遇重重盘剥,处境艰难,急需休养生息,承受不起改革成本,称:"尽人注目之新盐法草案,经中央立法院通过,就场征费,任人民自由买卖,无论何人,不得垄断,引案包商官销官运,均一律废止。消息传出,实予山东盐商以重大之打击及警骇。"因山东盐政,"历年黑暗最深",盐官贪腐成性,"司其事者,只知勒索盐商,发财肥已,对于盐政之兴革,向不过问,故作官者,无不以山东盐运使为第一肥缺"。盐商组成东纲公所组织,"即为介绍于盐运使及盐商间之一种半官半商机关",盐运使"甚至有终日不到署办公",而届时向东纲公所直接坐收款项,"以致黑幕层层,笔难尽述"。东纲公所之弊端,虽"为千奇百怪,然亦皆军阀时代有以造成之也"。山东盐政黑暗既如此,加以连年军事,私盐充斥各地,"一班盐商因种种影响,早已外强中干,多半负债超过资产,濒于全部大破产之危殆情形。最近军事平定,盐业方始稍见起色,各盐商正思赖以略资补救,若一旦突变盐法,则影响所及,实为值得注目之一重大问题"。②

旧盐商一有机会还不忘往脸上贴金,山东盐商就自我表扬道:"山东连年以来,土匪遍地,战事频仍,弹雨枪林,商旅绝迹,运脚奇涨,异乎寻常,独盐商不计赔累,不顾死生,转运盐包,以济民食,盖以责任攸关,不敢自行放弃,更恐有违功令,以致引岸动摇,然则专商之制,实未尝有负于国,有负平民,恐自由之散商,未必若是之忠实。"又称:"盐法之设,虽重国课,尤重民食,盐与米麦,皆民所必颁而米麦则遍处皆产,苟非歉岁,无待转输,若盐仅产于隔海,内地无有,于是招致商人,使之各认引岸,各保一岸之民食,稍有贻误,获咎匪浅,故专岸之商,虽深山荒漠,亦必分设子店,以免小民之跋涉,虽路途遥远,亦必随时输送,不惜运费之增多,即当雨水沾道,车路不通,或有兵戎争战之事,亦必设法转输,不致有缺盐之患,其利于民大矣。"③

据此,旧盐商们认为旧盐政弊在有令不行,仓促改制未必需要,且后果难料,疏通现存制度才是当多之急。山东旧盐商就表示:"关于废引办法,以山东之情形而论,则废引本身并无重大关系,而其附带问题,较本身为尤大,不易解决。"声称:"山东盐业,因盐政腐败,及军事影响,造成两种不良现象,一为缉私废弛,一为盐销阻碍。缉私队之设,原为取缔私盐,以免影

① 《四岸运商等上府院部署所痛述盐法利弊》,《四川盐务日报》1931年4月22日,第三版。
② 《鲁省历年盐政演出各种现象》,《四川盐务日报》1931年4月20日,第三版。
③ 《鲁盐商反对新盐法(续)》,《四川盐务日报》1931年4月24日,第二版。

响盐销路，妨害国家收入，乃历年积习相演，竟成为一种保护性质。应设缉私队之地，反不设，不应设者竟设，予贩私盐者以绝好机会。按山东近来盐之销路，鲁东方面，昌乐以东，盐税较轻，昌乐以西，盐税较重，因缉私废弛，故昌乐以东之盐，常侵入昌乐以西私行销售；鲁北方面，河北沧州原有盐场，嗣因不易管理，遂以废弛，但一班造盐工人，无以为生，故仍私制食盐，到鲁境内私行销售；鲁西方面，曹州一地，硝盐充斥；鲁南方面，两淮之盐，时有由海州运入私销，此外军队之强派食盐，交通阻塞，障碍盐斤运输，而各地亦有领引盐商，自行放弃，致成荒案者。"因此，山东盐商认为，问题不在制度，而在行事之人。只要管理得法，专商引岸之弊根本不是问题，举例道："及去岁王章祐到鲁任盐运使后，即着手整理，时以时局初定，交通恢复各地需用食盐方急，故盐业顿有起色，税收数月间竟达数百万元，为近来所仅见，中央规定本月（指三月）为五十万元，谅可凑足此额云云。"①此时另启制度，似乎多此一举。

旧盐商们深知专商引岸制积怨太深，强行辩解并不明智，索性避重就轻检讨，总结出旧盐政的五大弊端，称："专商积习相沿，不能振作，举举大者，厥有数端。"旧盐商总结，这五大弊端首先是食盐质量问题，即"制造方面，未能注意，使盐之成分，未能适合于科学上之标准，制造者墨守盐法，而不进图改良，乃至多耗生产能力，不自爱惜"。旧盐商提出旧盐政的第二大弊端是食盐供应保障问题，"不能尽专商推销之实源源供给，以致穷县僻邑，或间有缺乏之虞"。旧盐商承认旧盐政的第三大弊端是盐制习惯"因地而异，本不一律，管理运售，既未尽臻完善，员司栈役，遂得相缘为奸，以贪小利，夫平允交易之道"。旧盐商认为旧盐政的第四大弊端是"少数奸黠之徒，上下其手，放弃责任，用图自便"。旧盐商指出旧盐政的第五大弊端是"遇事不公开，致人民无由尽监督指导之责"。之所以如此，"盖中国盐制，自由责成专商单行法令，手续繁杂，一以官督之名为之后盾，不容人民置喙，商人又自相矜秘，一得之愚，不以告人，人民但有纳费购食，而勿许少穷起究竟"。旧盐商声称"凡此五端，集矢所自，虽不足摇动专商之成立，实应亟图湔涤"。对以上缺点，旧盐商承诺在既有制度框架下改进："所幸政府近已颁布检查盐质条例，统一度量衡制度，均足救其流弊，专商亦当急起直追，翻然觉悟，改良制运，杜绝私斗，以期担负供给民食之责任，笃守功令之精神也。"②

① 《鲁省历年盐政演出各种现象》，《四川盐务日报》1931年4月20日，第三版。

② 《上海四岸运商公表商榷盐法》，《四川盐务日报》1931年4月24日。

旧盐商深知引岸难续，新法必行，尚心存侥幸，意以改良为筹码，延续盐政旧制，对山东当时谨慎作法大声拥护："所幸山东现任张运使，公正廉明，群情悦服，恤商裕课，恩威并行，若无变法之宣传，税收必大有起色，倘蒙明令，俾使整顿山东局部盐务，必能体察情形，领导商业，卓著成绩，扩充税收。新盐法之提案，关系国是者甚巨，在商尤为生死关头，情迫势急，语不尽言，不特不将自由贩卖，与专商运销，熟权利害，对于盐法慎重考虑，明白表示，勿轻变更。"①

周顿博在《大公报》上发文为旧盐商打圆场，表面上肯定新盐法，实际上为旧盐政辩护，提出自由贸易条件暂不具备，引岸专商制现应维持。文章称："废除引商，可以自由买卖，固为便民之道。然而南北场价悬殊，产贵之盐，必将无人过问。"至于有人声称所谓趋贱弃贵，为"商业自然之原则"，周文论辩道："论百货消长之商情则可，论产盐之区，世守为生，非商而实等于农之灶民则不可"，盐业情形特殊，自由竞争反不公平。为贯彻"所谓自由买卖主张，不惜牺牲贵产值一部灶民数十百万，故意任其失所"，似有不妥。因"变法特在注意民生之利，则利未见而害先至，似更不可，旧弊未除，新患踵至。谋国是者，果若此耶？"周文主张："鄙意维持之法，最低限度，亦应预谋出路，使之不生流弊为前提，不能以自然趋势委之而不稍顾忌，天下恐无若是简易武断不负责任之政治。"周文提出，私盐问题有深层社会缘由，引岸制下尚有可控，引岸破除，私盐问题必然失控，由此可能产生严重后果，因此盐政当务之急并不是废除引岸专商制。周文对此论道："无论税率若干，总之税盐，比之灶盐，价必高出十倍至二十倍。大利所在，商贩必不能敌私贩，亦自然之趋势也。"贫苦民众以制盐为业，"法令纵所不许，而贫民人众，生计无出，势难禁止"。所制之私盐，自然"不卖之有税之运商，而卖之无税之私贩"，由于法不责众："场警不出仓坨，文告等于儿戏，则向之不敢挺而走险者，今后将更明目张胆矣"。改革旧制，致"缉私裁废，引岸破除，无法维持于其间"，而"将来取代引商者，必归之豪强大猾之私贩，不独税收毫无把握，盐枭之众愈大，尽与全国人民接近伏莽之患"。所以，周文提出，"应在实行新法之先，不能不有一种过渡制度。鄙意过渡制度，尤宜行之以濑，以俟匪乱之平，军事之定，统一政令实行于全国，四海人民安居与闾里，一税之后，任何军队，不敢再加附捐，任何地方，不致再有匪患，中央威信，令出推行，然后引岸专商，自然淘汰。"②

———————————

① 《鲁盐商反对新盐法（续）》，《四川盐务日报》1931年4月27日，第二版。
② 周顿博《新旧盐法之争》，《大公报》1931年4月28日，第十一版。

五、旧盐商对新盐法的曲解与批评

旧盐商自知历史合法性证明保卫不了自己的权利,转而以图通过对新盐法前景的负面描述,在维护公共利益的名义下为引岸旧制延续生命,尽力扩大自身利益。盐商指出,专商引岸不仅历史上有合法性和功绩,现时也有合理性,反而自由贸易容易产生问题。旧盐商对新盐法的质疑和攻击主要集中在盐民生计,盐商正当权利,盐业垄断,食盐供应保障,盐税收入稳定及私盐管控等问题上。基本判断是:"时至今日,纵轮轨四达,海势变迁,产销情形,今昔或异,然補敝救偏,当自有道,若摧残一切,不问场产整理与否,盐警可持与否,南北海滨数万里,调剂均平与否,而但袭宽泛无责之学说,曰就场征税,自由买卖,无论藩篱既撤,私销必多,税收必绌,且必有阳借自由贸易之名,阴为操纵全国盐业之实,甚至假农业工业渔业用盐之名义,影射透漏,以侵蚀国税,其流弊百出"①

《四川盐务日报》1931 年 4 月 24 日发表《上海四岸运商公表商榷盐法》一文,文章称:"国家规定引岸自有深意存乎其中、盐法改正仍须保留旧有优点。前次四岸运商等,以新盐法通过后,曾呈请中央,及有关盐务机关,慎重考虑,毋轻变更。"②

旧盐商指出,一个国家采用何种食盐制度,乃是由国情决定,中国采用引岸制,自有其"精意"所在,并非可以任意更改。盐商称:"盐本之贵贱,由于成盐之难易,成盐故藉人工而尤因气候地质之种种关系,使成本各有参差。"③并举例,"日本盐产因气候多泾出产不丰,又只宜于煎而不宜于晒致供不给求,力谋向外拓展,现就金州租界所产之盐,以为挹注,其成本较廉,加以运费,尚比日本内地之盐,低廉三分之一,此因气候地质为之,非人力所能挽救也,以日本人民之技术,尚不能设法,使贵者转贱。"食盐生产成本差异极大,盐价固定自由贸易何以保障资源贫乏之处盐民生计?"况我国南方,沿海诸盐民乎,渤海一带,气候干燥,地质坚实,故可行滩晒池晒,浙盐则用板晒,淮南盐则宜煎不宜晒,淮北池晒,手续亦较冀鲁为繁,盖成盐有难易,滷耗有多少,故盐本不能一律,旧制行盐,各有域区,此疆彼界,

---

① 《上海四岸运商公表商榷盐法》,《四川盐务日报》1931 年 4 月 24 日,第二版。
② 《四川盐务日报》,《上海四岸运商公表商榷盐法》1931 年 4 月 24 日。
③ 《四岸运商等上府院部署所痛述盐法利弊》,《四川盐务日报》1931 年 4 月 22 日,第三版。

不相侵越，盐民遂得各安其业，各养其生，若一概开放，买卖自由，则舍贵趋贱，人之常情，贵价诸伤，无人过问，即政府不予消灭，而壅积过甚，束手待毙，万不得已，弱者漏私以夺官销，强者流为匪共，此亦生死关头，无可逃免者，即谓救济有法，近场各地，可以恳放，使灶民改为佃户，盐业改为农产，一举两得，似亦尽善，不知海滨斥卤，何能适于种植，强为方作，亦等下田，且筑堤养淡，需费几何，为时几何，成效几何，淮南各盐恳公司，已大可取资参证，况盐民恃制盐为生，一日不做，一日不活，非有数岁之储，可以供改业之试验，欲待地方之变迁，技艺之娴熟，早索于枯鱼之肆矣。"①历史上，"唐刘晏为转运使，专用榷盐充军国之用，时许汝郑邓之西，皆食河东池盐，度支主之，汴渭唐蔡之东，皆食海盐，晏主之，可见因地制宜，不能自由运销，迨其后规划其销地，轻重税率，非不知繁密而复杂，而为各场盐民生计起见，自有不得不委曲调剂者，此真引岸制之精意"②。因此，若"效法他国，其检验不合成分者，即不许传卖，其产量过甚者，即予限制，其另星散漫之场，并可消灭，此皆摧折盐民之生计"③。盐商不忘危言耸听，称："各国因偏于物价，专重科学，以致人工失业，至于今救济已感困难"，而当时国内现状，"百物腾贵，匪势横行，人心已在浮动之秋，此不可不注意者也"④。

旧盐商们认为，自由贸易伤害行业既有秩序："盐务本系实业之商，近年国家以课税预为抵用，动辄数百万，由商出立借据金融家尚能见信通融，今改自由贸易，则国家之缓急，亦不可持，又况引票，视为有价证券，无异田产，市上亦可抵押借贷，今一旦废除，抵押借贷者，即须催赎索偿，则债务之纠纷，势必同时并举，而淮浙苏三区场商廒商，皆引票商兼营者，场廒积存之盐，两淮在四年以上，苏浙亦近两年，长芦盐场，虽非商兼，而灶民晒本，历由商人代为预借，军兴以来，产多运少，大致灶欠，约有数百万之巨，淮南灶民，对于场商之课本灶欠，为数亦复不赀，此项盐本，皆商人血汗，或贷自银行钱庄，以前新旧套搭，举重若轻，若一旦废除，新产之盐，或有贩户承运，而旧存之盐，成本较昂，如何措置，又一大问题，卒之影响金融举国骚然，此不可不注意者"⑤。长芦盐运使洪维国谈称，"引岸废除后，必有多数盐商失业，而盐商中又有所谓业商与代商两种，业商以代价购得所有权，若

① 《四岸运商等上府院部署所痛述盐法利弊》，《四川盐务日报》1931年4月22日，第三版。
② 《四岸运商等上府院部署所痛述盐法利弊》，《四川盐务日报》1931年4月22日，第三版。
③ 《四岸运商等上府院部署所痛述盐法利弊》，《四川盐务日报》1931年4月22日，第三版。
　 《四岸运商等上府院部署所痛述盐法利弊》，《四川盐务日报》1931年4月22日，第三版。
④ 《四岸运商等上府院部署所痛述盐法利弊》，《四川盐务日报》1931年4月22日，第三版。
⑤ 《四岸运商等上府院部署所痛述盐法利弊》，《四川盐务日报》1931年4月22日，第三版。

自己无暇经营,即租与代商,代商如无资本押款,复须自银行贷款,引岸废除后,盐务机关之押款,必无所出,代商之贷款,亦无从得且因业商代商之关系,而影响于银行之贷款,盐商失业,关系民生问题,想在新盐法颁行以前,政府当有缜密考虑。"①

旧盐商断言自由贸易会导致比专商引岸更坏的垄断,称:"综观草案,其所重在减轻税率,表面有利于民,而实际贸易自由之后,既无专责之商,即无负责之人,价格又从何限制,甚至有大公司发现,所谓垄断把持,所势必至。"②断言:"若听其自由买卖,论责之无所专,且售价之无可定,按之现代经济之组织,必且渐为三数大公司所垄断。诸商业之原则,既为自由贸易,自可任意买卖,待时居奇,凭资本为利器,尽操纵之能事,政府既无可限制,且何自而禁其垄断,窃恐此法一行,人民固直接先受盐价高下之痛苦同业且渐受兼并压迫之摧残,此不特不合民生主义之政治,且违反近代防止托拉司制度之精神矣。"③张佩嚴在《大公报》上撰文称"试问再减盐税之后,则中央年短数千万元之收入,实为意中之事,且各种附加,每年亦有一万余万元之收入,今併此而全免之,合计当不下一万数千万元,何以支持,何法抵补,何人负责,此亦当国者不能忽视之事也。查精盐发生,为抵制洋盐进口,只准行销通商口岸,苟其浸灌内地,亦以私论,旧法本极平允,而各公司以为不便,到处喧聒,日日宣传废除引岸,自由买卖,今立法院果尊重其主张矣,彼公司已有十余家制盐。若引岸废除,各公司非盛大扩充,必接踵而起,只需十余家公司,即可将全国销盐二千五百万担,悉数垄断,则南方数百万盐民之生计,势必尽为精盐所怀夺"④

旧盐商炒作食盐供应问题,断言新盐法会影响民众正常食盐消费,以削弱公众对新盐法的正面预期。声称若行新法自由贸易,"民食无负责之供给也",因"盐之为物,与布帛菽粟,同为人日日用之要素,盐包之输出,近这百余里,远者至千余里,非若布帛菽粟,随地业生也"⑤。而"边僻之区,谁肯冒险以图侥幸,则其结果必使通都大邑,以互相竞争而盐价日改,人民生活不能妥定,交通不便之处,淡食更势所必然"。⑥ 以前"有专商以运销

① 《洪维国论盐法》,《四川盐务日报》1931年4月23日,第三版。
② 《四岸运商等上府院部署所痛述盐法利弊》,《四川盐务日报》1931年4月22日,第三版。
③ 《四岸运商等上府院部署所痛述盐法利弊》,《四川盐务日报》1931年4月22日,第三版。
④ 张佩嚴《立法院新盐法案平议(续)》,《大公报》1931年4月15日,第十一版。
⑤ 《鲁盐商反对新盐法(续)》,《四川盐务日报》1931年4月24日,第二版。
⑥ 《上政府院部署稽核所呈文》,《大公报》1931年4月12日,第一版;《上海湘鄂西皖四岸运商总会公表盐法之商榷》/《上政府院部署稽核所呈文》,《申报》1931年4月4日、7日,第二版。

之,始克普及无遗,若将专商废除,任人自由贩卖,则利害险夷,不能禁人趋避,且获利优? 交通便利,地方安谧之区,必以盐多而病商,其获利低微,道路险远,伏莽孔多之区,必以盐缺而病民,此丰彼寿,调角良艰,统计鲁岸百余县,将有二分之一日日在盐荒之中,人将以食私为惯例,诚不知更以何术继其后"。并且,引岸制下,"盐价由盐税而定,盐税既增则盐价随之而长,盖价由官定,非商人所能操纵,每斤课税若干,及成本之轻重,道路之近远,详细审定,不过使商人得微利,以偿其劳,若诸盐价皆归商人,胥是理乎,惟盐价虽大,而官为核定,亦必准乎民情,又有官为监察,更不容私自增长,故上下相安,并无异议,若废商招贩,则盐法全无财卖之价,官家不得过问,其在通都大邑,交通便利之地,盐贩必多,价钱或不能大,若穷乡僻壤,及交通不便之处,贩盐者少,价钱必多,若遇天灾人祸之时,运输不继,则偶有存盐者,虽增至倍蓰至数十倍,小民亦无可何如,以日用必需之物,又必需仰给于商贩而无一定之价其为害何可胜言,此盐价一节,关乎民之利害也"。[①]

旧盐商当然知道盐法主导权在政府,用国税说事是对政府公关的重点。《盛京时报》刊载《盐商反对废印理由》一文称现"盐法之甚良,而盐商不负国家"。文章称:"国家经常收入,惟钱粮盐税国税为大宗,近年盐税一项,年几一万万,且以此为外债之担保,而余款又应政府之急需。可见盐法之甚良,而盐商之不负国家也。"文章论辩道:"盐课之增减,在销疏之多寡。各商随时筑运,并无误运误课之时,此非特盐商之忠心于国家也。"由于各盐商皆有专岸,为实现自身利益,"不敢以误运误销,致有亏赔之患,即不敢以误课误国,致有支绌之虞"。而且,若盐商"领运不时,则官督催之,疏销短少,则官咎治之,责有专归,故课税不误"。文章称:"若废去负责任之专商,而招无责任之小贩,运销无时,即课款无定,倘有时推诿观望,误运误销,以致盐税少收,不惟政府有穷困之忧,且恐外人有干涉之祸。"[②]旧盐商声称,如若新盐法实施,则"一时纷更之象,在所不免,犹其事之小者。若乃影响及于国课民生民食经济,则亡羊后之,又何自而图补牢。即政府思厉行新法,以裕民食,以裕国课,然轻易牺牲七八千万国税之收入,打破往日已成之局,希冀他年不可必之成效,深长思者或又期期以为不可也"。[③]盐商们声称,盐商预缴盐税,方便政府提前锁定盐税收入,有利于国家,因此盐商是负责任的商人群体,一旦改为自由贩卖,国税必受负面冲击。文

---

① 《四川盐务日报》1931 年 4 月 23 日。
② 《盐商反对废印理由》,《盛京时报》1931 年 3 月 3 日,第二版。
③ 《湘鄂西皖四岸运商总会公表盐法之商榷》,《大公报》1931 年 4 月 12 日,第一版。

章称:"国家岁入,除关税及各种特税外,实以盐税为大宗,国家军政各费,仰给于此者甚巨。至外债关系,姑且无论。大抵税之为物,有专商则征收易,无专商则统辖难。夫盐引既各有主名,课税则负有专责,甚至天灾人祸,相逼而来,催兑急须,又每有提前缴课之事。"专商每每忍辱负重,不比一般民众"完纳丁漕,倘可藉口偏灾,请求蠲缓,他商之兑缴关税,且因道路不靖,裹足不前"。这些人"其对于国家观念,均不若盐商之亲密"。一旦改为自由贩卖,"则预缴盐课,固不能施之于无系统无确定之散商,即正式催领,又将令何人负责。有利则共趋,无利则争避,以国家岁入之常款,而操之于不知谁何之人,其毫无把握,固已昭然若揭矣"。①

《四川盐务日报》1931年4月24日发表《上海四岸运商公表商榷盐法》一文论辩称,作为必需品的食盐征税本不合理,而引岸制保障了食盐供应这一民生问题,还使国税为中心税制设计得以运行,改制不仅祛除不了旧疾,反而节外生枝,徒添混乱,尤其国税流失,致民众国家遭受更大损害。文章称:"引岸专商之外,所当论列者,厥惟征税。今之病盐政者,每以税则不统一为病。"然而,食盐征税本就不合理,是次优制度选择,"夫盐为全国人民所必需,贫富阶级所共用,应否课税,殊可研究"。主张不课税者,认为课税应使人民之担负与收入相称,收入高者多纳税,因此西方文明国家均采用累进制。由于食盐"贫富同其销耗,即使负同一之税额,有违经济立法之原则"。主张食盐课税者则认为,"盐为无论何人所必需,故课之以税,最属普遍,且每人日食三钱,岁食七斤余,即以现行十元另五角之税例,每人影响于其担负者至轻且微,且征收之法,较属简单,稽核之事,不尽苛扰,征之当也。"文章提出,当时税制设计本依国税为中心,与食盐成本无正相关,"销行愈远,税价每昂"。此等标准,看起来"殊欠允当",然却有保国税意图,并依托专商引岸制平台得以顺利运行。文章称:"在初定税则者,岂不以距场愈近,得盐之机会易,私贩之途广,税轻庶足以敌私,销行愈远,采运维艰,缉私者多,走私者难,因而重税,以资弥补耶。"这样,其结果,"乃至人民蒙不均价之流弊,诟病所中,不察者又以为盐商之惟利是图,任意操纵矣"。② 新法若行,食盐自由贸易,这一苦心税收差别设计失效,其保国税意图也不再可能实现。文章因此称:"卒之民不获利,而国家损失,每年已在八九千万,至于民生偏枯,调剂无方,商业破坏,金融震动,"云云③。

① 《鲁盐商反对新盐法》,《四川盐务日报》1931年4月23日,第三版。

② 《上海四岸运商公表商榷盐法》,《四川盐务日报》1931年4月24日。

③ 《四岸运商等上府院部署所痛述盐法利弊》,《四川盐务日报》1931年4月22日,第三版。

旧盐商断定,若行新盐法,因无出于自身利益盐商协助查禁,单靠政府缉私力量,必致私盐泛滥。私盐相对官盐而言。官盐为纳税之盐,私盐为无税之盐。"私盐三种,一为刮土煎私,一为滩盐走私,一为沿海淋晒之私,而外蒙古之盐,与外洋输入之盐,尚不与焉。"河北山西河南山东等省,遍地皆出硝盐,"官力不能及,则有商人各雇汛役,随时查缉,以自保其官销,即以保国家之税款,又有不肖灶户,每以滩盐私售盐贩,官力不能及,则有商人在场外设汛以防之"。沿海斥卤之地,引水煎晒,即可成盐,官方不能及,则有商人沿海设汛,以遏止之,况处处皆是专岸,纵令此境通过,彼境亦不能通过,"虽有私盐,不成大帮"。旧制下私盐有害,但仍属可控。而"若废除引岸,则权无专属,孰散出资以设汛,人无专岸,孰肯尽力以缉私,则煎者无所畏惧,必至群相效尤,贩盐者无所顾忌,必尽买价轻之私盐,而不买价重之官盐,彼时政府觉悟,仍欲招商任办,则无人应承,欲以兵力缉私,则酿成大乱"。①

山东盐商也发文称,单靠官方缉私,将十分困难,而盐商人自为防,可消弥众多隐患。文章称:"查我国滨海各省,北自辽宁,南抵闽粤,海线之长,几及万里,在在斥潟不毛之地,即处处是煮海为盐之区。人民食私,已成习惯,临时走漏,防不胜防。"由于如此,所以山东历来缉私压力较大,查禁私盐困难。"若徒持公家之巡队,兵少时则不敷分布,兵多则饷糈难筹。防杜私贩,极感困难。"而专商引岸可缓解此压力,因"惟专商各保其销场,则不得不各守其引岸。此疆彼界,各募商巡,棋布星罗,防缉周密。虽邻境有税之盐,亦不肯任其晒卖,或疑其畛域之妄分,然实则防私盐之影射。盖官厅之缉私,不如各商之人自为防"。而若将,商巡连带解散,私盐查禁压力加大。一方面,就产盐区域而言,专商废除后,"招贩走私,偷漏正税,防闲已苦于难周"。因若无专商负责产盐区秩序,"令滩户制盐,公家收买,范盐入坨,收坨归仓,多寡巡兵,严行防守。然而官厅给价,未必能速,即令速给,本必能丰。则以多报少,隐匿济私,实难普遍监视。又恐巡丁,得贿卖放,互相勾结,岂易杜绝弊端"。另一方面,就内地而言,专商废除的后果则不只是经济秩序方面的,更可能损害三治安甚至政治稳定。声称废除专商,"则各处枭匪,必然乘机而起,潜滋暗长。始则以无税之私盐,敌重税之官盐,继则以土著之私贩,拒外来之官贩。仇杀之案相寻,驯良之商不至。加以红会民团,贪残食私,包庇最力"。如此一来,"即有严明之长官,厉禁枭匪之侵暴,无奈民匪杂糅,剿抚两难。小之则妨害国课,大之且扰乱治

---

① 《盛京时报》1931 年 3 月 3 日,第二版。

安"。由此可见，"究不如各县皆有专商，自行整顿缉务，隐患消于无形，可以辅官厅势力之不逮"。①

南京政府一直面对着私盐查禁的难题。1934年《上海报》上《冀豫鲁盐税损失千万元》一文报道："近年来，河北、山东、河南三省之私盐充斥，每年约在一百万担以上，以致财政部之盐税损失，每年约在一千万元以上，其中以河南出产私盐为最多，河北次之，山东又次之。长芦盐运使曾仰丰、山东盐运使李值藩、河南督销局长过钟粹特会合电呈财政部，请求该部转咨冀豫鲁三省府，通令各县严禁私盐。产土盐产区辽阔，人民随处可以私制贩卖，自非由各该管地方官就近随时查禁，不能净绝。"②私盐查禁的确长期困扰着南京政府。

缉私增人，需要增加经费，若无法增加人手，借助盐商辑私是合适的。长芦盐运使洪维国以当地缉私问题为例，提出不可放弃盐商参与辑私旧制，废除引岸必致私盐充斥市肆，税收大受影响，称："缉私问题，即以长芦论，在满清时代，设有缉私统领，其范围较广，后经迭次变更，现在仅有缉私营五营。前陆运使曾拨两营为丰台芦台两场场警，故实际上只有三营，每营人数为二百五十名。长芦盐区纵横两千方里，以此区区六七百人，安能免疏漏之患。幸各县均设有专岸，盐商为关系本身利害计，防范异常严紧，所以尚能补助官方缉私所不及。今一旦废除引岸，私盐必充斥市肆，税收必大受影响，长芦每年销盐三百万包，每包征税三元，总额已达数千万，此后若稍为短绌，影响于作抵之外债，岂非浅鲜?"③

旧盐商们指出，实行新法导致精盐制造流行，负面效果显而易见："现在精盐，以机械夺手工，以少数人欲望，压迫多数人生计。即如永裕公司，制额为一百五十万担，全国销盐，不过二千数百万担，只须同等公司一七家，即刻垄断全国之盐业。"呈文分析，机制精盐人工八十名，年即可出盐十万担。而南方板晒制盐，八口之家，有盐板一百块，年只出盐三万斤，其效率"不啻一与三十三人之比例"。如此，引岸废除后，尽为机制精盐所夺，"使天下数千万盐民，同时失业"。何况"制销出于一人，买卖归其垄断。此前之破碎旧商，一销地有百数引名者，今则以十数人可操纵数省矣，托辣斯之现象，必现于盐产丰富，盐本低廉之区"。这不但"与总理注重民生之旨不符，且有节制资本之遗教不合"。呈文声称："改天下之盐法，尽归之场

① 均见《鲁盐商反对新盐法》，《四川盐务日报》1931年4月23日，第三版。
② 《冀豫鲁盐税损失千万元》，《上海报》1934年10月14日，第三版。
③ 《上海四岸运商公表商榷盐法》，《四川盐务日报》1931年4月24日，第二版。

灶,则纷更愈甚大。利权不操于上,必移于下。恐豪强兼并之徒,据为利薮。此不可不注意者也。"继而盐商又以盐民的守护者为姿态,"成盐有难易,卤耗有多少,故盐本不能一律。旧制行盐,各有区域,此疆彼界,不得侵越,盐民遂得各安其业,各养其生;若一概开放,买卖自由,则舍贵趋贱人之常情,贵价诸场无人过问,即政府不予消灭,而壅积过甚,束手待毙,万不得已,弱者漏私以夺官销,强者流为匪、共,此亦生死关头,无可逃免者"。若图盐民改业,费时颇多,"非有数岁之储,可以供改业之试验,欲待地方之变迁,技艺之娴熟,早索于枯鱼之肆矣"。同时,盐商们又指责政府"摧残一切",不问"场产整理与否,盐警可恃与否,南北海滨万里调剂平均与否,而但美其名曰就场征税自由买卖",并暗指国民党"阳借自由贸易之名,阴为操纵全国之实"[①]。

旧盐商们还以历史上盐政失控教训斥和现实政治风险警告南京政府。盐商发文称:"即使贯澈革命,百度刷新,亦应考得失之本,定完善之政策,俾盐商人民各遂其生",声称:"各商有各商之下情,各地有各地之个性,层累曲折,岂易周知,古云害不百,不变法,利不千,不改制,必采纳多数之言论,费长期之筹备,犹恐轻举易动,弊害随生,事关经国大计,未便率而更张。"称"时代无论古今,地与不分中外,凡产盐各国收税之法,虽不一致,究不出自由贩卖,与专商承销之两途"。以日本为例,盐归官卖,"该国明达之士,尚议其办法之未良"。而中国盐政史上,唐刘晏主张自由贩卖,因"其时国用暂足者,以有法兼有治人也",尚且"未久即白弊丛生,私犯猖獗,而黄巢高仙芝钱谬辈,均以盐犯起事,流毒全国,割据一方,害披以亡,皆自由贩卖阶厉也,是于妨害国计民生之外,兼有负乘致寇之危险性"。盐商以山东情形为例称:"盐商与银行界有密切之关系,银行界负社会金融之重任,山东盐商之引票,全数抵押于银行,引岸已经取销,则银行徒抱空质,商盐一经倾覆,则银行必牵连而并殒,尔时全国市面之景象,必有不堪设想者。"盐商声称,盐政改革"牵一发而动全身"。而现在废除专商之改革刚展开,天下已呈乱象,"甫经通过,人民食私,认为充分之理由,枭匪蠢动,视为绝好之机会,盐商已大受影响。银行钱号,意存观望,不肯投资,旧日债权,环逼催索抵押之引,大起纠纷"。旧盐商装出一幅可怜象,"夫今日之盐商,百孔千创,无术補救,腾此鸡肋,恋栈奚为,无如失业则流为饿莩,进行则荆棘遍

---

① 《淮南湘、鄂、西、皖四岸运商公会、芦纲公所、东纲公所、淮南外江内河食岸公会、两浙盐业协会、苏五属盐商公会、通泰济南场盐商会联名呈文盐务署,反对施行新盐法,要求维护引岸制》,中国第二历史档案馆馆藏档案:盐政总局(1927—1949),全宗案卷号:266—298。

地,进退维谷,狼狈堪怜"。盐商牺牲也罢了,国税危险!称:"盐商纵不足惜,其如目前税收之短绌何?"并且,"现在匪共四伏,人心反侧,一旦盐制更张,其直接间接,衣食于盐业之内者,全国不下数千万人,迫于饥寒,易受蛊惑,恐与元之掘黄河,明之裁驿站,揭竿而起,全国骚然,异代同符,甚非国家之福,似不可不特别注意也。"①

此外,旧盐商也提出了民族盐业生存问题,提出若行新法,盐业向外资开放,民族盐业将无竞争力,其后果不堪设想。《大公报》《缓行新盐法》一文称:"查我国盐法,系属国家专卖,故外人无论如何垂涎,因鉴于上有盐法,下有岸商,未能染指,若一旦废除岸制,则外人相率投资,雇华人为之经理,不但利权外溢,而且夹售洋盐,如近日发现以私糖充销华北,妨害税收,尤为前车之鉴。若开放之后,则盐商势若散沙,必至兵饷需要每月无从筹集,若新法实行,不但财阀垄断以病商,盐无定价以病民,且于国税大受影响,若一旦打破岸商,厉行开放,各商自必生机断绝,国家深知商困,所有窝价照费,自必一律清偿,但各款为数不赀,当此库空如洗之时,究以何项借资提补,假使毅然改革,不恤商艰,窃恐实行开放之时,即为税款青黄不接之日,更复从何挹注,渡此特别难关,因思盐政改良,必须集素有盐政经验之人,通盘筹划,若徒逞学说,专凭幻想,不问事实如何,历史如何,且不负丝毫责任,窃恐新令正在推行,而政费已无从取给。总之,包商制度,向与国家休戚相关,决非历久把持,专课私利,故为兼筹并顾起见,窃谓为商家留一线生机,即为国家续无穷命脉。"②

直至1934年,在淮南湘、鄂、西、皖四岸运商公会、芦纲公所、东纲公所、淮南外江内河食岸公会、两浙盐业协会、苏五属盐商公会、通泰济南场盐商会联名呈文中,仍老调重弹调,表达了对盐政改革派指责的不满,再次以国课、债务、金融等为题,力证引岸优秀专商有功改革无理,并警告政府改制必乱。呈文称:"盐务本系实业之商,近年国家以课税预为抵用,动辄数百万,由商出立借据,金融家尚能见信通融,今改自由贸易,则国家之缓急,亦不可恃。又况引票视为有价证券,无异田产,市上亦可抵押借贷,今一旦废除,抵押借贷者即须催赎索偿,则债务之纠纷,势必同时并举;而淮、浙、苏三区场商、廒商,有引票商兼营者,厂廒积存之盐两淮在四年以上,苏浙亦近两年。长芦盐场虽非商兼,而灶民晒本,历由商人代为预借,军兴以来,产多运少,大致灶欠约有数百万之巨。淮南灶民对于场商之课本灶欠

① 《鲁盐商反对新盐法(续)》,《四川盐务日报》1931年4月27日,第二版。

② 《缓行新盐法》,《大公报》1935年1月25日,第四版。

为数亦复不赀。此项盐本皆商人血汗，或贷自银行钱庄，以前新旧套搭、辗转输转，举重若轻，若一旦废除，新产之盐或有贩户承运，而旧存之盐，成本较昂，如何措置又一大问题。卒之影响金融，全国骚然。"呈文结尾故意淡化新盐法废除专商引岸为主旨的本意，而是认为其"所重在减轻税率"，并断言如实行自由贸易，"垄断把持，势所必至，卒之民不获利，而国家损失每年已在八九千万。至于民生遍枯，调剂无方，商业破坏，金融震动，国利民福之谓何？"①

旧盐商所言虽多属似是而非、混淆视听之语，但即便旧盐商反对新盐法缺乏正当性，支撑其所述理由的事实并非完全杜撰。在预缴税款、债务纠纷、金融震动等方面的危机确实存在，失业盐民"通匪通共"之忧也确是令国民政府忐忑不安的隐患。而税收保障、盐业竞争承受力、边远地区食盐供应等也需面对。旧盐商的论述或有自利动机，但疏通既有制度的保守态度并不可以被简化为道义瑕疵，何况有些事实是绕不过去的。可惜历史没有停下来听取旧盐商意见中合理的部分。由于缺乏政治正确和道德合法性支撑，旧盐商的诉求和诉求理由被同质化为绝望的噪音，变革的意愿过滤了历史累积的客观性现实。这虽可理解，却未必恰当。显而易见的是，当局在推动新盐法时不得不尊重这种客观情况，任何逻辑和伦理的正当性都绕不开社会存在的坚硬事实。专商引岸旧盐政的腐朽，只能为盐政变革提供部分合法性，只有支撑自由贸易的资源和社会前提具备时，新盐政才可能顺利推进。而政府立法时，对这些事实有所疏忽，新法所站立的基础不扎实，比较缺乏政治洞察力，推行遇阻，亦在意料中。旧盐商对于新盐法之阻扰活动，也许并未直接导致新盐法夭折，但一个不能否认的结果是，自新盐法起草和明令公布以后，经历数载，直至抗战爆发，新盐法始终是一纸空文。不过，随世事发展，在资本主义自由贸易成为民国经济实业发展的必然趋势之下，摒弃垄断专营、废除引岸专商成为人心所向，即便是往昔固执已见的旧盐商们也开始了些许变动，1936年1月，浙江余姚盐商"请早日行新盐法，"并"推代表三人来京请愿"②。大体上可看出旧盐商在这场风波中已精疲力竭。

1931年新盐法下，南京国民政府与盐商的关系实际上是一次财富的

① 以上见《淮南湘、鄂、西、皖四岸运商公会、芦纲公所、东纲公所、淮南外江内河食岸公会、两浙盐业协会、苏五属盐商公会、通泰济南场盐商会联名呈文盐务署，反对施行新盐法，要求维护引岸制》，中国第二历史档案馆藏档案：盐政总局(1927—1949)，全宗案卷号：266—298。

② 《浙盐商请行新盐法》，《申报》1936年1月13日，第三版。

重新分配，这次改革造成了盐商利益空间被挤压。政府通过盐法改革，进行了一次重新分配财富的运动，并最终成为经济利益的最大受益方。而虽然旧盐商在此过程中被迫让渡出大部分本属于自己的利润，但同时却获得了国民政府的制度保障，双方可谓各得其利。国民政府盐政变革本来就不是以增进民众福利为根本目标，自由贸易的新盐法只是财政取向的盐政变革的工具。所以当悬置新盐法有助于财税收入，尤其维持与旧盐商利益共同体关系需要时，国民政府对此诱惑难以抵抗，新盐法夭折无法避免。

第四章　盐政博弈中的政府与地方势力
——以四川个案分析为主体

南京政府实现了国家形式上的统一，这种成就的价值不容低估。不过，即便是国民党内最乐观的人，也会意识到这种局面的勉强和脆弱，南京国民政府要成为名符其实的中央政府，还须付出努力、耐心与时间。这里不打算对南京国民政府时期中央政府与地方势力争权夺利的情况作全面介绍，只就国民政府推行新盐政过程中与各地方势力特别是四川军阀间围绕新盐法的博弈情况作一梳理，以拓展解读新盐法命运的背景事实。四川军阀公开明确反对与抵制新盐法的历史已受到学界注意，①而南京政府盐政变革要面对的地方势力远不止这一事例，只不过各自采取的博弈方式、对抗程度与持续时间不同而已。政府在新盐法争执中的犹豫不决，显然受到了这种情况的影响。

一、地方势力与南京政府在盐政变革中的博弈

南京国民政府成立后，急需建立包括盐政在内的统一的中央权威。这一努力中，像四川军阀这样偏僻地区的割据势力肯定不是唯一的麻烦制造者，甚至还不是主要的对手，国民政府为确立自己在全国的权威还需要很多的政治与军事胜利。中原大战的获胜，使南京国民政府控制全国局面能力大为改观，因而踌躇满志，决心统一盐政。1930 年 12 月 20 日，南京国民政府向行政院发布命令："现在军事已定，全国政治，悉遵正轨。盐税收入，关系中央财政，断不容再任纷歧割裂，有妨统一。为此令仰该院，即便转行各省政府遵照：凡属原有盐斤附加税捐省份，均限于民国二十年三月一日，一律划归财政部统一核收，以便分别减免，通筹整理。"并规定："自

---

① 　王果：《略论四川军阀对"新盐法"的抵制》，《盐业史研究》1988 年第 3 期。

经此次划归中央核收整理后,各该地方永不得另立名目,再征盐斤附税。"①南京政府明白,如果连取消盐斤附加推行都困难重重,日后新盐法前景肯定无法乐观。后来新盐法风波的演变应验了这一推断。显然,南京政府的努力能否有成效,这要受制于中央政府对地方势力的实际控制能力,而当时的客观现实,决定了这一目标的实现并不容易。

果然,南京政府的命令话音刚落,安徽省政府就来让中央政府难堪:"皖省府以省计奇艰,决于皖南浙盐引地,皖北淮鲁盐引地,一律照皖岸成例,每担增收保安附加捐二元四角。"②舆论分析其缘由在于:"皖省财政困难,由来已久,去年财厅与财特署分立后,厘金划为中央收入,省库所持以挹注者,仅为各县之丁漕杂税,收支不敷益巨,此次裁厘实现,尤属竭蹶,省府乃决定征收盐斤附捐,以为抵补。近财政部根据皖北二十一县民众请愿,电省府将此项附捐撤销,省府则以省防军费持此挹注,实无他款可筹,昨特复财政部,缕述困难情形。"③在被中央政府拒绝后,皖省又具呈行政院,"缕陈加征盐附税情形,请特予体谅。行政院接到此呈后,已指令驳斥,各省不得另立名目抽收,实属显违功令,于国税民食两有妨害"。④ 安徽省政府仍不退让,据《申报》报道:"皖省府所办之盐斤附捐,虽经中央制止,地方反对,而省方以收入所关,仍在不顾一切,积极进行。"⑤"皖省政府以筹划省防军经费,征收盐税附加",有"民众团体公推代表赴京请愿,虽迭奉行政院财政部批令撤销,而皖省府并未照办,近且雷厉风行,强迫缴纳"⑥。此种表现真让人叹为观止,南京政府只好严辞训令:"国府令行政院,以盐税为国家收入,不应由地方征收附税,凡属原有盐斤附加税捐省分,曾经令限于民国二十年三月一日,一律划归财部,统一核收,以便分别减免,通筹整理,乃安徽省政府竟于奉令统一盐税之后,忽又新增省防附捐,每石二元四角,业经先后交由该院,令电饬尅日取消,不意至今迄未遵办,各方呼吁之声,日益迫切,如非从严制止,勒令撤销,其何以维政令而慰舆情,合亟令仰该院,迅饬该省府遵照,务将前项新加盐斤附税,即日撤销,不得再有延抗。"⑦民众对地方势力的此种作为也极其不满,公开声讨。"伏查中央于实行裁厘之后,叠经通令,各省不得以任何理由,藉词巧立名目,抽征一切

① 行政院公报,第 215 号,训令,民国 19 年 12 月 27 日。
② 《皖省征收盐引附捐》,《申报》1931 年 1 月 1 日,第十三版。
③ 《皖盐附捐不易撤销》,《申报》1931 年 1 月 25 日,第十二版。
④ 《行政院驳斥皖省请加盐附税》,《申报》1931 年 2 月 1 日,第十二版。
⑤ 《皖北盐米捐仍在征收》,《申报》1931 年 2 月 1 日,第十二版。
⑥ 《皖人再请撤销盐附捐》,《申报》1931 年 2 月 4 日,第九版。
⑦ 《国府严令制止皖省盐税附捐》,《申报》1931 年 2 月 8 日,第四版。

捐税,并将盐斤原有附加,划归财政部统一核收,明令煌煌,昭示中外,凡在党治下之各省,均应切实奉行,以重功令,乃皖省府竟敢公然违抗,肆无忌惮,藉口省防经费,倒行逆施,行此苛税杂捐,此风一开,不仅皖民遭其荼毒,倘各省相率效尤,则影响所及,真堪危害民国"云云①。当然他们也深知地方势力的顽固,"皖省对于盐斤附捐,并不因中央之迭令制止而停办,故皖北商民希望撤销盐附捐,一时尚不易实现"②。在各方压力之下,安徽省政府终于表态,皖省府尊重国府命令,已申复撤销新加之盐附税,并将皖岸原征之盐附税,准于三月一日交还中央核收。③公众不依不挠,穷追猛打。"皖省府加收盐附税,行政院迭令撤销,该省府迄未遵办,且其所设之屯溪、蚌埠,各征收局,时有扣盐封仓之举,以致愈惹起一般民众团体之反感,自此项加征办法实现,以后各该处盐商颗粒未销,固属民情激昂,有以致之,然税重本巨,商人无利可图,亦为重大原因,即此停顿国税民食,所受影响已巨,兹闻旅沪全皖公会,无为县襄安镇商会,安徽公民反对省府,擅加盐税,以陈主席虽表示遵照中央命令撤销,但尚未撤局,仍在继续向院部请求,迅饬撤局,不达目的不止。"④终于,1931年3月24日,安徽省政府宣布:"盐斤附捐今日撤销"⑤。一场公开较量或已告一段落,但南京政府的新盐政要惠及该地民众并非易事。直到1935年1月,仍有报道称:"皖岸盐斤税捐本极繁重,计盐每担成本不及两元,而一切捐税已达九元有奇。"⑥中央政府撤销盐税附加的意志在地方势力的利益面前萎缩不振,安徽与南京政府的争斗只不过是例证之一。

对有些地方势力而言,公开反对取消盐税附加实属多此一举,他们并没有把南京政府的命令看成严肃的事,也不打算认真对待,实际利益比文字交涉更有意义。事实表明,许多地方势力虽未在盐税附加问题上表态抵

① 《皖团体再请撤销盐附捐米照捐》,《申报》1931年2月9日,第十版。民众对旧盐政导致的困苦一般归责于旧盐商和地方势力的胡作非为,对中央政府征收国税的合法性是认同的。企盼政府的解救是民众在新盐法风波中的基本立场,南京政府利用了这一形势。此期主要媒体多有视南京政府为救星的声音。相关情况在《大公报》、《上海报》等报刊中均有反映。

② 《皖北盐附捐依然征收》,《申报》1931年2月13日,第十版。

③ 《皖省府撤销盐附税》,《申报》1931年2月26日,第四版。

④ 《皖盐捐未撤消》,《四川盐务日报》1931年3月5日,第三版。

⑤ 《皖盐附捐撤销》,《申报》1931年3月24日,第七版。地方军政当局在1931年南京政府将地方附税收归中央,并明令禁止地方不许再以任何借口加征盐附税后,继续征收名目繁多的盐附加税捐情况,在丁长青主编《民国盐务史稿》(人民出版社1990年9月版)一书中有较详细的资料。具体材料在该书第244—256页。

⑥ 《皖岸盐斤担负奇重》,《大公报》1935年1月19日,第十版。

制,却并未放弃此种利益。1931 年 8 月"鄂财厅长吴国桢来京任务,系请以盐税附加,暂交省府经收,六个月为限,充作赈款,特来京赴沪,谒财宋请示施行"。①与这种花言巧语贪占中央税收不同,江西明目张胆征收盐税附加归已所用,南京政府不得不公开表态:"行营据陈诚呈,前方食盐附税太重,安福每担除国省税外,地方捐达八九元,不但赤匪利用宣传,匪区盐反向半匪区推销,蒋已查明各县盐附,严令取消,食盐火油局并将划一各县价格,以苏民困。"②直到1934 年 11 月,中央政府的指示才有了回应:"省府以各县抽收地方盐斤附捐,早经行营转饬严令禁止,据西岸榷运局呈称,安福吉安等县,仍未遵令取消,十四日特重申禁令,予取消。"③在湖南,盐税及附加一直是地方政府的财政支撑,对中央政府动这块奶酪非常警惕,当 1934 年闻知新盐法可能施行后,立刻紧张起来,何健发出电文:"闻大部盐务稽核总所正在召集湘鄂而皖各岸稽核员开会,筹划实行新盐法。查湘省军政各费以盐税为大宗。除以正税拨充第四路军军费外,其不足之数,仍取诸地方之附加,更有教育、慈善、公路等费,亦均属附加,责诸淮商代缴,是湘省军政各费命脉实在于斯,若骤议更张,必至网票厂废,现有划拨之军费及教育等费,势难责之淮商代缴,即湘岸榷运局亦必无筹划之可能,盐税更本动摇,关系实力重要,敢恳并顾兼筹,于军教各费未经确定划拨方法之前,勿遽变更成法,以维现状,并乞将办法情形详示为感。"④何健所言"现状",实为南京政府财力不济只好听任地方政府自谋财政生路的艰难窘境。

在南京国民政府初期,中央政府在以上安徽、江西、湖北、湖南等地的政治控制力相对还是正常的,考虑到这种情况,可见此时期中央政府财政是何等艰难。在利益的斤升计较中,政治的庄严、中央政府的体面荡然难存。南京政府对此有苦衷,更有责任。一方面,中央禁止地方征收盐税附加,自己却对此难予割舍:"中央以银价低落,外债不敷摊还,经决全国每担盐,新增附税三角,饬由稽核所统收。查中央有令裁减各省盐价附加,尚未实行,今乃不减反增。"⑤另外,地方的盐税附加的合理性未受重视。《申报》1931 年 1 月报道:"财部前令各省,盐斤附税,自三月一日起,拨归中

① 《鄂财厅请以盐税附加充赈》,《申报》1931 年 8 月 29 日,第四版。
② 《蒋令取消赣声食盐附税》,《申报》1934 年 1 月 23 日。
③ 《赣省府禁征盐斤附捐》,《申报》1934 年 11 月 15 日,第八版。
④ 载中国第二历史档案馆编:《中华民国史档案资料汇编》第三辑财政,江苏古籍出版社,1991 年版,第 195 页,《财政经济:税制与税收》何健关于实施新盐法困难重重应妥筹办法电(1934 年 4 月 27 日)。
⑤ 《附税未减反增》,《四川盐务日报》1931 年 4 月 7 日,第三版。

央,近接各省府电,以盐斤附税,大都担保省债,及指定教育建设等用途,一旦拨归中央,影响地方财政至巨,要求自三月起,请另拨的款补助,财部已分别电覆,将盐附担负用途,详细报查,在可能范围内,准予酌量拨助。"①以当时国民政府的财力而言,"酌量拨助"云云,不是自期欺人,也是敷衍塘塞。地方势力对此心知肚明,我行我素自在情理之中。当中央政府巧立名目搜刮盐利时,不免有些动作。1934年河南省就对南京政府改秤加税表达了异议:"九日省府会议中,张钫以豫省盐税加重提议,请咨财部暂缓改用新秤,或援淮北晋例,分别减免,决议,交民财建三厅拟具办法。"②

除了中央政府与地方势力在盐政变革中的明争暗斗,地方势力相互间也有纠纷发生,这在一场川黔纷争中可证明。贵州历来消费川盐,四川方面加价激起其不满,决定自行购销淮盐,"川盐加价激起黔省拒销风潮,准备集资五十万起运淮盐十万包,"川商自然不会接受,"特电财部云,顷闻黔省集资五十万包,起运淮盐十万包,实行开放,拒绝川销,请取消专商,裁撤附税,免引纠纷。"③此即谓"黔省拒销川盐风潮"。贵州素称贫瘠,在清时尚须由川协助款项,民国以来即经停止,然而军政各费,日增月加,"在周西成氏主政时代,勤于建设,力事整顿,其开支之巨,可想而知,毛主席继任,征收每包三元八角的盐税,虽超过川省十分之四,然吾人不能谅其苦衷,实属出于不得已的事情,但盐价太贵,销额减少,影响税收正巨,这是事理中应有的问题"。而四川方面,本来川省盐商积累已重,"近年以来,倒闭者时有所闻,未倒闭者亦力尽筋疲,勉强挣扎,附加各税,不敢反抗而又不可不反抗以求减轻负担,免至竭蹶,此亦人情之常,适值贵州方面价贵销疲,双方同感痛苦,于是双方都归咎于附加,而此一场纠纷,遂由兹以起,然此犹属表面文章,骨子里还有新旧商的争执,我们将现在的盐商属于旧商,未来的盐商,姑名之曰新商,新商欲去旧商,而自己起来营业,自然要指责旧商的弊端,相推相激,暗暗中竟酿成了此次的川黔纠纷,旧商为保持计,为应付计,都不得不如此"。④这一事例表明,专商引岸不合时宜,盐税附加既无规则合法性,也无事理道义支撑,导致盐政混乱是必然的。中央政府对此局面,除了大声喊话,并无可操作的有力的政治和经济措施应对,难以承担起中央政府责任。

南京政府财政越是依赖盐税,盐政就越没希望;中央政府越是要挤压

---

① 《盐附拨归中央之影响》,《申报》1931年1月14日,第八版。

② 《豫省盐税暂缓改新秤》,《申报》1934年2月11日,第二版。

③ 《黔省拒销川盐风潮》,《申报》1931年4月30日,第七版。

④ 孬少:《川黔盐务纠纷的真相(二续)》,《四川盐务日报》1931年3月26日,第三版。

地方的盐利空间,地方就越是挑战中央权威。沉重的盐税,未必是税收获得保障。盐税过重,导致私盐泛起。据《上海报》1934年10月14日报称:"近年来,河北、山东、河南三省之私盐充斥,每年约在一百万担以上,以致财政部之盐税损失,每年约在一千万元以上,其中以河南出产私盐为最多,河北次之,山东又次之,长芦盐运使曾仰丰、山东盐运使李值藩、河南督销局长过钟粹特会合电呈财政部,请求该部转咨冀豫鲁三省府,通令各县严禁私盐。产土盐产区辽阔,人民随处可以私制贩卖,自非由各该管地方官就近随时查禁,不能净绝。"①

实际上,制度永远只能是生活的表达,社会塑造法律,而不是相反。以新盐法为符号的新盐政处处碰壁,并不等于这部法律没有前途。随时事变迁,中央政府力推的新法有了更广泛的社会认同,地方势力改变了态度,许多地方转而支持新盐法。1935年5月,贵州决定实行新盐法。"本省食盐,来自川省,近自川盐指认岸商以后,盐由捐商专卖,他号不能购买,遂得垄断操纵,盐价每包竟较以前提高三四倍以上,而黔商购入之后,除运费子金以外,复以净余息加入,故人民购入盐价,又较盐商购得时多出一倍,每斤竟售至三角以上,以致人民有淡食之虞,财厅已决定变更本省认商制度,施行新盐法制,并电川盐运使共同讨论,同时黔北食盐民众救济会亦发出代电呼吁,痛陈川黔专商之害,请施行新法,听人民自由买卖,俾黔政得以革新,人民获免淡食。"②政府也筹划逐步推行新法:"财部以新盐法业经中央决议,限于明年底前分区施行,除已将新盐法施行前应调查及筹备事项,饬各区盐务行政机关详晰查报到部,俟移送盐政改革委会核定外,对各省盐附税,亦已渐次收归中央统征,如陕川甘宁青等省盐税,均经改由中央统收统拨,仅余粤桂晋等省,尚待继续接洽进行,至对整顿场产,划一税制,与建筑仓场等,均在分别规划进行,预料明年底前分区施行,新盐法决议,当可实行。"③为配合新法施行,立法院通过废止私盐治罪法④。1936年10月,有报道称:"财部实行新盐法,令盐务署筹备,盐署主张分区施行,先从四川两广办起。"⑤至此可知,中央政府与部分地方势力围绕以新盐法为标志的盐政的博弈是在没有明显输赢下退场的。

① 《冀豫鲁盐税损失千万元》,《上海报》1934年10月14日,第三版。
② 《黔省决实行新盐法》,《申报》1935年5月28日,第七版。
③ 《财部筹划分区施行新盐法》,《申报》1935年12月24日,第七版。
④ 《立法院通过废止私盐治罪法》,《申报》1936年4月18日,第五版。
⑤ 《新盐法由川广办起》,《申报》1936年10月19日,第四版。

二、四川盐税与盐制概况

辛亥革命敲响清王朝丧钟的同时,也打破了几千年来君王天下的传统,中央集权制度权力格局走向衰落,地方势力乘机壮大,中央权威日益沦丧。南京国民政府成立后,不断进行加强中央集权的努力和斗争,力图强化中央权威,推进权力整合,实现盐政统一。然而在四川,"国民党的胜利却开辟了一个比以往更为独立和更加同外界事务隔绝的时代"。美国学者罗伯特·A·柯白在《四川军阀与国民政府》一书中指出,至少在 1934 年以前,国民政府无心也无力干预四川的内政,在刘湘和南京政府之间开始形成了一种特殊关系,即表面进行合作而暗中各自为政的奇怪局面①。中央政府正式下达的大部分命令,基本上被置之不理。由于担心新盐法威胁到自己盐税方面的经济利益和政治上自行其事的半独立状态,四川地方势力公开反对新盐法的颁布施行。直到 1934 年以后,随着中央势力的入川,中央政府开始加强在各个方面对四川的控制,尤其是财政方面,四川地方势力对新盐法的抵制转为与中央政府的讨价还价,新盐政遂得以部分推行。随地方势力各自为政的局面开始逆转,南京政府统一盐政的权力整合努力终见成效。这种局面虽然始料未及,却并不特别费解,四川地方势力与中央政府在新盐法风波中的博弈或许可以对此提供一个解释范例。

(一) 四川盐税与地方财政

"天下之赋,盐利居半",盐税不仅是中国历代国家财政的重要赋税来源之一,而且也是四川地方财政收入中重要的一部分,尤其是近代以来。清光宣年间,四川全省岁入共计 1700 余万两,其中为收入大宗之田赋不过占二十分之一,而盐税则高达 700 余万两,约占五分之二,②超过田赋而在四川财政收入中占居首位。即便进入民国时期,盐税也一直在四川财政收入中处于领先地位,1914 年、1916 年四川全省财政收入共计分别约为 1032 万元、1155 万元,其中盐税收入分别约为 640 万元、1000 万元,③分别

---

① 以上见[美]罗伯特·A·柯白:《四川军阀与国民政府》,四川人民出版社 1985 年版,第 7 页。

② 吕平登:《四川农村经济》,商务印书馆 1936 年版,第 8 页。

③ 吕平登:《四川农村经济》,商务印书馆 1936 年版,第 10 页;林振瀚:《川盐纪要》,文海出版社 2003 年版,第 605 页。

约占财政总收入的 62%、86%。1916 年以后，四川由于"内乱迭起，扰攘不休"，统一政局，"遂以破坏，防区制度，从此成立"，因之各防区中之民财两政，多秘而不宣，而"欲求全省岁入岁出之总额，固渺乎不可得，即欲知其约数概况亦苦无从考究"。① 但 1920 年至 1929 年间四川盐税收入概况则如下表：

表　1921 至 1929 年四川盐税收入(元)②

年别	税收数目			年别	税收数目		
	川南	川北	总计		川南	川北	总计
1920	10462277	1425731	11.888.008	1925	8577059	1433480	10.010.539
1921	9348446	1476585	10.825.031	1926	9837911	1482119	11.320.030
1922	10492191	1505481	11.997.672	1927	12244963	1548208	13.793.171
1923	10048596	1568311	11.616.907	1928	10121828	1649852	11.771.680
1924	10719961	1546069	12.266.030	1929	10271416	1693131	11.964.547

从上表不难看出，在 1920 年至 1929 年的十年间，四川盐税的税收收入基本都保持一千万元以上。在此要特别指出的是，川省盐税，1916 年2 月以后，尤其自 1918 年始，"名虽中央管理，实则就地强提"，③迄至 1935年川政统一，此项盐税收入基本上都被四川各军自收自用。即便是盐税的部分收入缴给了国民政府，但这只是地方当局收入总额中的很小一部分，而且盐务管理局只能仰承军人们的鼻息才能得到，否则可能被随意扣留。如 1929 年川北盐务管理局在辖区所征收的 160 余万元，其中只有 7 万元转交南京作为国民政府偿付公债之用。同年，在包括了大盐场自流井和五通桥在内的川南地区，征收了约 1030 万元的税款，但军事当局把其中 750万元留给由己，余款中的一部分则作为四川的行政开支。④

整个民国二十与三十年代前期，四川盐税收入在四川财政中占有重要的地位。在此可用另外一些数据对此加以佐证，1930 至 1934 年川军二十一军(即刘湘之部队)各年财政收入分别约为 3132 万元、3240 万元、4980万元和 7232 万元，其中盐税收入则约分别为 478 万元(15%)、400 万元

①　吕平登：《四川农村经济》，商务印书馆 1936 年版，第 11 页。
②　盐务署、盐务稽核总所编：《中国盐政实录》，文海出版社，"川南、川北"，第 900—903、
　　1027—1031 页。
③　《1924 年川南盐务稽核分所致督理四川军务杨森，要求撤销各军盐斤附税文》，中国社会
　　科学院经济研究所图书馆馆藏：285 函 769 册，盐税差押关系杂件，别册，四川省。
④　[美]罗伯特·A·柯白：《四川军阀与国民政府》，四川人民出版社 1985 年版，第 85 页。

（12％）、800 万元（16％）与 951 万元（13％）。[1] 对刘湘而言,盐税是除了田赋外(平均约 19％),防区税收中另外一个重要的来源。

四川盐税在地方财政中具有重要的地位,直接关系到政府经费和军饷,影响到地方经济的发展和社会的安定。因此,近代四川政府视其为命脉,"凡注意于川省财政之收入者,莫不以维持盐务为前提"。[2] 各军阀也同样把盐税视为最主要的军饷来源,因为其他各种项目的税收来源如禁烟收入、苛捐杂税等,总会由于某些因素而变化不定,而盐税收入可以保持相对稳定,必要时甚至还可以对食盐屡次反复征收附加。军阀们深知:"养兵过多,需饷甚巨,各项税收有限,惟赖盐税以资挹注。"[3] 刘湘自己亦承认"盐税为本军唯一饷源",[4] 刘文辉同样如此,往往因部队"部饷糈奇绌,拉用盐款",[5] 盐税在支撑四川军阀军饷方面起着其他税收不可替代的作用。对盐税占有的多寡直接决定着其在本省政治博弈中的强弱,于是,各军阀纷纷视"岁收约达 977 万余元的川南盐区为最重要之财源,因而争欲夺取各该盐区及其运输通路与消费地区据为已有"。[6] 盐税的占有对四川军阀势力的发展具有极为紧密的关系,如刘文辉之所以军事力量发展迅速(崛起于 1922 年),与其占据自流井盐场至为关键,而自流井正是四川最大、盐税最多的盐场,而当其 1933 年战败退守雅安后,由于没有了自流井巨大的盐税收入,刘文辉就此失去了再与刘湘争雄的资本。另如田颂尧占有潼川盐场一样,其能够在四川政治势力中占据一席之地与盐税对其的支持不无关联。[7] 正是此种丰厚的盐税在一定程度上为四川军阀在四川的统治奠定了雄厚的财政基础,其也是四川军阀能保持独立并抗衡中央政府的筹码。很难想象,这种情况下,四川地方势力在预计新盐法将对自已既得利益构成威胁时会束手不为。

但事情的另一面是,对中央政府而言,四川盐税每年之税额又是继两淮(1916 年约为 1450 余万元)、长芦(1916 年约为 1230 余万元)[8]外,政府

① 吕平登:《四川农村经济》,商务印书馆 1936 年版,第 17 页。
② 张习:《四川盐务报告书》第 3 编,《盐务机关改组之原因》。
③ 《四川盐政史》卷十二,四川省档案馆藏,全宗名称:历史资料目录—案卷号:11.161—12/1。
④ 《巫溪税局握盐款》,《四川盐务日报》1931 年 2 月 1 日,第三版。
⑤ 《刘文辉拉用盐款有苦衷》,《四川盐务日报》1931 年 2 月 1 日,第三版。
⑥ 《1928 年川南盐务稽核分所日籍稽核员北村大亨报告该所继续存在的原因》,中国社会科学院经济研究所图书馆馆藏:285 函 769 册,盐税差押关系杂件,别册,四川省。
⑦ [美]罗伯特·A·柯白:《四川军阀与国民政府》,四川人民出版社 1985 年版,第 49、50 页。
⑧ 林振瀚:《川盐纪要》,文海出版社 2003 年版,第 605 页。

另外一个重要盐税收入来源地。只是由于民国时期"四川省地处边陲,距中央较远,中央的势力难于达到",①再加上四川军阀的强行截留自用,所以,此项盐税收入一直未能纳入到中央的正常财政收入。随着北伐胜利,局势的有了改观,南京政府欲强化中央权力,需对四川盐税收入进行整理,实现盐政统一。这就必然地会触动既有利益关系,较量已势不可免。围绕新《盐法》的角逐,实际上不过是这种较量的一部分,其斗争的焦点,也不只在盐法,而是利益与权力的调整。双方利益的平衡,会使新盐法效力成为讨价还价相互妥协的筹码。盐税在四川财政收入中非常重要,四川地方势力显然意识到了它的价值与敏感性。新《盐法》的颁行,势必对四川盐税的既有利益格局产生冲击,尤其国民政府所推行新《盐法》中"划一税率"之规定,对地方势力的既得利益形成威胁。他们非常清楚的意识到,一旦实行新《盐法》,不但不能再加征附税,而且盐税势必收归中央,果若如此,四川地方势力必将失去与中央抗衡的根基,而受制与中央。于是,四川地方势力便趁中央势力入川尚未巩固,对新《盐法》的实施进行了一系列的抵制活动。本节正是从此角度入手,描述四川地方势力与国民政府围绕新盐法所进行的较量,从而展示新盐法风波背后中央政府推行统一盐政的权力整合斗争的复杂背景。南京政府与四川地方势力关系也许是当时中国社会中央地方关系的典型之一,或许可以例证说明这种关系的复杂性与脆弱性,而恰恰这有助于理解新盐法的命运和盐政变革的波折与结局。

(二)四川盐制概况

盐务一宗,在中国出产区域极广,淮盐粤盐,主要供给湘、闽、滇、鄂各省,而川盐为西南各省之冠。② 四川之盐,自"秦李冰发现鹹泉于广都县,凿穿盐井",其后逐渐增闢,③因其"均为汲自井中",故"名曰井盐",采制之法,"乃为自井汲卤,煮之成盐",每年川省盐产,"约达六百万担,占全国盐产总额百分之十五"。④

川省盐制,代有变更,"以引配盐,肇自北宋,近场行票,始于清初",嗣后"遂有引岸、票岸之分"。清雍正七年,"行计口授盐法,视各县人口繁稀以定行盐多寡,责成地方官招商配引,运回本境行销",是为"商运商销",亦

① 《1928年川南盐务稽核分所日籍稽核员北村大亨报告该所继续存在的原因》,中国社会科学院经研究所图书馆馆藏:285函769册,盐税差押关系杂件,别册,四川省。
② 瓒:《川省盐务以引岸为宜》,《四川盐务日报》1931年2月13日,第三版。
③ 《川盐概要》第1页,四川省档案馆藏,全宗名称:历史资料目录—案卷号:7.41/2。
④ 鲍觉民:《四川省之经济概况》,《大公报》1936年2月3日,第六版。

即"包商制之变相也"。光绪初年,因军事繁兴,边岸废弛,于是川督丁宝桢将"滇黔两省及湖北八州县",并川省"沿边之三十三厅州县,除余引不计外,共计水陆盐引七万五千六百一十七张,先后改办官运",是为"官运官销"。① "划县分区,界限井然,引无积滞,课鲜拖欠,一时称盛"。迨后"清廷多故,加价不已,官引复滞",②积欠弊生。

辛亥(1911)后,邓孝可主盐政,以旧盐法多苛政,"取消官运,破除引岸,改为就场征税",只于"各场设榷税司,专管收税事宜",惟因"改革过急,又值大乱之余,成效殊尠",弊窦又复业生,"商民交困,国税大受影响"。③而且,"在与盐场接近而运输便利的地方,则盐如山积",食盐人民可以尽量购入便宜之盐,然而"食量有限,销额难增,群商争卖,势惟减价而求脱手,一减再减,结果两败俱伤,商人以营利为目的,利无可求,甚且折本,于是从此视为畏途,相率裹足不办"。在僻远艰运之地方,"人民较穷,销盐有限",加以"运输艰难,资本周转不敏活",盐商多弃而不顾,于是"则望盐如望岁,盐贵且缺",人民无不以为痛苦。因是私盐兴起,"各地私贩集队而行",盐务巡防和驻防的军队,"虽是看见,或因为表示同情,或因为其锋不可犯也,只好让他们通过不敢阻拦"。④ 因改革成效不大,"困累全川人民",并有违自己初衷,邓孝可于是辞职。⑤

1914年,川省盐务稽核分所成立,晏安澜任运使,鉴于就场征税之失败,遂恢复旧有引岸,并将岸区重行厘定,仿照官运成法而变通之为官督商运商销,以岸为纲设立运盐公司十八家,以各厂之盐定合厂之岸,于是又由就场征税制一变而为公司专卖。运盐公司原定试办一年,但因公司组织未健全,实力不充,加以军兴道阻,旧苻遍地,不能如额运盐,短交之税多至百余万。于是稽核总所会办丁恩以"将盐务营业之权利限于少数之人,实与国民之利益大有损碍,即与政府利益亦大有损碍",⑥力持废除公司,改行自由贸易。1916年9月,遂将公司取消,一律改为散商自由贩运,并定暂

① 《川盐概要》第2页,四川省档案馆藏,全宗名称:历史资料目录—案卷号:7.41/2;林振瀚:《川盐纪要》,文海出版社2003年版,第2页。
② 曾仰丰:《中国盐政史》,商务印书馆1937年版,第42页。
③ 《川盐概要》第2页,四川省档案馆藏,全宗名称:历史资料目录—案卷号:7.41/2;林振瀚:《川盐纪要》,文海出版社2003年版,第39页。
④ 《社论:中央改革盐法的疑点与对于四川盐务特殊情形的不适合》(四、五续),《四川盐务日报》1931年4月3日、4日,第三版;《盐法与失业》,《四川盐务日报》1931年4月14日,第三版。
⑤ 《邓孝可力辞四川盐政部长职书》,载韬园:《盐务革命史》,1929年4月,第22页。
⑥ 《1913年12月9日丁会办致张总办函》,中国社会科学院近代史研究所图书馆藏:盐务稽核所收发文件,翻译科。

行引盐办法，惟各场成本高低各场道路远近不同，仍维持分厂分岸办法，是为有限制之自由贩卖。

1921年以后，川中迭起政变，各地驻军，就其防区提用盐税，以供饷糈，直至预提税票，派商认领，垫缴税款。盐商之资本雄厚者，尚可勉强具认，其力薄不胜者，则多纷纷改业。积盐积税，多至一千四百余载，摊本多至千余万元，新商不敢加认每月税款，则惟此二三十家旧商是赖，名为散商，实为派税包商。各商所配之盐，既积不能销，后到者耗少价廉，自由竞售，先到者高价则无人过问，行之数年，场岸交困。因呈驻军，为运输之举，依其到盐先后，轮流售卖，然税款月派有定，运溢于销，新到之盐，列在最后，迨其到轮，往往须一年以外，子金累积，必待价高时而始出售。久之军队见大利所在，又向各商分税，自行运盐，谓之军盐，既可免交附税，又得随地而卖，盐业之弊遂至不可收拾。1929年冬，各军及运署分所筹议，军饷向商人借贷，另按盐载，抽收整理费，分十个月归还，自1929年12月起，停收引税五个月，专销积盐，其厂盐则以积盐配销，而各岸毫无系统，迨至1930年4月期满，仅将积盐配清，而积盐仍有一千四百余载。

1930年底，川省军政当局，意识到积盐应求疏通，厂困须谋救济，商本应为保持，自由贩运自不能骤复，乃集厂岸各商，议定采取各数认商制（实际仍是专商制度）。为此，特招募认商，实行分厂分岸之法，分配销区，酌定岸额，搭运积盐以为补偏救弊，维系一时之计。作为过渡，先将富荣两厂销岸，及应销盐数，另行分配为十二区月销盐二百六十载。其中以二百载按月缴税四十万零七千余元，拨充军饷，即以税票配运新盐，其余六十载搭销积盐，每区商名无定额，有愿认者，呈报运署，验资取保，即可承运。实行以来，各方均能相安，积盐渐能疏畅。① 但认商既得垄断销岸，则藉岸谋利，以少运居奇，并掺砂掺土，减秤以高价出售，又因盐厂指定岸别与认商，认商遂得以以少买勒价，种种弊端，层出不穷。

至此，盐制虽屡屡更易，各方争斗疲惫不堪，盐政仍深陷泥潭。专商引岸加剧盐政败坏，而换上自由贸易的马甲也并必就能使腐败的盐政脱胎换骨。制度是相关各方利益交汇的平衡，四川盐制混乱灰暗是当时社会背景决定的，反映了各方力量关系，打破这种局面并非易事。到1931年，南京政府颁布了新盐法，事情并未因此逆转。新盐法不过为盐政利益较量的各方提供了新的博弈平台与工具。四川地方势力对新盐法的反应和其他这

---

① 《川盐概要》第2页，四川省档案馆藏，全宗名称：历史资料目录—案卷号：7.41/2；曾仰丰：《中国盐政史》，商务印书馆1937年版，第44—45页。

部法律的反对者甚至支持者一样,更多地是面对威胁时保护自己利益的本能,而非对新盐法内容与精神的理性认知。也就是说,专商引岸与自由贸易的新盐法风波焦点,并不是四川地方势力抵制新盐法反对盐政变革的根本理由,利益格局改变与权力削弱的风险才是军阀们对新盐法激烈反映的真正动机。四川地方势力及相关各方均卷入了新盐法风波,但四川盐政的实际运行此期并未有大的改变。正是包括四川地方势力在内的这样一些反对者的活动,削弱了南京政府即时推行新盐政的意志,导致颁布后而不明令施行的局面。南京政府不过借此作了合法性民意测试和权力整合的政治试探。新盐法无言的结局,正是各方博弈的结果。

好在法律有独立于政治的自我生命,新盐法宣示的现代性文化元素具有不可抗拒性,它必然会曲折地为自己开辟机会。尽管军阀们不情愿,到1934年,由于川省经济和社会危机以及国际国内大环境的剧变,中央势力入川势在必然。四川地方势力痛苦意识到,像过去一样对抗南京政府、各自为政显然不合时宜,于是转而在南京政府的权力完整体制内尽力保存原有特权与利益。由于盐税是南京政府和四川地方势力利益争夺和权力整合较量的焦点,为新盐法的口舌战一直在进行。因南京政府并未有强制推行新盐法的政治意愿,也就顺水推舟,形式上保持新盐法施行问题上的克制,而以各种变通方式平稳地推进盐政变革。1935年11月,时缪秋杰主盐政,改行"统制自由"政策。所谓统制,即食盐产销全局必须由盐务机关统制,实行严格管理。所谓自由,即在盐务机关统筹之下,食盐的产运销,均以自由贸易为原则,任何商民,经登记批准后,均可经营食盐产、运、销,而对运商的承运或歇业,不加限制,任何商人和集团,均不得垄断操纵。其政策精神为"以公家统制之机能,维护自由贸易之发展,以安定场岸之秩序"。缪秋杰在坚决废除专商的同时,审慎地保留了旧盐制的一些特色,如划分销岸、酌定岸额等,同时允许原有旧商重新登记后仍可运盐。统制自由政策虽然仍保存了销岸,但却取消了任何形式的专商,由专商垄断引岸的制度也便不攻自破。新盐法的精神得到局部体现。实行以后,各方均能相安。至抗战兴起,四川奉令增产济销,于是统制自由办法已不适合,乃因时制宜,举办民制、官收、官运、民销。至1942年1月1日,实行食盐专卖。① 四川盐制的独立性以及与中央政府争利的对新盐法抵制风波渐趋平息。

---

① 以上见《川盐概要》第3页,四川省档案馆藏,全宗名称:历史资料目录—案卷号:7.41/2;李涵:《缪秋杰与民国盐务》,中国科学技术出版社1990年版,第106—107页。

三、四川军阀对南京政府新盐政的抵制与妥协[①]

四川地方势力与南京国民政府围绕新盐法而进行的利益争夺和实现盐政统一的权力整合角逐,大体上分两个阶段。1934 年以前,由于南京政府对四川地方势力控制力较弱,掌控四川的军阀们倾向于以追求事实上的独立或半独立为目标,对南京政府的新盐法为标志的新盐政政措施,认为其会危及自身既得利益安全,采对了抵制反对或阳奉阴违策略,这种情形影响了新盐法文本的命运。1934 年后,由于力量对比关系的改变,四川地方势力策略性地转换了维护自身利益的方式,尽管仍然保留了对新盐法进行批评的话语策略,但事实上已放弃了对新盐政的公开抵制,而这又决定了盐政变革的局部成功。一场利益与权力的博弈在避免了明显分出胜负的情况下平静落幕,新盐法的夭折拯救了盐政变革。

(一)1934 年前四川地方势力对新盐法的抵制

自辛亥光复以后,四川地区除 1914 年袁世凯的军队象征性地维持过一个和谐的短期统一局面外,1911 年后任何外界军政势力都未曾能统治全川。由于北洋政府对于四川"鞭长莫及",所以就对其"极少注意,一若视为化外之区者然",使"四川在人们的观念中,终觉得是一个混乱的世界,或神秘的地方"。[②]

1927 年北伐的胜利,虽然国民党人在南京建立起一个在此后被全中国公认的中央政府,但是,国民党人所宣称的全国统一之不过是一种乐观的意愿,并不符合现实。北京政权的结束给国民党人披上了中央政权的外衣,而实际上它对许多省份的控制是薄弱的,有的甚至是徒具虚名的,四川即是如此。1927 年至 1934 年间南京政府并未实现对四川事务的有效控制,四川保持着半独立状态。之所以形成如此局面,原因是国民政府无力干预四川的内政,同时也因为四川的地方军人决心只在省内寻求出路,他们的主要兴趣集中在四川。不过 1927 年后四川的半独立状态并不意味着四川同中国的政治中心毫无接触,四川同南京保持的关系,体现了一种离

---

① 此小节相关内容和观点参用了:[美]罗伯特·A·柯白:《四川军阀与国民政府》(四川人民出版社 1985 年版),文中未再一一标注,在此一并表示感谢。

② 邵士平:《农村生活丛谈:四川的土地关系与税捐》,《申报》1936 年 2 月 27 日,第七版;川民之一:《中央对川事不可再不出兵!》,《大公报》1931 年 1 月 9 日,第十一版。

心力和向心力交错影响的状态。1927 年到 1934 年之间四川同中央政权的关系的主要特征是缺乏正常接触，军长们避免了卷入全国政治斗争，成功地挫败了南京不时企图干预四川事务的微弱努力。虽然"国家统一，既渐有规模，川局亦不能久于放任"，但川省却能"以交通梗塞，政府政令不行"，并且"此辈土酋（四川军阀），更事愈多，巧黠愈甚，或利用中央政情之复杂而各结声援，或预备日后之转圆而巧为表里，结果中央尚有政权之变迁，地方竟成不倒之势力"，川局改造，"实处二刘协商，中央得统一之虚名，实际受地方军阀之运用"。① 1930 年之后，在实际控制四川的刘湘和南京政府之间开始形成一种特殊关系，即表面进行合作而暗中各自为政的奇怪局面。

此一时期，虽然四川军队接受国民政府赐予的军队番号，但中央政府在四川的力量还是微乎其微的，南京当局实际上控制不了四川的统治者。虽然有川人以"大小滥军之横征暴敛，贪污土劣之朋比肆虐，敲骨吸髓，早已无微不至，即以粮税一端而论，今方民国二十年，而预征年度，已达四十余年之久，其他杂税苛捐，更属更仆难数"为事实，大声疾呼，"盼我中央，俯念川民痛苦，立下整理川事之决心，澈底改造川局"，并且认为四川军阀"此次之效顺中央，决非出于诚服，时机一到，彼等又将高竖反旗，为患中央"，"其视中央，亦直等于无物耳"。② 但由于国民政府在四川并没有军队，无力改变四川人的税收成例，也不可能强迫他们向南京多缴税款，因此只能转而对四川的军人发布宣言和命令，要他们停止过高的和"非法的"税收，但中央政府对四川方面所下的命令是无效的，"中央的命令一进夔门，便成了废纸"，③"命令由你命令，抽收我自抽收"。④ 刘湘和他的同僚极力避免卷入同他们的省内的主要利益相违背的外界纠纷，同时他们警惕地防备着动摇他们在防区内统治的地位的外来威胁。尽管他们非常关注省外的事态发展和中央政府的官方态度，他们最为关切的还是不让外界势力干预他们在省内的行动，或剥夺他们的统治权力。在此背景下，四川盐政自然操纵在军阀手中。

四川军阀无视南京政府的新盐政是公开和自信的，一方面，截留中央盐税丝毫不觉理亏："此间王运使前电请刘文辉军长，勿拉用盐款去託，兹刘即覆电如此。外债关系国信，筹偿宁有异词，惟敝部饷糈奇绌，拉用盐

① 《社评：川局能否从此整理》，《大公报》1931 年 3 月 3 日，第二版。
② 《四川旅沪同乡会请澈底处理川局》，《大公报》1931 年 3 月 8 日，第五版。
③ 庀：《关于川事之痛言（续）》，《大公报》1931 年 8 月 22 日，第十一版。
④ 《裁厘不过夔门》，《大公报》1931 年 2 月 4 日，第五版。

款,实出万不得已,现正同商甫公,共谋裁编之计,俟有具体办法,摊还外债,亦迎刃而解,特先布复,请希察照"。① 对此,政府只能忍气吞声,委曲求全:"重庆四川运署王运使览特电悉,外债摊款,应仰该运使向各军长切实商定办法,每月照额拨解,并将积欠分期兑汇,仰即遵办电覆,财政部。"②另一方面,军阀们自在地对盐务发号施令,擅作威福。《四川盐务日报》1931 年 2 月报道称:"此间刘甫澄军长,现电巫溪彭委员云,巫溪彭委员天俊览,查盐税为本军唯一饷源,闻各税局每有握税不缴情事,殊属不合,仰该员随时尽数守提,以济饷需,毋任握延,同干未便,并录电转函大宁税官知照,军长刘湘。"③盐税征免系于军阀意志。《四川盐务日报》1931 年 3 月报道称:"三月底实行撤销统征处明令结束",其内容为:"綦江盐傲统一附加,前由重庆盐业公会,分呈廿一军部及运署,请予裁免,兹军部据呈前情后,旋又准运署公函,当即令饬綦江护商龚处长查明以前二十军借垫之款,尚欠还若干,现据龚处长查覆,谓已将还清,闻军部遂定于三月底将綦江附加裁撤,并明令统征处长刘楷,将统征处结束撤销,以维盐业云。"④而且,四川当局和当地盐商对自己销岸被侵蚀公开表达不满,在所谓"淮盐侵销楚岸"事件中要求南京政府主持公道,保护其在传统盐政体制内的利益,称:"近年以来,五和大陆两公司,以淮盐侵销楚岸,川盐大受打击,四川盐务代表潘树煊据理力争。川盐行楚,将届百年,虽有川淮并销之名,实则鄂西民食全由川商负责批给,致王占元估借芦盐冲销,恶例一开,年年短销,原订年销川盐一千一百载,年仅销川盐三百载,每年川省短少八百万元收入,以此辗转週资,应当养活川中穷黎若干人,因楚盐失销,川中歇业者流失为匪,不知凡几,五和公司,以淮盐贿赂迄来,该盐本轻质劣,与我本贵质美之盐竞销,人民喜轻恶贵,以致去年运到之盐,亏耗血本,无法销售,曾经代表奔走呼号,盐务署与去年四月以庚子一四四号训令五和所运之盐,无论是否精盐,一律扣留,而靠岸榷运局前局长陈水清抗不遵命,仍准该盐冲销,又大陆公司相援迄来,川盐更受绝大打击,目前对盐相泣,无法维持。为川省保税源,为乡人留生计,转电中央暨四川当道,一致抗争,是为感祷。"⑤在此背景下,四川当局和当地盐对盐政变革的态度就可想而知了。

因此,尽管事实上中央政府所宣布之事宜对四川并没有多大约束力,

① 《刘文辉拉用盐款有苦衷》,《四川盐务日报》1931 年 2 月 1 日,第三版。
② 《财政部电催盐款偿外债》,《四川盐务日报》1931 年 2 月 4 日,第三版。
③ 《巫溪税局握盐款》,《四川盐务日报》1931 年 2 月 1 日,第三版。
④ 《刘湘军长裁免綦江盐傲附税》,《四川盐务日报》1931 年 3 月 27 日,第三版。
⑤ 《潘树煊力谋恢复川盐楚岸》,《四川盐务日报》1931 年 2 月 1 日,第三版。

但当中央决定改革全国盐法的消息传到四川后,四川军阀出于如若新盐法颁行则不能再挪用盐税、截留盐税和对盐税进行重征或附加,势必影响自己统治之基础,从而引起四川在军事上和政治上被动于中央政府。于是,四川军阀对新盐法表示了相当明确和公开的反对,利用媒体对此进行公开批评。

早在1931年新盐法起草阶段,"中央最近决定改革全国盐法,二月七日曾经立法院开秘密会讨论,决定打破引岸,买卖自由,换言之,即就场征税,一税之后,任其所之,现已拟定盐法一十三章"。获知此情况后,刘湘便以四川盐业情形特殊,不宜实施自由贸易制为由反对新盐法。其文如下[①]:

今中央颁布的新盐法为破岸均税,大厂尽可锐增,产量成本既轻,销售价格不妨任意伸缩,垄断操纵所必至;小厂蒙其侵削,处处紧缩,结果唯有次第消灭律,以优胜劣败,物竞天择之理,固应尔尔。其如大多数劳动者之生机断绝何?此吾川盐政所以采整剂政策、分厂分岸以图并存。非不知一税制之简捷,笋差税之纷烦,混销之便利,引岸之轇輵。且蜀道艰难的边橄荒落,重以滇黔穷远,险阻尤甚。使无厂岸配举,强制必行,彼利便者,固趋之若鹜;困滞者,孰肯向往?即往夜必昂其值,则偏僻之地区匪特受高价之累,更有淡食之虞。视此又不独吾川,千余万人民闻之悚然而邻境驿骚,在在可念也!故屡将新盐法之不宜川盐,陈之政府。

在地方当局默许下,四川当地旧盐商高声反对盐法改革。称"中央最近决定改革全国盐法,二月七日曾经立法院开秘密会讨论,决定打破引岸,买卖自由,换言之,即就场征税,一税之后,任其所之,现已拟定盐法一十三章,此种大改革,实行后究竟成绩如何,疑点殊多,对于特殊情形的四川盐务,尤觉不适",呼吁四川大小盐场,"当此存亡呼吸的时候,一致联合起来据理力争",同时还发表声明称:"盐务一宗,在中国出产区域极广,淮盐粤盐,供给湘闽滇鄂各省外,尤以川盐为西南各省之冠。距厂较远人民,时有食淡食贵之虞,于国于民于商,交相感困,清代丁宝桢,改归官运制定引岸办法,一时厂户运商人民称便,侮辱积欠弊生,民国初年,邓慕庐主张破岸,讵知实行未久,弊窦又复业生,旋又组织公司,设立公垣公仓殊非完美,近年恢复原岸,加以整理,较有办法"。为"裕国便民,供求相应",四川"仍非

<hr/>

① 以上见《四川盐政史》卷一,四川省档案馆藏,全宗名称:历史资料目录—案卷号:11.161—1/1。

维持引岸办法不可"。① 军阀利用舆论，宣称四川由于情形特殊，不宜适用新盐法。《四川盐务日报》为此连续六天发表社论进行宣传。

首先，文章对新盐法实施后税收是否能够增收提出了质疑。"查全国现行盐税，大抵产多本轻的盐，税率甚重，少则二元，多则至于五元，平均实不仅三元，此次中央税率既减至三元，而欲税收增加，是犹南辕北辙，如何可言容易办到？"

其次，就川省盐务与他省有不同之点进行解释：第一，盐场规模浩大牵涉面广，盐制不可轻变。"川省盐业，资本达数千万之多，与滨海各省海盐不同，若不维持引岸，则资本金将大受影响且多数人民，无以制盐运盐为生业，所关尤非浅鲜。"并且四川盐场，"蔓延全省，井灶分布，纵横达数千里，管理场产，诚非易事"。第二，各场产盐成本不同，不便划一。"四川盐场大小二十余处，成本高低不一，相差至四五倍，盐质优劣互异，产地既宽，全省皆有，运输难易，又各不同，从前为调剂起见，既分别规定等差税，以免成本低的盐购者多，成本高的盐购者少，但等差税仍不能使盐价平均，设引岸以限制其运销区域，以免互相竞争，互相侵灌，而边远的地方独不免常常食贵食淡，此弊在官运时代，公司时代，和专商时代比较虽少，在其他时代则多，且两个不同的厂，如果销岸邻近，或同一销场者，成本贵的盐每每为成本轻的盐所排斥，此种纠纷几乎随时都有，到现在大家还没有法消弭"，如若"原恃以调剂维系的等差税与引岸制又复打破无余，则竞卖的结果，各小厂势必为犍乐两厂的盐所压倒而次第停歇，犍乐两厂之又必为富荣两厂的盐所压倒而先后灭亡，最终惟存富荣两厂而已"。第三，按成本平均计算，川省税率不能与他省同等。"以成本论，则富荣最轻，每担二元以上，其余各厂自三元几以至六元几不等"，中国国设盐务者，"每每置四川于不顾，或只知有富荣而不知有其他二十余小厂，切折衷利害，一以芦淮等盐为标准"，"查芦盐每担成本八分左右，淮盐每担四角左右，滇盐每担九角左右，浙盐最贵，每担亦一元一角五分左右，以现在中国一般人民的穷，购买力的弱，趋贱舍贵，人的常情，淮盐且惧芦盐的冲销，富荣的销场，积日累月，又何能不为淮芦盐所吞并？其灭亡之期，不过比较犍乐各小厂为迟而已"。

① 瓒：《川省盐务以引岸为宜》，《四川盐务日报》1931 年 2 月 13 日，第三版；《社论：中央改革盐法的疑点与对于四川盐务特殊情形的不适合》，《四川盐务日报》1931 年 3 月 29 日，第三版。

若不细加调查，详为考虑，"强为从同，削足适履，结果未有不失败者"①。

另外，还强调，"四川盐务，概属人民自业，举凡井灶工人，及直接间接赖盐为生者，不下千余万人"，盐民们"世以制盐运盐为生业，所关尤非浅鲜者，即在此时，因为无以制盐运盐为业的人固多，其余直接间接经营关于盐场的工业商业的人尤多，各盐场需用大宗油米炭柴、麻竹、木石、牛豆、蔗草铁铜，革锅船筏等项，出资者、出力者，真不知有若干人，盐场倒闭，则皮之不存毛将安附此等直接间接的人势必相继随之失业，既违孙总理民生主义的遗教而置民于死，倡言改革盐法者，已属国民党的罪人，而人情好生恶死。今古所同，此种巨量失业的人，一日为生计所迫，铤而走险，群起揭竿，其祸之烈，恐将千百倍于昔日的所谓盐枭，抚之则无从安插，即无其以平其情而安其心，剿之则既促其生，复置之死，不独事实上有所未能，即情理上亦有所未合，抚剿两难，试问执政诸公，究将何法以善其后？ 四川盐商商还以民国初年四川自由贩卖时代事例告诫南京政府。当时各地私贩集队而行，官兵不敢过问，"况此等变乱的人，非私贩可比，其情形的紧迫，其理由的众多，皆在私贩之上，其结果不仅使四川全省混乱不可收拾而牵动全国不止"。当时情形，以四川廿余盐场而论，虽富荣有一定竟争力，或可独存，但以全国盐场实力比较，"则富荣两厂最终亦必不可保"。因"芦盐每担成本八分左右，淮盐每担四角左右，滇盐每担九角左右，浙盐最贵，每担亦一元一角五分左右，以现在中国一般人民的穷，购买力的弱，趋贱舍贵，人的常情，淮盐且惧芦盐的冲销，富荣的销场，积日累月，又何能不为淮芦盐所吞并？ 其灭亡之期，不过比较犍乐各小厂为迟而已"。四川盐商表演了忧国忧民状，声称"乱源愈深，祸变愈大。倡言改革盐法的人究竟想到莫有？ 孙总理的民生主义，在使人民得衣食主行的享有，对于工厂的设立，计划尤详，盐为民食之一，场厂即属工厂，在今日的中国，未成立的工厂还望其成立，乃此次对于已成立的巨大工厂反欲速其灭亡，此中道理，实非浅薄为记者之所知，即翻遍孙总理的遗教亦不能得其根据所在，未必三民主义而外还增加一种民死主义吗？"②声称"均税破岸一旦实行，势必至掣全川人民之死命，务望中央或全部改弦更张或将四川盐场划为特别区域"。③

---

① 以上见《社论：中央改革盐法的疑点与对于四川盐务特殊情形的不适合》，《四川盐务日报》1931 年 3 月 29 日，第三版；3 月 31 日，第二版；4 月 2 日、4 月 3 日、4 月 4 日、4 月 5 日，第三版。

② 《四川盐务日报》1931 年 3 月 29 日，第三版。

③ 以上均见《盐场评议联合处召集会议》，《四川盐务日报》1931 年 4 月 20 日，第三版；《沥陈新盐法不适合川中盐场》，《四川盐务日报》1931 年 4 月 27 日，第三版。

1931 年 3 月 21 日,当立法院第一三六次会议通过新盐法后,四川盐商在军阀操纵下更是以"产盐区域,成本不同,历来等差税则,原系维持均衡,以免兼并,如果均税以后,则四川自井中取水煎熬之盐,必为海滨日晒之盐充斥,而达于消灭,但川中交通不便,海盐运输困难,食贵食淡,在所不免"为由,一致反对破岸实行均税。① 刘湘、刘文辉电告南京,希望能够"维护川盐,划为特别区,不在新法拘束之内"。② 此期,四川军阀强化了内部管理,不愿让辖区内盐务混乱给南京政府口实,削弱其与中央政府讨价还价的能力。四川军阀总部 1931 年 4 月 23 日发布了《总部严禁军人私运食盐》命令,称:"总司令部以盐税收入,关系国帑盈亏至巨,军人不得挟私偷运,而军运食盐,原系临时办法,现以交通畅达,军用食盐,随地可购,兹为根本制止起见,特通令各部师长,并转饬所属,遵照办理,倘系事实必需采办少数,亦应按照财政部所定规章,缴纳税款,以维盐政,而杜流弊。"③

当新盐法于 1931 年 5 月 31 日颁行后,川北十二场盐业联合会,便以"国府制定新盐法,实与川北盐场情形不合"为由,呈请四川省政府各军政长官,电呈财政部,请"依法划定特别盐区,以维民生,而弥隐患事"。④ 同时,刘文辉亦电请将四川列为边运区暂缓实行,其全文摘抄如下⑤:

> 缘川省凿井汲水,煮水为盐,成本之重,以视他省盐池,及沿海各处盐田,取诸天然之利者,情形迥异,即就本省各场而论,惟富荣水鹹,而又利用机车井火,成本稍轻,余皆用人力或牛车汲水,煤矿与柴草煎熬成本尤为特重,故从前引岸分配税别等差调剂,两得其平,民生方赖以定,民国初年,本相曾经一度破岸,而大害随之,几至不可收拾,良以新法削足适履,一律破岸均税,以成本较重之盐,与成本过轻之盐竞卖,川盐必无存在之可能,中央发政施仁,理当兼顾,方为正当,查川盐二十七场,散布三十余县井灶投资,以数万万计,业盐者约数十万户,直接间接食劳力于盐务者,约千余万人,为川省生产事业,容纳劳工最大场所,若川盐破产,地方骤失利源,无论井灶商损失不资,纠纷必大,而千余万商民,暨劳工之失业,尤为绝大问题,其影响社会经济,因而扰及地方治安,甚或波及于大局,皆事实上不能避免之趋势也,窃维国

① 《犍乐两厂盐商一致反对破岸》,《四川盐务日报》1931 年 4 月 27 日,第三版。
② 《川刘请维护川盐》,《申报》1931 年 6 月 6 日,第七版。
③ 《总部严禁军人私运食盐》,《四川盐务日报》1931 年 4 月 23 日,第三版。
④ 《川北盐业联合会请划川北为特别盐区》,《新新新闻》1932 年 9 月 3 号,第七版。
⑤ 《刘文辉电呈中央新盐法不适川情》,《新新新闻》1932 年 8 月 27 日,第九版。

家立法,贵得其平,政府保民,在因其利,现代人口过剩,列强皆引为大患,急谋救济之方,川省工商萧条,申汇狂涨,迩来出口之丝麻桐油药材大宗物产,皆形停滞,失业者众,已为社会之深忧,而况频年饥馑盗匪满山,际此赤祸横流,若再益以井灶失业之劳工,政府正堕其毒计,危险何堪设想,兹因盐政改委会组织法公布,斯言一出,民皆狼顾,纷纷呼吁前来,文辉忝庸疆寄,边事方殷,内忧迭起,总期宁人息事,……俯念新法实施,关系川省安危至大且远,准予饬下改革委员会,援照新盐法第三十九条,应将川省列为边远区,暂缓实行。

事实上,1934 年以前,中央政府所颁行之新盐法对四川并没有形成实际的约束力,出于自身利益的考虑,并且也为了表明四川对中央政府权力整合努力的警惕与防范,四川军阀明确地表达了其对新盐法实施反对的姿态。不过,这种争夺政府经济利益和抵制中央统一盐政的权力整合努力、反新盐法活动的好处是暂时的。四川地方势力很快就会发现,明智的自身利益最大化的方法,不是冒失的反对中央政府推行权力整合实现盐政统一努力,追求半独立或变相独立,而是在中央政府的权威之下,谋求更大的利益份额。这种转变也客观上改变了推行新盐法实现盐政变革的环境,使新盐法宣示的体现现代性文化元素的价值与制度有了曲折和局部实现的机会。

(二) 1934 年后四川地方势力的最后努力与新盐政的推行

果然,到 1934 年,事情有了不可逆转的改变。本来,四川因远离中国政治的政治和文化中心,对南京中央政府保持着一种半独立的状态,也即名义上归属中央政府管辖,实际上中央势力未曾真正介入到四川地方军政事务中。但是,自 1934 年始,中央势力的介入最终还是发生了,介入的契机便是四川不断加剧的共产党军事活动和中央红军入川。"徐孟股匪(系诬蔑),业已盘踞川省南北",有"进窥渝万,封锁川东之计划",而"纵横捭阖之川军","或则能力有限,或则隔岸观火,终至各个击破,受匪压迫",[①]它使四川军阀在乡土上的地位遭到削弱。

与此同时,1934 年的四川还面临着一场迅速蔓延的社会和经济危机。川省养兵之多,"冠于各省,因之财政当局,不得不增加苛捐杂税,以应付此浩大之军费,驯至产业家不胜负担,而相率停业"。同时又一方面"因交通

---

① 来源澄:《从赣局底定说到参谋团入川》,《上海报》1935 年 1 月 7 日,第六版。

事业的不发达而感着输送的困难",一方面"因军阀的横征暴敛,以及带有周期性的内部战争而引起社会秩序的不安",使"省外资本家不敢对于川省任何事业冒险投资",投资者亦竟相裹足,这样,"外来的财源既已断绝,它方面的事实又是军阀贪得无厌的剥取诛求"。四川民众"每年缴纳的税项,共有二三万万之多",譬如"牙刷一打,从前纳税三分,今则增至二角",其"重税之一斑于此可概见"。另外,川省田赋"已征至民国三十年、四十年",有"每二三月一征者,有每月一征者",就"一最瘠小县,即其每年负担亦且八九十万"。再者"币制紊乱,几无与比伦,铜元之使用,甚至易地换种,人民之痛苦,无可言喻"①。四川的情形,在社会方面即"反映川全民众的无产阶级化",在经济方面即由于"现金枯竭,剿匪军费骤增,及历年发行公债太多,纸币充斥"等,而造成"川省财政艰窘万状","有支无收之局面",已"达山穷水尽之势"②。

此外,中日之间日益增长的战争威胁促使南京考虑把四川作为可能避难场所和抵抗基地。"国民焦虑川事久矣,而尤无如近年之甚,其故易明,即国难以前,可放任,国难以后,且不能放任,盖国家需要四川为工业建设,以负保障国家之任务者,日益殷切,故国家不复应如多年来之听四川各军封建剥削而不过问,纵令无朱毛徐向前之扰川,川局现状,已早不能须臾忍矣。"③

于是,一直被国人"不加问闻",视为混乱或"神秘之邦"的、"与外间绝对隔膜"的四川,自从"'赤匪'窜入,随着大军进剿,跟着开发四川的声浪也高起来,更配合着丁文江先生'退到中国堪察加(指四川,云贵)去'的高调,于是四川被大家注意了"。④ 1935 年以后,中央政府开始作出重大的努力,企图把四川置于自己管辖之下,恰好一意外事件为此行提供了机会。时红军第五次反围剿失利,开始长征。《上海报》1935 年 1 月报道:"惟匪党窠穴虽告捣毁,其情势固不若前年整个团聚时之严重,然散漫各地,化整为零,其实力亦未可轻视。今徐孟股匪,业已盘踞川省南北,将有进窥渝万,封锁川东之计,以纵横捭阖之川军,防区制度未打破以前,能否阻其东下,不令蔓延,殊为疑问。或则能力有限,或则隔岸观火,终至各个击破,受匪压迫。苟不幸徐孟诸匪,占领川省,则不惟川民之浩劫,亦即长江流域之

---

① 以上均见《随张公权入川归来张肖梅谈考察观感》,《申报》1934 年 6 月 13 日,第十一版。
② 《刘航琛谈整理四川财政》,《大公报》1935 年 2 月 24 日,第四版。
③ 《社评:四川新省府成立》,《大公报》1935 年 2 月 11 日,第二版。
④ 邵士平:《农村生活丛谈:四川的土地关系与税捐》,《申报》1936 年 2 月 27 日,第七版。

心腹大患,鄂湘黔滇陕甘等省,将不得安枕矣。"①南京政政府为强化对局势控制派参谋团贺国光等一行,以委员长名义前往指导,"凡川省军人,悉受节制,集中权力,整个计划,是亦整理川军阵线一致之必要步骤,既可使匪徒怵目,复能树中央威信"。② 这样一来,地方独立的时代便让位于争夺四川统治权的长期斗争。

　　1934年11月的刘湘南京之行成了四川政治生活的新起点,也是四川与中央建立新关系的开始。在此之前,四川军事局面中的主要特点是:川军各将领为扩大自己在省内的势力彼此进行斗争和针对省外政治或军事力量的渗入共同抵抗,但是,从1935年起,四川政治的主题则是南京竭力把四川纳入一个统一的、由中央治理的政治结构。国民政府大员同刘湘会谈的结果是,南京在四川获得一个小小的立足点。南京政府想趁此机会在随后几年中加强在四川的地位,努力削弱四川将领实力,同时又不致激起他们的强烈反抗。

　　1935年之后,同国民政府的合作已成为不可避免的潮流,"川省连年用兵,民贫财尽,闻全省税收,已预征至三四十年之多,经济方面,已达山穷水尽之势,军费也,政费也,虽巧妇亦感无米之难炊,水尽鱼自枯,油干灯自熄,纵不打破防区制,犹再尔争我夺,再行内战,其费将何从而出",故"刘湘不得已而交讬中央,听候中央处理耳",③刘湘对南京作出的姿态"以政治剿匪,施政以中央法令为准"④成了四川各军长的榜样。刘湘力求同南京形成一种既有利于四川又不会对他的权力造成任何实质性损害的关系,

　　为了把四川纳入治理范围,南京国民政府于1935年在川省开始范围广泛的川政改革,"川局杌陧,于兹有年,致乱之源,虽有多故,而军人干政,文吏贪污,实为重要之原因,此弊不急祛除,政治莫由改造"。⑤ 其中四川财政之整理綦为重要,"蒋委员长以川省各县地方财政紊乱不堪,自军事长官以下,县长征收局长团董乡长之流,莫不巧立名目,肆行榨取,每年田赋征收,有七八次至十余次者,其他苛杂,尤不可胜收,同时一县之内,对征收支付项目,绝无盘查考核之办法,浮收捏报,中饱侵渔,非澈底改革不可"。⑥ 而四川财政向以"盐税为税收最大之资源,其重要用途除摊还外债

①　《从赣局底定说到参谋团入川》,《上海报》1935年1月7日,第六版。
②　《从赣局底定说到参谋团入川》,《上海报》1935年1月7日,第六版。
③　姚颂岳:《刘湘打破防区制》,《上海报》1935年1月22日,第一版。
④　《川省府昨日成立》,《大公报》1935年2月11日,第三版。
⑤　《蒋委员长改革川政》,《申报》1935年3月17日,第三版。
⑥　《蒋委员长整理川省地方财政》,《申报》1935年4月22日,第三版。

外,在川省则为以盐税收入担保之善后公债基金及军政各费之支付。公债基金关系川省金融,基金稍不充实,金融立呈崩溃。政费关系全省政务之推进,而军费关系剿共之饷糈,均极重大"。① 控制了四川盐税,也就意味着控制了四川财政,同时也意味着中央政府对四川政局和各军的牢固掌控,于是,整饬和控制四川盐务也就成为一项中央政府之要务。首先是推行征税合一,"最近财政部孔部长以川省盐务,向未经过整顿,特将四川运使唐华常,运副震川调部,令侯任用,遗缺派重庆稽核员刘树梅,川北分所经理郭劭宗,分别兼任"。并且孔祥熙还以"四川自贡为川盐中心,每年担负正附各税,数逾千万",电呈军事当局"转渝参谋团贺主任","派兵常驻扎,以防匪患外",②其名为保护川盐产地,实为加强中央控制。其次是"在财政方面",划清"中央与地方之税收,盐税应无条件归还中央",而且蒋介石还基于"四川盐税收入,向由军事机关随时提充军费",且四川"军费已由中央统筹统发",特别"电饬刘主席湘,切实注意该省盐税,不得再任军事机关提拨"。③

随着中央势力的介入,四川省内的司令官们尽管在形式上把政权和财权交给了省政府,但依然保持着"防区制的观念"。同时鉴于盐税对于四川军政的重要性,当1934年12月国民党五中全会决议限在1936年12月全面实行新盐法时,刘湘政府还是进行了一些抵制活动。不过,军阀们意识到,公开反对和抵制新盐法的环境已经改变,此次不再像1931年时由军政当局出面,明确声明表示反对新盐法。军阀们改变策略,凭借其在川省的影响力,通过由其支持的盐商(主要为认商),与中央政府进行悲情式讨价还价。在形式上接受新盐法,但请求新法施行延缓,或者在方法上变通和作特殊利益安排,在明显不利的大势下以实现利益的最大化。具体手法如下:

首先,向相关部署呈文请缓行新盐法。1935年1月,四川井盐场联合处以"因五中全会议决,特组盐务改革委员会,昨阅报载,此会业经组竣,行将开幕,各场纷纷来函,群疑新盐法立将实行,协请向中央力为呈诉",特为盐务改革,关系时局甚巨,且新盐法不合川情,于是"呈请财政部盐务署转

① 《1935年11月11日四川财政特派员关吉玉、财政厅厅长刘航琛签呈》,中国第二历史档案馆馆藏档案:盐政总局(1927—1949),全宗案卷号:266—314。
② 《孔部长整理川省盐务》,《申报》1935年4月28日,第三版;《财部请保护川盐产地》,《申报》1935年2月21日,第七版。
③ 段仲榕:《责任重大之四川新省府》,《大公报》1935年2月13日,第三版;《川军事机关不得任意提拨盐税》,《申报》1935年9月20日,第五版。

咨盐务改革会,从缓提议实行,以维川盐",并列举不合川情之理由四点:一、旧盐法分厂分岸,原为调剂供求起见,因川省距海较远,冒险凿井,非有保障盐商之法,商人必不乐从分岸销盐,所以保障盐商亦即所以维持民食,"譬之美孚销油,亦分府招募认商,即是支配供求之意,今骤然破岸,则供求必发生巨大变化";二、中国税则本不划一,比如田赋,水田与山地税则不同,上田中田下田上地中地下地税则不同,甲县之田地与乙县之田地税则又不同,甲省之田地与乙省之田地税则又不同,古人立法之初,实为酌产量情形,"订为一种税则,意即调剂腴瘠,以不均为均也,盐之复杂情形,较田地尤为特异,今田地不取均税,独于盐税则主张均税,殊失保民恤商之宗旨";三、盐业为川之特殊产业,衣食于此者,约数百万家。而四川最具竞争力成本最低之富荣厂,"每担亦在二元以上,其小厂有值三四元,乃至四五元者,且以交通不便,运费亦昂,及各地附加税特多以之与淮芦盐每担值三四角,乃至一二角相较,相去何止天壤,其所以维持至今者,全恃引岸之保障"。由于川盐无法与淮芦盐场竞争,"中央新盐法颁布,决打破引岸,自由买卖,统一税率,整理盐场,使川盐而与淮盐芦盐争,当然归于淘汰"[1]。这样会产生负面的社会效果。"民国新立,正宜保护各方固有产业,维持各方人民生计,今川淮同隶政府宇下,若实行新盐法,将使海盐则垄断独登,川盐终归淘汰,殊失中央一视同仁之本旨";四、川省频年内战,民生凋敝,已达极点,"加以共匪徐向前盘踞川北,而各地土共,潜伏尤多,为川省至危之时期,今若议行新盐法,则失业者众,一般土共假名号召,后果不堪"[2]。

其次,四川当局鼓动盐商开会集合意见,向中央呈情施加压力。"中央颁布新盐法后,限全国于民国二十五年前实施",如"川省施行,岸破税均,川盐将归淘汰,毫无疑义"。1935 年 4 月,川北十三场盐业联合会等以川盐情形特殊,特呈四川财政特派员谢霖,"请划四川为边远特区,缓行新盐法,并请转呈盐政改革会,郑重讨论,特许变通"。四川盐商电财部"以四川情形特殊,一旦施行新盐法,恐有碍于国计民生,请仍旧贯"。[3] 此外,四川盐场评议公所联合处还呈文声称:"况查新盐法之提案,系以专商垄断为害。川省自民国成立,曾一度改行破岸均税,因公私交困,始规复分场分岸之制。但使某地应食某场之盐,一任人民自由运销不加限制。虽富荣盐场之引盐一部分招取认商,系因征集军饷,暂时规定,不久即当取消,无专商

① 《新盐法若施行川盐将归淘汰》,《新新新闻》1935 年 1 月 29 日,第六版。
② 《新盐法若施行川盐将归淘汰》,《新新新闻》1935 年 1 月 29 日,第六版。
③ 《川北盐业请缓行新盐法》,《申报》1935 年 4 月 13 日,第十版;《川省盐商及各公团对新盐法各执一词》,《申报》1935 年 4 月 28 日,第十版。

之害,亦与中央所防虑者毫无关系,似未可因他省专商之故,而贻害于川省。"①新运使刘树梅"对于川省是否实施新盐法问题,曾经多方面考虑,且曾一度躬赴川南各场视察,现为明瞭全川实际状况,并听取运销各商意见计",特于 1935 年 6 月 6 日"召开全川盐务会议",到会代表一百余人,"各与会代表,继发言,一致反对新盐法之实施"②。反对新盐法理由:一、川省各盐场劳工及直接间接恃盐业为生者不下数百万人,使川盐破产,社会秩序危殆,尤其在此剿匪期间,不应出此。"川省盐场偏于东南北各地,人民之业此者,合计不下四五百万人因工业素不发达,咸赖以为谋生之计,一旦失业,不惟可悯,且虑发生变端,现在赤匪扰川,虽委员长亲临督剿不患不平,然其恶毒,业已传染迨偏,以后不为人民谋安全之道,而使失业者多恐随处皆可聚集滋事,受人利用,此应顾虑者。"③二、世界大战,迫在眉睫,果一定内战局揭开,沿海盐场,最易破坏,川省已经被公认为我民族复兴根据地,其盐场之宜保留可知。"中国海盐省份偏在东北西北盐场仅以川盐为最大如果国家强盛海内庆平,则以海盐供给全国,民食无虑不足,但以目前大势论之,万一国际战争一起,海口被封,海盐不能上运,则湖南湖北陕西等省无盐接济,必致淡食,当清代洪杨役,皖赣被占,两湖缺盐,始谋由川接济,此川盐济楚之所有来,又为前车之鉴。"三、川盐为川中主要实业,"川省盐业资产共计千余元,使至变有用为无用,经济必受影响,历年战事未息,更加赤匪扰适西南北各区,城市如洗,民生凋敝,不堪目睹,再使盐务消灭,受此重大损失,必将不堪设想"④,"如被破坏,川省经济将受重大打击,在此农村破产期中,军用频繁之际,再受如此打击,恐将至于不可收拾之境地。"⑤称:"以上三端,均关重要,是川盐应有存在之价值。"⑥四川盐商指出:"新盐法之提案,系以专商垄断为害",而四川自民国成立,曾一度改行破岸均税,结果却导致"公私交困,始规复分场分岸之制"。称"似未可因他省专商之故,而贻害于川省也,现在各场,盐人民公举代表集于重庆邀求运使转呈部署,主张仍旧分场分岸等差征税毋庸大改"⑦。这种反效率原则、落后有理的论述,的确令人啼笑皆非。

再次,派代表赴京分向部署说明新盐法施行后对四川之影响。1935

① 《新盐法施行后全川盐场必消灭》,《新新新闻》1935 年 7 月 18 日、19 日,第六版。
② 《新新新闻》1935 年 6 月 7 日,第五版。
③ 《新盐法施行后全川盐场必消灭(续)》,《新新新闻》1935 年 7 月 19 日,第六版。
④ 《新盐法施行后全川盐场必消灭(续)》,《新新新闻》1935 年 7 月 19 日,第六版。
⑤ 《新新新闻》1935 年 6 月 7 日,第五版。
⑥ 新盐法施行后全川盐场必消灭(续)》,《新新新闻》1935 年 7 月 19 日,第六版。
⑦ 新盐法施行后全川盐场必消灭(续)》,《新新新闻》1935 年 7 月 19 日,第六版。

年 7 月,四川盐场评议公所联合处,以"中央所颁新盐法,破除引岸统一税率,对于川省盐场有三大影响,不宜施行"为由,特派代表"吴受彤赴京分向财部与盐务署呈请",继续强调川省情形特殊,一、川省盐场偏于东南北各地,人民之业此者,合计不下四五百万人,因工业素不发达,咸赖以为谋生之计,一旦失业,不惟可悯,且虑发生变端,现在赤匪扰川,虽委员长亲临督剿不患不平,然其恶毒,业已传染迨偏,以后不为人民谋安全之道,而使失业者多恐随处皆可聚集滋事,受人利用;二、川省盐业资产共计千余万元,使至变有用为无用,经济必受影响,历年战事未息,更加赤匪扰适西南北各区,城市如洗,民生凋敝,不堪目睹,再使盐务消灭,受此重大损失,必将不堪设想;三、中国海盐省份偏在东北西北盐场仅以川盐为最大如果国家强盛海内庆平,则以海盐供给全国,民食无虑不足,但以目前大势论之,万一国际战争一起,海口被封,海盐不能上运,则湖南湖北陕西等省无盐接济,必致淡食,当清代洪杨役,皖赣被占,两湖缺盐,始谋由川接济,此川盐济楚之所有来,又为前车之鉴。

由于四川军阀们操纵盐商,通过呈文表达请求、开会造舆论,直至派代表赴京陈情等手法,反复申述。这些理由似是而非,对此政府有足够的辩驳理由和批判实力,但精明的南京政府意识到寻求妥协比赢得口舌之争更有价值,因而也无心计较。四川盐运使缪秋杰认识到,按文本的要求在四川实行新盐法可能是不符合实际情况的,强行推动阻力重重。为盐政变革目标的实现,对新盐法文本实施变通或说牺牲新盐法就是理性选择,也势在必然了。他在给盐务署署长朱庭祺的呈文中写道:"川区本属边远省份,情形特殊,而所以提前着手实行新盐法者,盖以川省各场征税素轻,不与他区发生复杂关系之故,然在川言川,则以各场成本,轻重悬殊,以是税有等差,从前各小场税率每担仅一元余,即富荣成本最轻之场,每担征税亦不过二元五角,盐之制本,每担由二元以至七八元之多,本贵之场,若予平衡加税,必致不能存在,故以等差税率维系之,当防区割据时代,驻军之横征暴敛,无所不用其极,惟对于食盐所加附税,在小场最多不过每担六角,即对富荣盐之附加名目繁多,统计亦尚不足三元,非体念商艰不忍加重负担也,盖目击各该小场制本及操业情形,深知税率过高,产盐必至积滞难售,势将力陷危亡,故不得不力争征取,各小场果有加税余地,在当时必已著有成案,固不待于今日也。"而"分厂分岸之制,原与等差税办法,相辅而行,同为安定灶民之政策,按诸目前人口及产销情形,此制自不适合,殊有重新规定之必要,惟破除岸区,应以均税为先决问题,假使遽予取消,在小厂既怵于本重质劣,深恐大厂盐斤之侵其范围,不能立足,势必誓死力抗,其纠纷演至若何程度，将不可知，而在税率未达全体平均以前，则轻税之盐，又将乘机冲销重税之岸，税收转至受损，是官商两不利也。兼运使默察各场环境，似不能不将场岸界限，暂予保留"。并呈请财政部和盐务署，缓行新盐法，以三年作为筹备期。①

中央在川省实施新盐法的时间方式问题上由于考虑四川地方势力的利益而有所妥协，但其对于川省推行新盐政之决心却并未变化，"财政部核定整理川盐办法至严，二十八场税率仍准自由贸易，不许设立对岸，亦不定运商"。1935 年 11 月，缪秋杰改行之四川食盐"统制自由"政策，打破了依靠四川军阀为后台的认商垄断盐运的局面，实现了政府与地方势力在盐政变革的新盐法上的妥协。

不过，中央政府在四川所推行新盐政的努力，仍遇到了四川军阀阳奉阴违的抵抗，这类抵抗虽然没有使中央政府在四川的努力完全陷于瘫痪，但是却使其大打折扣。如对于四川军阀之苛征，中央政府虽明令禁止，但"川省不但未见实行，且有增无已"，"各县乘新旧交替青黄不接之机会，擅自苛敛勒征，大有加紧压迫先事掊克之象"，于是，蒋介石不得不求助于四川军阀的帮助，"现当进行剿匪期间，岂容后方政治，再肆苛虐，益苦川民，果如所报情形，实于扫荡匪氛及改进川政之前途，均有莫大之影响，既负本委员长救民水火之旨，尤与各总副指挥还政之意相违，断难漠视不顾，必须知法以绳，况各总副指挥甫经还政，一切交代，苟未结束，对于原任县局人员，督查制止，仍属责无旁贷"。② 新政在军阀手中有时变成了苛政："此次二十四军为减轻人民负担起见，将戍区之盐统一专卖，所以戍区盐商，非在雅安盐业总号购买，则不准销售，否则即与没收，芦山地邻十八军戍区名山，兹因名盐价廉，于是少数小商，即至名购买运芦销售，事被雅安盐业总号侦悉，除派军在路腰阻外，并派员到芦实行清查，各盐商如无在雅安购盐执据者，即系私盐，即遭没收，所以芦山盐商，一日而被没收者五六家，各盐商见之，莫不胆寒现已不敢到名购言矣"。③ 四川军阀的消极抵抗，加上中央政府的妥协，使以刘湘为首的四川军阀丧失了某些特权（如截留盐税和擅加盐斤附加）和损失了某些关键地区（重庆），但仍然得以比较完整地保

---

① 《川新盐法筹备期定为三年》，《四川月报》第九卷第六期，1935 年 12 月，第 109 页；《四川北射蓬盐场厂民劳工等请免施行新盐法》，中国第二历史档案馆藏，案卷目录号：266—11734。

② 《蒋委员长严禁苛征》，《申报》1935 年 3 月 18 日，第三版；《财部咨川省府废除苛杂》，《大公报》1935 年 2 月 27 日，第三版。

③ 《廿四军戍区实行食盐专卖》，《新新新闻》1935 年 1 月 14 日，第六版。

留了隶属于自己的军队。直到 1937 年抗日战争的爆发前,中央政府仍未完全实现对四川军阀势力的整合。地方势力顽固守护既得利益的意志一直挑战着中央政府进行权力整合实现盐政统一的努力。

南京国民政府与地方势力及四川军阀在利益分配与权力整合,实现盐政统一博弈中,作出了让步,付出了巨大努力,成就差强人意。据盐务稽核所估计,1932 年各省盐税附加约 8500 万元,而同年中央政府征收盐税约15600 万元。[①]

南京政府统一盐政的努力并不能算成功。究其缘由,财力制约了政府的施政空间,民众最低限度的生存需要、地方势力利益最大化的愿望以及维持既得利益的意志是制度变革的边界,政府的执政能力和技术并不是事情的关键。为维持与类似四川军阀一样的地方势力间微妙的政治平衡,政府不愿过度刺激对方,何况此期南京国民政府仍迫切需要地方势力的政治支持。既然新法颁布就已经对地方势力形成了足够的压力,中央政府的盐利份额已获得巩固甚至还有些扩展,对地方势力在盐政中的小动作也就睁只眼闭只眼,彼此心照不宣。政府强制施行新法的动力丧失,新盐法争执的意义也随时间锈蚀了。盐政变革之曲折艰辛,由此可见一斑。

① 丁长青主编:《民国盐务史稿》,人民出版社 1990 年 9 月版,第 189 页。

第五章　民众对旧盐政的批判及
对盐政变革的推动

立法权是国家权力的重要部分,执政者须借助这一权力巩固统治地位,将自身利益最大化;对广大民众来讲,新的立法也往往意味着改变自身在社会利益格局中位置,增进其权益的机会。所以,成功的统治者总是善用"变法"去陈布新,在巩固既得利益同时又张扬了权力合法性,用共享的价值装饰赤裸裸的统治关系。由是,在南京国民政府制定新盐法的过程中,可以看到社会的广泛动员和各方的深度卷入。民众极关注与其自身利益密切相关的新盐法,对其制定施行报有极大期待,也在事实上推动了这一法律的出台;国民政府通过新盐法塑造民主形象建立权力合法性目标受制于财政现实,财政而不是福利取向的盐政变革决定了新盐法的命运,因此政府在事件全过程表现犹豫矛盾。发韧于广东革命政府时期的盐政改革,于国民政府成立之初,因财政需要和扫除弊端而由社会精英人士提议与推动,与社会大众的积极响应交相呼应,无形中为南京国民政府新盐法的制定提供了适宜的土壤。在具体制定和颁布后的过程中,南京国民政府和民众借助于现代化的舆论媒介(报刊)在新盐法问题上一度形成了一个有助于法律制定、颁布和施行的气氛。不过,推动盐政变革的南京国民政府的施政行为要受制于财政取向而不是福利取向的变革逻辑,其盐政改革的态度渐由最初的革命而趋改良,表面上前后矛盾,实则是基于政权生存优于形象塑造、施政资源决定施政目标的逻辑的。而与此相对应的是,民众对新盐法也由最初的希望、肯定、拥护、推动而逐渐转为不满、失望。政府在新盐法风波初期所收获的有助于其政权合法性的构建的成效,便逐渐随着新盐法事件的演变而有所消退,国民政府为此肯定会付出成本。在此要特别指出的是,此处所论及之民众,系指有别于旧盐商、地方军阀以及相关利益获得者的一般食盐人民、盐民大众,以及新盐商、知识界和以《盐政杂志》为阵地的倡行盐政改革的有识之士。

一、民众积极参与盐政变革的缘由

1931 年为改革盐政、扫除弊端而颁布的专门法——新盐法,受到了原本缺乏政治参与传统和热情的民众,尤其是终年奔忙生计的社会大众异乎寻常的关注,并借助舆论媒介,一致响应。为什么这样一个专门法会激起民众如此强烈的支持呢?这既与旧盐政下民生困苦有关,也显然受到了随现代性文化影响的扩大民众政治参与意识的提高,以及传媒业发展对社会动员方式和程度的提升的影响。

专商引岸制下的旧盐商因其垄断经营地位,逐利本性缺乏有效制度约束而变得贪婪无度,恶化了在小农自然经济的中挣扎求生的广大民众的生存环境。直接从事盐业生产的盐民与作为消费者的社会大众在这一制度下,只得忍受盘剥压榨,盐民生计艰难,大众食劣质盐却负担高盐价。盐商的垄断是一种封建性的垄断,国家责令盐商包税,同时授予其垄断盐业生产、运销的特权,其结果是盐政弊病丛生。《大公报》1931 年 4 月据此评论道:既然盐商"据有专卖特权,对于灶户每年制得之盐,应出相当价格,悉数收纳,俾灶户血本无亏,劳力有偿",但是,"灶户制得之盐,不准转主他售",限制极严,而场商却"从不尽数收买,以履行其专卖义务",计其"每年购盐总数,仅当灶户制额三分之一,而灶户余盐积累,颗粒不准他销,汗血金钱,坐视消耗,逐年如斯",卒至"利由商得,害归灶受"。[①] 如此不合理的制度必会衍生更多社会问题。浙江余姚盐商,"藉故要挟,企图减少额斤,以便以最低之价格,尽收盐民余盐,而获取更多之利润",并且鉴于"盐民之懦弱可欺",罔顾往例之规定,最初还按六成收购盐民手中积盐,将"原有每板年额减为二百八十八斤",后来,竟然"颗粒拒收",以致"浙东所属盐民,卖妻鬻子,窘境毕露,老者填为沟壑,少者沦为乞丐",最终酿致"余姚盐潮"[②]。更不合理的是,作为食盐的生产者,盐民对食盐价格根本没有议价权,完全由盐商单方面确定。龚德柏在《驳"湘鄂西皖四岸运商总会公表盐法之商榷"》一文中指出:1931 年时盐商收购盐民生产的食盐价,"大半系数十年前所定,今日一文钱之价值,固不能及数十年前十分之一",即令从

---

① 均见《芦台灶户之呼吁利由商得害归灶受》,《大公报》1931 年 4 月 23 日,第七版。
② 《余姚盐场之篷长制度》,《盐政杂志》第六十四期,1936 年 6 月,第 1 页;《余姚盐潮始末》,《盐政杂志》第 66 期,1937 年 4 月,第 1、2 页。

新定价,而"场官平日受盐商之豢养,运使亦惟盐商之命是从,决无不祖商而抑民之理",故"盐民勤劳终日,不过仅资糊口,而利益则为盐商所占,因之人民迫不获已,往往将盐售于私贩,以图多获利益,卒致破家荡产,甚且杀身者,比比皆是"。①

一方面是拼命压低收购价,另一方面又尽力抬高售出价,而这一切早越出了商人逐利的合理范围,成为弊政之下的社会问题。由于划地行盐,运商在其引岸之内,任意提高食盐之售价,损害食盐民众利益。"盐商克扣斤两,把盐价提高到任何物价之上"。② 彭瑞夫在《盐政改革与新盐法之实施》一文中披露:在福建,运商由"石码运盐至长汀,每担原价连税款运费在内,只须十元左右",而"卖价竟至四十元","连城每担不过八九元",而"卖价却在二十元以上"。同样在江苏淮阴,因"盐商对于盐斤售价突涨,计每包非有九元左右不卖",一般贫苦农民,"只得实行淡食,甚有执帚遍扫斤埠,自行滤晒一种味苦微醎的小盐充食者"。③ 而销商更是在引岸之内,于"老百姓买盐时,不给准秤",同时为"攫厚利",又于盐里"泥浆沙粒,米汤苦滷,任意掺杂","冀其增加分量,而得多利",结果是"纯盐不及百分之六十","老百姓虽怒之而不敢言"。④ 同时,为了维护垄断利益,盐商还竭力排斥精盐。自1914年久大公司精盐公司成立后,迄至南京国民政府初期,全国已建立七家精盐公司,因"精盐色白",且价格与粗盐相仿,所以向"为食户信仰",但盐商却以"在他们的引地内销精盐",于"他们的利益有损"为由,阻止精盐运销,"只准商埠的人食用,不准内地的人民购食",并且还"再四呼援",请求"取缔精盐"。⑤ 其直接后果是,如二十年度财政部核定精盐定额,为"司马秤百二十四万担",但由于在行销时常被"税警留难",且各省税警"擅自拿办购食精盐人民或公然禁用精盐",往往只能销"司马秤五十八万担"而已。⑥

食盐征税一直颇受非议。近代以来,"财政学理昌明,租税以公平为第

① 龚德柏:《驳"湘鄂西皖四岸运商总会公表盐法之商榷"》,《大公报》1931年4月13日,第三版。

② 李建昌:《官僚资本与盐业》,生活·读书·新知三联书店,1963年版,第45页。

③ 均见彭瑞夫:《盐政改革与新盐法之实施》,《东方杂志》第32卷第10号,1935年5月16日,第50页。

④ 《山东盐政:实行新盐法》,《大公报》1931年4月2日,第三版;朱德龄:《改革我国盐务刍议》,《大公报》1931年1月18日,第十一版。

⑤ 《山东盐政:实行新盐法》,《大公报》1931年4月2日,第三版。《限制"精盐倾销"》,《大公报》1934年12月18日,第十版。

⑥ 《精盐商代表准备扩大请愿》,《申报》1934年11月26日,第七版;《各省税警擅禁人民购食精盐》,《盐政杂志》第59期,1934年12月,第2页。

一要义,趋与累进税则,而盐税则不论贫富,皆课以同等之税,且贫者食菜蔬,以盐为必需品,富者食鱼肉,以少许之盐已足,是贫民纳税犹较重于富翁也",不合财政举公平原则,故各国"多取无税制"。而惟有"中国经济落后,财政紊乱,又以善后借款问题,不得不课盐税以较高之税率,以资抵补"。[①] 1927 年以前,全国"平均盐税,从无超过二元六七角",南京国民政府建立之后,经过屡次增税,税率提高一倍以上。就以盐税与成本比较,"盐之生产成本,虽以浙盐为最高,而亦不过每斤约银一分而异,其他长芦两淮山东均不及一分,加以国税至多亦不及五分",而"现行之盐法税率,高者每石四元以上,最下至五六毛",故"各省之盐,大约每斤均在二毛以上",[②]则盐税当在成本的 5 倍以上。盐税过重,盐价必定昂贵,而盐价昂贵又必定致使人民被迫淡食,如浙江江山民众,"因无钱买盐,淡食蕨根,以致反胃呕吐,奄奄待毙"。[③] 同时,盐税过重,盐价昂贵,"购买者买私盐廉于官盐者甚巨,故勇于购私",[④]于是私盐逢起,形成盐政中一大痼疾。

盐税过重,盐价昂贵,盐质蒹坏,民众"悉受勒索诛求之痛苦"已不能承受,在这样一种盐商与民众关系紧张的状态下,任何细微的盐政改革都会引起民众强烈的反应,更何况是"一扫千余年之积弊,启发人民之生机",在"最近党国史上,一件极关重要,极存价值的法令"。[⑤] 这就是全国民众如此积极参与盐政变革,强烈支持新盐法的原因。民众希望通过推动新盐法,引起政府对民生更多的关注。

而随着 1840 年的西方列强的殖民入侵,原来被封建统治者顽固执行的"言禁"、"报禁"政策,受到大众文化兴起的冲击难以为继,传统社会的施政理念、方式与技术必然需要适时调整。在"政治民主,舆论自由"、"经济发展,贸易繁荣"、"教育普及,读者大增"、"科技进步,传讯加速"、"城市兴起、人口集中"诸方面综合作用与发展背景中形成的工业化的大众社会,通俗流行的大众文化成为普遍的、主导性的文化形态,以报刊为主的大众媒

---

① 均见郑直明:《增加盐税之商榷》,《大公报》1931 年 4 月 17 日,第十一版;星吾:《评张佩巖"立法院新盐法案平议"(续)》,《大公报》1931 年 5 月 5 日,第十一版。

② 《盐政改革将行实现(续)》,《盛京时报》1931 年 2 月 12 日,第二版;伯穆:《驳"盐法平议"》,《大公报》1931 年 5 月 10 日,第十一版。

③ 彭瑞夫:《盐政改革与新盐法之实施》,《东方杂志》第 32 卷第 10 号,1935 年 5 月 16 日,第50 页。

④ 《山东盐枭暴动》,《申报》1934 年 6 月 7 日,第九版。

⑤ 王类吾:《应无条件废除引票》,《大公报》1931 年 4 月 14 日,第十一版;朱德龄:《论盐商反对改革盐务之荒谬》,《大公报》1931 年 3 月 29 日,第十一版。

介在"公共领域"操控大众精神①,这种"公开的并且在较短时间就可以到达远距离的众多接受者的有组织的传播"②在近代以来获得快速发展,引导公众对各种事件的注意与判断。自 1815 年 8 月 5 日《察世俗每月统计传》这份中国历史上第一份近代化中文报刊开始,报刊业在香港、上海等沿海城市快速发展。鸦片战争前后,西方新闻思想逐渐传入中国,国人自办报刊出现,在维新运动中出现了第一次国人办报高潮。清末在危亡压力下改弦易辙,有限度地开放报禁、言禁,迈出新闻法制建设第一步,国人兴起第二次办报高潮。此时期新创办报刊,1901 年为 34 种,随后逐年发展,1906 年 116 种,1911 年为 209 种,报刊出版地有北京、天津等大城市,也出现在南通、九江、梧州等小城市,既包括上海、广州等沿海地方,也有兰州、西藏等边远地区,几乎遍布全国。③ 民国以后,虽历经波折,大众传媒业仍加速发展,尤其是出现了进步和革命报刊。1926 年 10 月 1 日,哈尔滨广播电台开始广播,使中国大众传媒业的发展开始新的一页,社会生活越来越受传媒影响。近代报刊与传媒业的发展,提供了新的政治交流与博弈平台,激发了大众的政治参与热情。民众也正是借助于近代报刊等大众传媒平台,改变了传统的各为其战、力量分散的状况,使彼此分散的社会大众联系起来,形成公众舆论,为推进近代民族国家意识的构建和大众政治参与,起到了十分重要的作用。在新盐法的颁行过程中,新兴的报刊如《大公报》等对政府与民众之间的互动起了很大推动。首先,它提供了信息集合与交流平台,各方均有机会展示表达主张、诉求,政府立场与政见得以发布并获得多样化的深度解读,政策信息的流失误读危险被最小化,民众得以比较及时地了解到政府、旧盐商和地方势力在新盐法问题上的立场态度;第二,它成为民间社会向政府表达意愿的一种新渠道,利用在报刊上刊文论述对新盐法的态度,从而形成社会共识,以便政府了解和疏导民意,在某种程度上影响了国民政府对新盐法的决策。

二、民众对新盐法制定颁布推动的概况

中国盐制积弊至深,盐商之专横垄断久为世人所诟病,引岸专商制度

---

① 均见李彬:《全球新闻传播史》,清华大学出版社,2005 年版,第 293—294 页。

② 丹尼斯.麦奎尔:《麦奎尔大众传播理论》,崔保国、李琨译,清华大学出版社,2006 年 7 月版,第 14 页。

③ 方汉奇主编:《中国新闻传播史》,中国人民大学出版社,2002 年版,第 78—135 页。

被视为弊政之首，朱德龄在《改革我国盐务刍议》中质问道："造成我国社会之腐暗状态，事之苛虐悖理，孰有甚于此乎？"①综观整个中国近代盐政改革之发展，民众是盐政变革的基本推力。作为旧盐政的受害者，民众一直期盼盐政刷新。所以，当社会有识之士掀起盐政改革运动后，唤起了普通大众的参与热情，以至1931年新盐法颁布时期大规模地参与进支持新盐法活动。

民国以前，中国盐政管理多数时期规制混乱、效率低下。有人在《申报》上发表《改革盐政岂可再缓？》的时评，批评中国盐政虽"起源甚古，惜良法久湮，积弊至深，废清末叶，盐务黑暗，至有'盐糊涂'之俗称"。②缘何如此？因当时"各省只有管盐税之官，与办盐务之商，从未闻有盐政之名词"，并且，"上自督抚，下至场大使，问以场产运销，瞠目不知所答。督抚以奏销办了，即为称职；运使以需索陋规，即为能员。有作场大使数十年，而足迹未历场滩者"，故"上等盐官，只知有税，不知有政；而下焉者，只知有弊，不知有税"，即"所谓税者，省自为政，名目繁多，税率复杂，除一部分胥吏，能知其所管区域内之税率等差，盐官莫之知也"。即盐商亦"只知彼专卖区之税率，而一省有若干种，亦莫之知也"，且盐商"唯恐黑幕为人揭穿，所雇佣之伙友，养之终身，知识阶级，有思想者，养之家中，阳博好客怜士之名，以实行其天下英雄，入吾彀中之策"，如若有"不受其羁縻，而存反动之嫌疑者，则勾结官吏，以他事中伤之"，故"当时父老，以莫谈盐务为明哲"。在此环境之下，盐务为害，"不特一般人不知其内容"，即"关心人士"，欲进行研究，而当时可供"参考之载籍，仅有各区盐法志，而志中所载，不过无关紧要之公牍"。此外"私人著述，及名臣奏疏，不过将李雯之就场征税任其所之二语，互相辩论，充其量亦不满十篇空文"，可供参考之书籍，尽在此中。"纸片上既不足参考，只有从事实上研究"，而"盐糊涂"三字，"无论何人不能揭破其黑幕"。所以，即便关心盐务之有识之士亦"言者不能知，知者不能言"，③事实如此，而所谓民众之参与支持变革盐政之行为也就无从谈起。

民国成立后，因募借外债，以盐税为担保，冀增加税收，以昭国信，乃有筹议改良之议。其时"改制之议"，"主其说者为南通张四先生，及浙人景本白诸公"。但当时（1912年）由"周学熙长财政"，而"周本家传大运商"，并

① 朱德龄：《改革我国盐务刍议》，《大公报》1931年1月18日，第十一版。
② 廷：《时评：改革盐政岂可再缓？》，《申报》1935年1月14日，第六版。
③ 均见盐迷：《四十年来盐务革命之总检讨》，载《盐迷专刊》第一卷，1935年12月，第1、2页；蒋方正：《盐务改造之商榷》，《盐政杂志》第65期，1936年10月，第15页。

"兼有滩户资格"①。结果自是不出所料,改制之行动遂归为失败。此次改制议论仅为政府与部分盐务人士之行为,一般民众并未参与其事。主张改革的景本白经此一事,认识到改革阻力重重,没有社会各界共同努力,盐政改革不易成功。为此,决定先在舆论上做准备。"盐务秘密,无人能知,非公开研究,灌注常识,使多数人明瞭盐务之利害关系不可,则舍组织团体,发行杂志外,别无他策。"②于是,其便于1912年12月组织盐政讨论会,创办《盐政杂志》宣传其主张及盐制之弊端。此后经过"十年之宣传",从前人民未知之"引制之害"、"盐商黑幕",均"已为揭穿",影响有所扩大,故1923年国会一提改革盐务案,一扫往昔仅寥寥未几之改革人士对垒盐商之局面,"各省议会自治会及商学全体,均加入参战","集矢于专商"。③自此以后,盐务之弊害广为一般人士所认知,并且一言改革,民众之参与兴趣亦由淡漠逐渐转为关注以迄积极参与。新盐法风波中民众及社会各界的深度介入,与这一背景有联系。

1927年南京国民政府建立伊始,在政府主导之下,废除引岸专商,实行自由贸易之倡议重新兴起。相对于旧盐商与地方势力对新盐法的种种抵制阻挠活动,民众对新盐法的参与和支持可以大致划为三个时段:

早在1930年第一届立法委员为起草盐法秘密制定原则期间,一些倡议盐务改革的人士便指出:"盐业为中国财政最大收入,同时亦为工业上最重要之原料,更关系吾人日常食用,当此高倡建设政府之时,因财政攸关,故整理盐业更为刻不容缓之事。"但由于盐务黑幕重重,虽经过数十年之宣传,为一般民众所知悉,但要真正对其进行彻底整顿,"奈积久难返","非有专门之知识以及多年之经验,不足以言改革"。而"当道诸公虽有改革之决心,无奈茫于细情,整理诸多棘手,加以国内书籍报章,关于盐务向无详细之记载,以故世人视盐务有如西藏,同为莫不可解之大谜,只知有无尽藏之富源,而不明了内幕之实情"。为此,改革派精英在报刊上大造舆论。1930年8月,《大公报》发表崔育民《长芦盐业最近概况及盐灶痛苦之一般》一文,介绍长芦盐业之概况及灶户之痛苦,以期为改革博取社会同情。其文称:"灶户受制于非商莫售之定例,同时又不能存盐不售,担负更大之卤耗,遂不得不坠入术中,争相竞卖,商人藉此坐得其利",盐民不堪忍

---

① 《盐政改革将行实现》,《盛京时报》1931年2月11日,第二版。
② 《增补盐务革命史》,载《盐迷专刊》第一卷,1935年12月,第9页。
③ 盐迷:《四十年来盐务革命之总检讨》,载《盐迷专刊》第一卷,1935年12月,第6页。

121

受。① 同时,一些受改革派影响的部分国民党地方党部,声称为地方民众"民生"计和遵从总理"遗教"之考虑,亦向中央党部建议改革中国盐政。如京市四区党部,于1930年1月5日,向上级党部呈文建议,"中国盐政,应废除引岸专商积弊,改进就场征税,准人民自由贩卖,以谋革新"。②

当1931年初,立法院起草新盐法的消息被上海新闻报披露以后,面对新盐法正式在立法院通过前的一段时期里旧盐商们频繁的抵制活动,改革派还是有所动作。景学钤在《废引与裁厘》文中称:虽然旧盐政下受害之人民,"向无团体",并且"自治未成立,国会未开会,虽欲请愿",亦"呼吁无门",但是,还"有一部分之人民(主要是盐务改革人士),奔走呼号,为废引之运动"。尽管主张盐务改革者"呼声弱小",③不似旧盐商们大规模有组织之活动,但其还是进行了一系列反制之作为。

一方面,公开揭露旧盐政弊端,指出其终结的必然性。为了使更多的民众真正明白专商引岸制度的危害,一些盐务改革者对其进行了深入的说明。景学钤在《大公报》撰写的《废引与裁厘》一文中言道,"自来中国秕政者,莫不盐厘并称,其实盐引之害,十倍于厘金",论种弊之深,"厘金创自洪杨之役,不过数十年,而盐引则自宋迄今,已越千载,久则难变,重则难返";论受害之广,"则厘金之勒索不过商贩一部份,间接受害者,亦仅用户而已,而盐引之害,则贫富贵贱,老弱妇孺,自断乳迄老死,无一人能自外"。而朱德龄更是谈到,盐商掺泥沙等杂物冒充食盐,使"白净者变为污秽,鲜洁者变为苦涩",引商"不独以泥沙吸取人民之脂血",且以"泥沙毒害国民之康健(查盐场所出之盐,色白洁,味纯美,毫无杂质泥沙)"!官方"虽明知其弊,亦莫之问,反尽保护之责,其为凶暴,至于此极"!故"害民之政,无有甚于盐引"。④《北平晨报》1931年2月10日发表《改革盐法应减低税率》一文称:"盐税为最恶租税,今纵不能废除,亦当于可能范围内,减少人民苦痛,方足以表示革命精神,实现为民政治"⑤《益世报》也有文称:"吾国盐商,垄断盐业,俨然成为特权阶级。具有浓厚之封建色彩,根深蒂固,不可卒除,倘非制定新法,根本打消,则引岸之制,未易言废,但在今日厉行民生主义之国家内,正当资本,尚须节制,岂有容此特权阶级之盐商。久于存在

① 均见崔育民:《长芦盐业最近概况及盐灶痛苦之一般》,《大公报》1930年8月9日、10日,第四版。
② 《改革盐政之建议》,《申报》1930年1月5日,第九版。
③ 景学钤:《废引与裁厘》,《大公报》1931年1月8日,第二版。
④ 景学钤:《废引与裁厘》,《大公报》1931年1月8日,第二版;朱德龄:《改革我国盐务刍议》,《大公报》1931年1月18日,第十一版。
⑤ 《改革盐法应减低税率》,《北平晨报》1931年2月10日。

之理。全国舆论,无不主张废引,倘使国民一致拥护废引法案,则政府亦不能不顾及民意,而悍然保持少数人之私利。"①

另一方面,大力宣传盐法变革的急迫性和正当性。针对旧盐商所发表宣言中所列引岸不能废除之理由,为使民众"明此问题之内容",明辨是非,主张盐务改革者特于1931年3月3日于报刊登载专文《盐商反对废引理由》,对其所谓理由:"一废引则国家税收有虞;二废引则私盐必盛,缉私困难;三废引实行新法则国家花费更巨"进行有力驳斥。② 同时,为了使一般人民了解盐法改革之益处,盐务改革有识之士还对新盐法所主张之就场征税原则进行了详细说明,"就场征税,即就场设官,就场缉私",一税后,"盐之贩卖,国家可一切不问,现行之遍地设官,遍地缉私之制,可不用也"。就场征税在制度上是"由繁而入于简","一切经费随之而减",如"十八年度之盐行政经费,为八百七十七万零,缉私费五百一十二万七千余,稽核所费四百余万",各种经费相加,"大约已至二千万元",如实行新盐法后,则"国家每年可节省经费约近千万"。并且,实行新盐法后,就国家而言,"每年可增二万万元之多",而就人民言,盐之售价平均不过仅每斤七分而已。③

除了上述支持活动外,为了让普通民众更加了解旧盐商暗中阻挠抵制新盐法之行为,盐务改革人士还对旧盐商之暗中运动颇为关注并进行揭露。1931年3月15日、16日以及19日的《大公报》与《盛京时报》对此就曾报道说,"张弧寒(十四日)到京,闻系应某方召,将于盐税事有所咨询,传盐法将有暂缓趋向",淮商代表周湘龄来京,运动政府请将"新盐法在训政时期以后实行"。④ 这种宣传作为话语策略,给盐政变革反对者施加了压力,助推了新盐法的创制成案。不过,此期公众并未卷入与盐政守旧势力的交锋,盐务改革派精英是推动新盐法制定的主体。

当1931年3月21日立法院通过新盐法七章三十九条后,一改新盐法起草阶段以倡导盐务改革精英人士为支持主体的境况,民众在传媒的影响下,对盐法给予了极大的关注。尤其是5月5日国民党在南京召开国民会议(主要议题一个是发表废除不平等条约宣言,另一个是议决中华民国训政时期约法),民众受此会议鼓舞,认为其体现了国民政府积极革命的态

① 《国民应自动废除盐引》,《益世报》1931年3月17日。
② 《盐商反对废引理由》,《盛京时报》1931年3月3日,第二版。
③ 《中国盐法改革内容》,《盛京时报》1931年3月22日,第二版。
④ 《改革盐法有暂缓趋向》,《大公报》1931年3月15日,第四版;《盛京时报》,《改革盐法案有暂时延缓趋向》1931年3月19日,第二版;《新盐法》,《大公报》1931年3月16日,第五版。

度,极大地鼓舞了人们对未来的憧憬,因此,支持新盐法就成为支持国民政府的象征,民众之热情可谓高涨。于是,针对旧盐商们的公开抗议、抵制活动,全国民众也进行了针锋相对的拥护新盐法的活动,而盐务改革派精英通过传媒动员和利用民众的力量,使新盐法得以正式颁布,这一期间,媒体发表了不少对旧盐商引岸专商制合法性辩解的批判和对新盐法热情拥护的文章,终于促成了新盐法的正式颁布。

三、民众对旧盐商引岸专商制合法性辩解的批判

在旧盐商通过"报端作反动宣传,以冀淆惑听闻"的同时,支持盐务改革者就新盐法"明目张胆表示反对者"发表宣言和文章所提出的维护专商引岸制度的理由,进行了相应的批驳,从盐政变革的历史必然性和引岸专商制的社会负功能角度,捣碎了专商引岸制度的合法性根基,证明旧盐政已失去存在依据,被新盐法取代不可避免。

新盐法拥护者预见到旧势力对新盐法的抵制。星吾在《大公报》上撰文指出:"自立法院通过新盐法后,报端上几于无日不有讨论盐法之文字,以黑幕重重严守秘密之盐务情形,突有公布社会人士之一日,诚属盛世之音。"文章称:"引岸专商既成釜底游魂,全国人民,从此均得解放,诚为国民政府统一后之最大善政",尽管"压迫人民之盐商,为一己利益计,自当作最后挣扎,不惜金钱,大登广告,造作危言,一耸人听闻。"文章揭露旧盐商代表口是心非,"虽自谓非为盐商作掩护游说,其反对新盐法则无庸讳言,其持论以极小值处着眼,故设疑问,以丝毫不明盐务情形者观之,或不免为其所惑,若在稍具盐务常识者观之,则殊不值一驳"。文章对旧势力的阻碍剖析透彻:"民国初建,袭前清引制之弊,食其弊者,不仅数十万盐商,上自盐政院,下迄缉私营,以及官吏幕僚吏胥牙役名士门客游手好闲无一不持盐为活,此等盐蠹,不下数百万人,阻力之大,自可概见。"①

崔致平在《长芦盐政之现况及所期望于国议者》一文中对寄生在旧盐政上的既得利益群体反对盐政变革的原因作了分析,文章认为,改革的阻力一方面来自旧盐商,他们往往用金钱寻找体制内不合法的支持,形成官商共同体:"自立法院通过新盐法以来,喧腾之声,甚嚣尘上,反对者有之,赞成者有之,大率盐商皆归前者,持其金钱之多,在报纸封面作为广告,大

---

① 星吾:《评张佩严"立法院新盐法案平议"》,《大公报》1931 年 5 月 4 日,第十一版。

登特登,更藉文字宣传,作最后之挣扎,以期一手掩尽天下目",阻碍新盐法的施实行,以保其世袭"不当利得"之权利。文章指出用金钱贿买决策者是旧盐商一贯手法:"自清季南通张季直首倡改革盐法取消引岸之策。盐商辇金七十万北上,百计营谋,卒浸其议,自后每有一度改革拟议,即有一度金钱活动,巧宦奸商,互相为用,藉利国福民之法,作私人罔利之计。"文章提出,改革的阻力另一方面来自相关管理机构的权力和相关人员工作机会问题,这些盐政体制的历史负资产严重阻碍盐政变革。文章称:"至今日盐务机关,常年经费不下九百万元,缉私机关经常所耗亦不下五百万,稽核所之费则在八百万元上下。合而计之,已逾两千万以上。一旦实施新盐法,则许多机关,应当裁撤,结果,官吏去官,与盐商灶户之失业,利害共通,其不利于改革也必矣。想来服务盐政人员,对盐法多取保守态度,盖非无因,而改革盐法之难,由此更可概见。"①文章称:"观其所持反对新盐法之理由,不值识者一笑,愈显其黔驴技穷。"文章分析,之所以"一般民众及灶户则不闻有反对者,反加以赞助,实因其不但增加国库收入,同时亦能减轻人民负担,此乃福国利民古今第一大善政,无怪举国若狂,深盼政府早日公布"。文章痛斥"而所谓缉私营者,竟营其卖私,放私,庇私之生活,滩中存盐,日有盗取之事,灶户又不敢呈报,防其报复,值得忍痛含声"。自新盐法通过后,缉私人员"乃扩大其卖私放私庇私之生活,新盐晒成,即搜刮一空,以致滩中之盐不敢扒集成堆"。文章称:"现在灶户唯一之希望,盼政府早日公布新盐法,并希国民会议加以督促,拟定实施办法,以解倒悬。"②

朱德龄发文声称,引岸专商制与国民政府政治原则不相符,旧盐商逆流而动,纯属徒劳。文章写道:"现行的引制,处处与本党的主义,政策,目标立于反对的地位,现在的专商,是中国封建势力中的最强固坚韧者。"由此,改革盐政在当时必然遭遇阻力,是"一件极难的事情"。朱文分析,改革盐政,"实含有政治,经济的两重连锁",盐商在背后"必然时时舞弄其'金钱万能'的神通",人为加大改革风险。若"主其政者",要是"没有一点个革命性,和对民众不发一点恻隐慈悲的心肠,未有不堕其计中,而被他们收买的"!朱文感慨,"在过去的十几年中,吾人虽时闻盐政改革的声浪,都是'昙花一现',不久就消沉下去了。立法院现已通过新盐法。但是新盐法仍在极严重的时期,仍在成败危急的紧要关头,因为自下的盐阀,再秘密公开的两方面,施其极猛烈的活动伎俩,来破坏延长新盐法的实施。他们在各

---

①　崔致平:《长芦盐政之现况及所期望于国议者》,《大公报》1931 年 5 月 13 日,第十一版。
②　崔致平:《长芦盐政之现况及所期望于国议者》,《大公报》1931 年 5 月 13 日,第十一版。

有力的报纸上,大登特登些什么盐法的商榷,说些不合时代,不适国情,不切事实的谬论,和一些强词夺理,欺诈国人,拥护私利的。"①

龚德柏在其《驳"湘鄂西皖四岸运商总会公表盐法之商榷"》一文中,痛斥旧盐商反对新盐法的种种举动。文章谈道,"日来旧盐商虽自知其言论决难为世人所垂注",然仍"持其金钱之多",在报纸封面大登特登之"盐法之商榷","以企获得世人之一顾",该"'商榷'书谓引岸之设,一方为维持交通不便地点之民食,一方为维持成本较高盐场之民生,此为旧盐商维持其世袭'不当利得'权利之唯一理由"。在对旧盐商所持之理由,进行逐条驳辨后,龚文最后言道:"一言以蔽之曰,旧盐商之意,不过欲保持其世袭'不当利得'之特权,因其毫无理由,故不能不设为危词,耸人听闻,以图售其伎俩于万一",而"君等之运动,应足以增加君等之罪恶而已"。②

《中央日报》刊载伯芳《忠告阻挠新盐法之旧盐商》一文,也强烈批判旧盐商对新盐法的歪曲指责,并警告其勿阻挡得到民众支持的新盐政。文章指出,"旧盐商于全民公意渴望新盐法及早实施之际,惟惴惴焉惧世袭封地之即将失坠,与夫特殊权利之不易保持,遂百端破坏,肆意阻挠,并在报端作反动宣传,以冀淆惑听闻。"文章批判旧盐商势力《上海湘鄂西皖四岸运商总会公表盐法之商榷》一文,"登载报章,辉煌耀目,以振振有词,自谓娓娓动听矣"。文章揭露旧盐商"委曲迴议,以求避去难题;多方宣传,以冀收回成命,甚且造作锐减盐税妨害民食之危言,以耸观听"。文章预期,新盐政推行"为期当不在远,决非任何反动,所能望其撤废"。盐政之难于改革及盐商之敢于阻挠,实由旧盐商"囿于成见",自夸"补偏救敝","忍辱负重"。事实上,旧盐商"只计个人之利害,而不顾群众之祸福,旧制有利于己,则维议之惟恐不力"。文章指出,"引岸之制,专商之业,其始也利税收确定,期裕商便民,立法之意未始不善,惟相沿既久,而积弊丛生。"制度运行要条件适宜,"行之于专制之世,识者犹以为未可,行之于军阀时代,论者且倡言改制,然则处兹党治之下,引岸与专商,尚有存在之余地乎?"文章承认,"千余年来,制度虽有增减,而引岸专商之存在如故",必有一定合理性。引岸专商之制,"所历悠久之岁月",一朝更改,"骤以新制易之",盐法变更必涉及既有格局及盐民生计,"必易召盐商之抗争及社会之疑虑"。文章指出,尽管社会所疑念盐民生计是正常的,但却不符合事实。实际上,改革旧

① 朱德龄:《盐政改革与中国建设及教育问题》,《大公报》1931年5月5日第十一版。
② 龚德柏:《驳"湘鄂西皖四岸运商总会公表盐法之商榷"》,《大公报》1931年4月13日、14日,第三版。

制盐民境遇反可因而改善。文章警告旧盐商:"得国民心理,更能符合民生主义之真精神,自绝于国人,则全民公意所不容;自绝于革命,则主义足以制裁之,且以政府之决心,国人之热望,主义之力量,则虽阻碍至大,终当排除万难,而毅然于最短时间期间,促其实施,斯则吾人于企望之余,不能不诚恳忠告旧盐商,勿以私意,阻挠新盐法,致自绝于政府,自绝于国人,自绝于革命,且冀其能彻底觉悟而翻然改图者也。"①

署名星吾与伯穆的作者对旧盐政辩护者张佩严的言论予以了尖刻批驳,称其有关新盐法的评议"持论以极小值处着眼,故设疑问,以丝毫不明盐务情形者观之,或不免为其所惑"。文章称:"综观张君之文,不按事实,不悉盐务,不明历史,不解经传,不知化学,不具常识,欲以游说当道,煽惑人心,诚忧乎其难矣,时至今日,引岸专商之应取消,新盐法之应即日施行,已属天经地义,国民政府,决非代表少数盐商利益,虽有仪秦之舌,亦难为之辩护,若张君之辩,实足以增人民之反感,而促新盐法之早日实行耳。"②

支持新盐法民众还从社会功能角度批判旧盐政,认为引岸专商制败坏已久,已无社会正功能。

《中央日报》1931年4月1日刊载《盐政之根本改革》一文,文章追溯了引岸专商制的历史轨迹,罗列了旧盐政的弊端。文章称:"分地定引之制,实起源于宋代",沿元明清,皆循之不变,以"课出于引,引归于岸,岸归于商"为原则。该制并无原罪,"非商不能行引,非引不能运盐,其始也期税收之确实,所以利商而便民,未始不善",而后,盐利之权,为专商所独占,更进而行盐之区,化为专商之世业,以划地行盐,而人民无选购之自由,"国家遂蒙钜额之损失,人民亦加重大之负担,于是国与民交受其弊"。近代以来,盐政之弊害加据,"掊克聚敛,则微收烦杂,而人民之苦痛无穷,一也;防止私漏,则刑罚严酷,而无辜易罹于法纲,二也;税率紊杂,则盐价无定,而人民有食淡食贵之虞,三也;维持税收,则农工渔盐,必律课以重税,而实业易受抑制,四也;劣盐充斥,则妨害民食,五也;私盐冲销,则妨碍税收,六也"。文章因此称,"仅略举数端,而盐政之弊害,已可概见。"③

《盛京时报》1931年4月18日发表《新旧盐法之优劣比较》一文,对旧盐商为引岸专商作的辩解予以了驳斥,尤其批判了所谓引岸专商旧盐制"上裕国课,下维民食"谬论。文章论证道,在旧有专商引岸盐制之下,仅

---

① 伯芳《忠告阻挠新盐法之旧盐商》:《中央日报》:1931年4月16日。
② 星吾:《评张佩严"立法院新盐法案平议"》,《大公报》1931年5月4日、5日,第十一版;伯穆:《驳"盐法平议"》,《大公报》1931年5月10日,第十一版。
③ 《盐政之根本改革》,《中央日报》1931年4月1日。

"享受引岸制之盐商饱获其利,而生产与消费者,均受其苦,实非民生主义下所宜有"。① 文章指出:数百年中有一共同不易成语,即上裕国课,下维民食是也,此成语等,吾人至少可说是自明朝以至民国十九年,盐商抱为拥护此宗优利世业之铁招牌,而后先一贯者,吾人如若加以解释,所谓裕国课者,当然系盐税"。文章分析,"何以要维持引岸,才能裕国课,则因从前销盐分岸,运商系负有每年每岸之定数的,即俗语比较是也。如果政府不尽力为保全行销区域之专利权,则销数一减,税数即少,而盐商遂不能赶上比较,所以对政府说话向来开口第一句,即是维持引岸,即维持国课。"文章又分析道,所谓"维持民食",即盐商对所占有之区域内,负有接济民食之责任,因盐为民食所必需,而盐非随地皆产有者,故运商不按时运去,则民有食淡之虞。因此,"维持民食"按地按时运销食盐事实上是盐商一种义务。文章指出,"自民三设立稽核所后,即打破包销比较之法,而为实销实课之制,是销多销少,运商是不负定额之责任的"。至此,盐商已无维持民食法定义务,这和历史上盐商义务不同。文章例证,"昔人记载明朝末年故事,谓当时限此盐商,额课不能满,商人至将盐票抛弃地下,而过者取而观之,吏役即拘之到官,责比盐课",而此种秕政,"到我民三,即已根本消灭,而人民因无买盐自由,才有食淡之患,若随自己便利可以购买,而盐商不加干涉,何至无盐可食",所以"上裕国课,下维民食"此"两句老话,在事实早已不适用矣"。只是"向来的盐商闭口总不脱此二语,实亦利用无脑筋之官僚可以混过去"。

文章进而分析认为,由于时移世易,旧盐商老调不灵,定另寻说辞阻挡新盐政,对此应有准备,并特别指出要警惕旧盐商势力的非法暗中活动。文章称:"现在的政府当局,比之从前,实胜一筹,而又抱有革命的根本精神,对此等话当不为动。"有鉴于此,旧盐商必另寻说辞,以延续引岸专商旧制。旧盐商们"知此次改革运动,非从前所可比例,欲求打销必得表里兼顾,方能达到目的,所以研究对付定策,一从表面的对象,求与革命政府的主义为不背,二从里面的对象,利用革命元勋起而为后盾,此即其近日宣言注重民生主义"。旧盐商们的策略是"大倡就场专卖之说",这一方面符合于"中山主义",有政治正确,一方面因"盐务本极复杂,非尽人能知其利病",而以就场专卖"亦本从前改革家所曾倡者,图以此说乱其观听,使改革之中途发生分歧之意见而缓其进行,以达到维持引岸之目的",旧盐商们的用心实在良苦。文章提醒警惕旧盐商势力的暗中活动,称:"民国元年,改

---

① 《新旧盐法之优劣比较》,《盛京时报》1931 年 4 月 18 日,第一版。

革之议提出临时参议院,其势本盛,中途之所以复归于静者,实赖当时有世代盐商之某君为财政总长,更于议员中求得同调,始将改革案打销,继而经手外债二千五百万镑,系以盐税为抵押,乃将盐政官制列入借款合同。从此九州之铁,遂成大错而不可动矣。周王鉴此往事,欲谋此次反对之成功,不得不求得第二之此种人物,问近日在沪宁商,以为国民党中之世代盐商,唯有南浔张氏,自明朝以来,即包销苏松五属之盐,至今未改,故扬言已派人与张氏接洽,请其出而号召,以打倒改革案,其用心设计不可谓不细。"①

对旧盐商所称"引票俱有价本",系专商"出资所得"谬论,支持新盐法民众予以了批驳,通过对引票制的历史发展回顾,提出其并无正当投资形成的合法性依据,其价值无非是行政保护下的垄断特权,专商凭此获利不合理,应予废除。

《大公报》刊载王类吾《应无条件废除引票》文称:"此次立法院公布新盐法,主就场征税制,取消专商,废除引岸,任人民自由贩卖,一扫千余年之积弊,启发人民之生机,可谓盐务之根本大改革矣。全国人民,得此福音,喜出望外,不忆万恶盐商,结党造谣,恐吓挟制,群起阻挠,无所不至,闻更筹大批款项,阴谋运动当局,收买舆论,包围盐官,大有必使此良法中止而后已之势。彼得所据为理由者,不外能裕课,能缉私,能维持民食,更以专商系出资所得,引票俱有价本,淆乱闻听,要挟政府。"

引票真的如专商所言,"俱有价本"吗? 王文认为,实际情况是"清初循明纲盐弊法,招商认窝,本为一种包商制,凡随运亏课者,定例提窝改签。可见引非商人所能专,岸非商人所独占。例如今之各种包商,于某年承包某税于某地也,此种包商,承包某种税收,成绩优良,方可许其续包,以资熟手,若包课亏累,当可罢黜另招。至于制度更改,直接取消之,更属无疑。"因而引岸非合法投资形成,也并非一种专属特权。

王文分析了引岸专商制后来演变,称:"惟雍乾以降,引盐纲法,弊窦丛生。商人据引专岸,随运亏课,视为寻常。另以报效名义,献媚当局,金钱势力,贿涌盐官,此则纲法末流之弊。"为此,历代均有改良尝试:"道光十二年及三十年,淮北淮南,由陶澍陆建瀛先后改为票盐,宗旨在于轻本敌私。无论官绅商民,均可承运,近于就场征税,惟不任其所之而已。行之不久,成效大著。咸丰初年,各省盐务,仿照两淮,多改行票。至同治初年,曾国藩李鸿章,改定票章,聚散为整。凡行鄂湘江西者,以五百引起票,名曰大票,行于安徽者,以一百二十引起票,名曰小票。由此承办票运者,悉属

① 《新旧盐法之优劣比较》,《盛京时报》1931 年 4 月 18 日,第二版。

大贩。复以销盐畅旺，行票不能遍给。遂于票法制中，参以纲法，定为循环转运，不招新贩，由此票商专利，仍同引商。视此可知今之所谓专商者，当日即一普通商人，并未具有特异之资格。今之所谓引票者，当时即一运盐执照，并未出半文价格。"①

文章因此指出，引票的所谓价值并非因其投资形成，而在于行政保护下可因垄断而获利，称："引票值万余元，其故何耶。盖此等价值，乃纲盐弊法所给与，情势所造成也。夫以运盐大利，授之少数专商，使其独占居奇，坐收百万之利，他人虽欲参与而不可能，故必出厚资方可得。宜乎引票一张值万余元也，盖得价值万余元之引票，即可享专商之权，坐收其利也。"引票的价值源于凭借不合理的垄断权所获预期利益，"长芦运盐利微，引商所持之论帖，仅可抵押借款，并无价值可言。湘岸运盐利大，票价特高"。

王颣吾继而论道："民国以来，改革风尚，引票价格，已形低落，可见引票并无真价值。其一时所值，不过代表专商之利益耳。专商之利，国家与之，国家可即取消之，引票之价，国家赐之，国家何以不能取消耶。"针对专商获专卖权的另一情形，即所谓"报效之款，捐纳之资"，王文指出："考有清一代，引商报效，为数甚巨，盖以献媚当局，用保利益也，而纲法之坏，亦由于此。此乃一种贿赂，何能视为引票价本"，盐商将行贿政治献金视为商业成本本无道理。"及光绪年间，国家为筹款计，因令坐获厚利之专商，按年纳捐。中经两江总督吴炳元，仿筹捐成立，令南北食岸各商，共捐银一次，凑集一百万元，以免常捐。后户部又令按年捐钱，复经曾国荃以捐款累累，大半转嫁于人民，名为捐商，不啻加赋，遂为取消。此种捐银，乃一种变相直所得税，决非引票价本也。"何况"吾国税制不佳，田地重税，食盐重税，皆为一般农民所担负，若拥百万之富，获不劳之利如盐商者，往往不纳一厘一毫，今令彼等于所得巨款之中，捐纳些许，固所宜也，以此即视为票本，岂不谬乎。况彼等所纳捐，悉数加于盐价，仍为民众担负，于彼等毫无损失，引票价本，益失其根据矣"。王文提出："即民国十八年，财政部所收淮南四岸之验票费四百万元，淮南食岸引照费四十万元，两浙验照费一百五十万元，是又一种临时登记费，并未予彼等何种特权，亦未保障引票可永久使用，尤非可视为引票之价本也。若谓说现在之引票，系出资由他人购得，以所出之资，视为引票价本，其荒谬更无论矣。人之出厚资买引票，非为引票，实为专商之大利耶。"引票"不过一运盐执照，用之则为有效证卷，不用

① 王颣吾《应无条件废除引票》，《大公报》1931 年 4 月 14 日，第十一版。

则一废纸耳"①,应无条件的予以废除。

此外,"渴望新盐法及早实施"之民众还就盐商们的"百端破坏,肆意阻挠",提出了忠告,"勿以私意,阻挠新盐法,致自绝于政府,自绝于国人,自绝于革命",冀"其能彻底觉悟而翻然改图"。②

四、民众对新盐法的热情宣传与辩护

新盐法风波中,拥护新盐政的民众不仅对旧盐商为引岸专商旧制所作辩解予以了批驳,还对新盐法作了热情宣传与辩护,全面论述新盐政的正功能,从政治角度和社会功能角度证明了新盐法的合法性。这一期间,盐政改革派利用传媒作了有效社会动员,一方面高调宣传民众对新盐法的拥护,刻意渲染旧盐商反对新盐法的举动,批驳旧盐商抵制新盐法的理由,扫荡新盐法可能遭遇的阻力,同时强调南京国民政府实行新盐政的政治责任,营造新盐法众望所归气氛,从而论证新盐法政治上的合法性;另一方面,从财政税收盐民生计私盐管控,以及盐业发展社会秩序等社会功能角度论证新盐法的合法性,证明盐政变革的必然性,促成了新盐法的制定颁布。

支持新盐法民众首先宣扬新盐法的政治正确,从政治合法性角度建立新盐政的必然性。就在新盐法刚通过的两天后,《大公报》便发表社论称赞新盐法,文章称:"立法院近草新盐法,决取就场征税自由买卖制度,打破百年来包商引岸之法,为盐政上一大革命。"③1931 年 3 月 23 日,《益世报》发表《新盐法应从速施行》一文,指出新盐法政治上深得民心,而旧盐商出于自身利益,必然竭力阻挠新盐法,南京政若欲实行新盐政,不仅要有政治上的决断,还要顺势而为,在民众的拥护下将新法付诸实施。文章称,新法虽颁布,"然施行步骤,至今仍无头绪,而盐商更肆其如簧之舌,拟为保持特权之最后挣扎"。可见,"新盐法施行之梗阻,不在政府,而在盐商"。文章提请公众关注旧盐商的活动,"沪淮南湘鄂西皖四岸总会,芦纲公所,淮南外江内河食岸公会,两浙盐业协会,苏五属盐商公会,通泰济南场盐商会等,近更以团体名义,一面运动财政当局,一面为保持引岸之宣传"。旧盐

---

① 王頖吾:《应无条件废除引票》,《大公报》1931 年 4 月 14 日,第十二版。
② 伯芳:《忠告阻挠新盐法之旧盐商》,《中央日报》1931 年 4 月 16 日,第八版。
③ 《社评:立法院通过新盐法草案》,《大公报》1931 年 3 月 23 日,第二版。

商"或误解以前盐商之特权,或就国家税收立论,言新盐法一旦实行,则缉私无法,调剂无方,国家每年必受八九千万元之损失"。文章认为,旧盐商只知附和权势,利用金钱,愚蠢无知,实为社会上"吮吸血之寄生虫"。新盐法既"改制议定,无法挽回",旧盐商"乃集合同业,共图延期,所举理由,杂然并陈",理由不值一驳,企图必然失败。

该文提请公众警惕旧盐商"大言不惭,危词耸动"会影响到南京政府,使"财政当局受其暗示",故有财政当局不满意新盐法及财部持怀疑态度之传言。文章对南京政府在新盐法议题上有被旧盐商意见左右的危险作了分析:"诚以政党当在野之际,可以充分发挥其政治之理论。及其秉政,则不能不顾及环境,而求政治上之得其平衡。今日财政当局之对于新盐法,一方面归并缉私机关于稽核,已有准备施行之形势,他方面又怀疑于新盐法施行后之滞碍"。政府踌躇显然事出有因:"推其举棋不定之由来,则盐商日呼吁其左右,自为不可掩之事实"。因"从来盐官与盐商,有密切之关系,而财政当局所信托之办理盐政人员,当然有大部分表同情于盐商,就中为盐商游说者",不在少数。由于民众是沉默的多数,盐政话语权操控在旧势力手中。①

该报因此指出,新盐法问题首先取决于南京国民政府的政治决心,提出:"宣传一时之新盐法,此事不但为财政上之重大改革,兼为社会经济上之重大变动,其博得国民同情,将益臻热烈,此后施行新盐法之责任,惟在中央政府,当局诸公,是否以国民利益为前提,亦将以其是否从速实行以为断"。② 文章同时指出,对新盐法,"在政府方面,固应本之革命之精神",而民众对政府的支持也不可缺少。"在国民方面,尤宜充分表明其对于新盐法之态度。"文章称:"今日之革命政府,以代表大多数人民之利益为号召",国民应明白表示拥护其政策,"乃能使当局坦然无阻"推动新盐政。

《中央日报》1931 年 4 月 1 日刊载的《盐政之根本改革》一文中,对盐政变革的必然性作了梳理,认为盐政变革顺应历史趋势,又有民意基础,还政治正确,理应推进。其文称:"中国历来盐政,因仍旧时弊制,向无统一之计划,及改革之决心,法度纷乱,习为常故,积弊丛生,不加整顿,知有盐税,而不知有盐政,更不知有盐法;故盐吏因缘操纵,得藉为中饱之资,盐商囤积居奇,竟视为生产所在,论者至目盐务为恶浊之薮,数百年来民众呻吟于创钜痛深之中,莫为援手。"如此盐政情形,民国后,虽曾为局部整理,"但收

---

① 《新盐法应从速施行》,《益世报》1931 年 3 月 23 日。
② 《新盐法应从速施行》,《益世报》1931 年 3 月 23 日。

效亦极微末"。因此"值此全国统一训政期内,盐政之根本改革,允为目前急切之图,而最近盐法之公布,尤为全国民众所热望能于最短期间促其实行者也"。文章称赞了新盐法就场征税制度。新盐法第一条规定"盐就场征税,任人民自由买卖,无论何人不得垄断",此规定"确立盐政改革之原则,实属应时势之需求,得民众之心理,并符合民生主义之精神,可谓最近立法上一大成功,于新盐法之一切盐兴革计划,犹有赖于盐政改革委员会之努力"。①

《大公报》1931年4月12日发表涂星若文章,提出实行新盐法无论政治上财政上均有积极价值,新盐政施行正当其时。文章称:"在三民主义统治下之党国,举根深蒂固之厘金制度,铲除之于一旦,独对于万倍厘金祸国殃民之引岸专商,迟至统一之后五年,始见诸立法院之通过取消,吾人对于政府之迟缓,诚不免遗憾。想我国政府,无事不具大刀阔斧之改革决心,如关税自主,澈底裁厘,雷厉风行,有目共睹,岂独于少数盐商,有所顾虑,徒以人民向无团体组织之要求,当局亦无法知民间疾苦,又值连年用兵,国用浩繁,故不愿轻言革改,影响税收,此政府之苦衷也。今者统一完成,百政维新,且新盐法实行后,税收有增无减,有百利而无一弊。"②

《大公报》刊载社评称,国府应速行新盐法:"新盐法颁布至今将近一月,尚未经政府以命令公布施行日期,以致盐商则四出运动,铜臭熏人,国民则观听为惑,怀疑莫解,如此迁延,夜长梦多,行见盐商盐官,勾串一致,不能打消,故取延宕,政府失改革之机会,国民蒙无端之损害吾人为维持政府信用,社会廉洁,与国民利益计,以为政府此际,应当毅然决然,表示实施新盐法之决心。"③

《益世报》1931年4月16日又发表《施行新盐法之重要关键》一文,写道:"盐法之于今日,已超过事理之讨论,而入于施行期,财政当局,于不知不觉之中,处于有利于盐商之环境,而盐商得乘其机,实施其分化立法与行政之作用,均不难求其背景,但在自号为革命之政府,只应以澈底改革之精神,而不应搜求故事,多所顾虑。"④

《北平晨报》1931年4月17日刊载《北京市党员建议督促政府公布盐法》一文称:"自立法院决定新盐法草案以后,举国人心,为之一快,以为数千年屡革而未革之弊政,在此革命政府之下,卒能一扫而廓清之,此种非常

① 《盐政之根本改革》,《中央日报》1931年4月1日。
② 涂星若:《国民会议与新盐法》,《大公报》1931年4月12日。
③ 《社评:国府应速行新盐法》,《大公报》1931年4月15日,第二版。
④ 《施行新盐法之重要关键》,《益世报》1931年4月16日。

建设之精益世报神,颇足以慰全国人民望治之心也。我革命政府,本总理遗教,以建国救民为职志,则于此种弊政,应作根本之改革。催促政府,迅将盐法公布,勿使夜长梦多。"①。

崔致平在《长芦盐政之现况及所期望于国议者》一文中也感慨:"万民渴望之新盐法,公布之期,反日见沉寂,或以新盐法实施,诸多碍难,必须详细讨论。然无论有何困难,实有早日实施之必要",这样不仅能增加税收,还可以"一洗从前盐商故意掠勒居奇",使"民无淡食之虞"。文章呼吁:"吾人以为改革盐法,果能切实奉行,全体国民,实受其利,如因少数特权阶级之运动而无期延宕,等于变相取消,则不特革命政府,无以自解于民众,且将令政府与社会,同陷于不廉不洁之嫌疑,此公众所不能忍受者也。"②

为营造新盐法已水到渠成气氛,支持新盐法民众还拉社会名人为新盐法站台,《晨报》1931年4月19日发表《马寅初谈新盐法公布施行无问题》一文,借马氏口称:"自立法院通过新盐法,我国千余年旧盐制之流毒,可以扫荡无余矣。且蒋主席每忧念民生疾苦,凡与民生有利者,当亦无不赞同,是以公布施行,当然无问题。"③

盐政改革派除了营造舆论气氛,从政治上证明新盐法的合法性,呼吁南京国民政府克服旧势力阻挠,尽快施行新盐法外,对新盐法的施行效果也作了论证,从财政税收盐民生计私盐管控以及盐业发展社会秩序等社会功能角度阐释了新盐法的合法性。

支持新盐法民众认为,新盐法有利于稳定民众盐税负担并通过挤压旧盐商的不当利益而扩大国家盐税收入。涂星若在《大公报》发表文章分析认为,盐政之弊,实由于"引界"之限制及"专商"之垄断。从根本上改变盐政,宜废除专商,欲废除专商必以破除引界为第一要义。当时,南京政府"对内政务之整理,对外军备之扩张及各项建设之完成,国家经费皆有膨胀之趋势,欲经费增加不得不求巨大之财源"。由于"盐税既居国税收入之大宗,则为补救今日财政之危急计,为解除全国民众之疾苦计,为杜绝中饱以期国计之充裕计,为担保确实以全对外之信用计",改革盐政实属必要。文章称:"盐政改制之议,在今日聚讼最盛者,不外场征税及就场专卖两途。"同在防止私盐,但专卖实制重在缉私,而征税制只设场警,征税制对此问题解决较为彻底,因"具民主之精神"。④

①《北京市党员建议督促政府公布盐法》,《北平晨报》1931年4月17日。
②崔致平:《长芦盐政之现况及所期望于国议者》,《大公报》1931年5月13日,第十一版。
③《马寅初谈新盐法公布施行无问题》,《晨报》1931年4月19日。
④涂星若:《国民会议与新法法》,《大公报》1931年4月12日。

《大公报》刊载《特税与盐法》一文,指出由于特种税取消不可避免,通过实行新盐法增加政府盐税收入,对南京政府的财政格局十分关键。文章声称:"特种消费税,为财部预定之新税,抵补裁厘后损失之一。但财政当局实因特税之征税,不但出厂,且及于消费区域,征收手续异常烦难,再则如河北等省,竟有先已实行征收特税者,中央何必与地方争此一簪,为顾虑国民经济起见,则不如根本取消,故遂有毅然决然取消之决议。"所以,"取消特税加征盐税为政府已定之计划"。在这种背景下,颁布新盐法就成为为国民政府施行"善政"的税收替代制度,被寄予了稳定财政收入重任。①

《盛京时报》1931年4月18日发表《新旧盐法之优劣比较》一文,认为新盐法有利于盐政秩序规范和政府税收目标实现。文章称,实施新盐法后,"由灶民自由造盐,寄存于仓坨,而由其自由买卖,使生产者消费者,直接交易,方免从中居奇,垄断盐价之弊害,于国计民生,均有裨益"。对盐税收入保障问题,盐法拥护者称:"按盐商反对废引所资为口实者,除民食外,则以国课为言。抑知民国以来,国课纵有空绌,事实上盐商未尝负责,若由散商竞卖,盐价低廉,食户不致十分撙节,则销数或可增加。民国四、五年间,前四川运使张英华建议自由贩运,税收由年额七百万元,不数年竞增至一千三百万元,可为证明。"②按立法院统计,"新盐法实行后不特无碍于税收,且可由每年一亿二千万元增至一亿四千万元"③。

改革派对新盐法可增加国家税收命题作了有力论证。雄在《吾国盐税历年增加观》一文中,对清末以来盐税收入变化情况作了分析,认为国家盐税收入仍有潜力,只要制度改革适当,盐税定可增长。文章称:"世界盐税法之最紊乱者,莫吾中国若也,自满清季世,各省皆设有专官,管理盐税,征收盐税,然每以官商互相结耗,其狼狈为奸之处,弊窦从兹而生,故政府每年盐税之收入,至多不过一千三百万元。"文章回顾道:"光绪季年,宣统之时,中央筹议改革盐政弊习,思划一全国盐税税率",不过"革故鼎新,未见实施,而革命风潮,遂乘之而起",改革盐税之事搁置下来。民国后,"亦视盐税为收入大宗,常谋税率划一,以为整理之方针"。文章陈述了民国改革盐税的一些措施:"民国三年,颁布盐税规则,规定盐税税率为每百斤征二元五角"。该规则因为当时"各省税率,相去甚远,一时难以实行",于是在

---

① 《特税与盐法》,《大公报》1931年4月21日,第三版。
② 《长芦稽核分所关于新盐法施行办法意见书》,中国第二历史档案馆馆藏档案:财政部(1927—1949),全宗案卷号:3—23。
③ 《1931年6月26日行政院秘书处致财政部函》,中国社会科学院近代史研究所图书馆馆藏:国民政府档案—国民党行政院(二),3847。

"全国乃划定区域,以便推行"。"至民国七年,修改盐税条例,每斤改征三元,然亦未能如预定计划实施,不过,政府盐税收入,"自此已往,即逐年加增"。之后,"以善后借款合同之关系,更设立盐务稽核所,聘任洋员,以事征收逐年收入",政府盐税"益见增加"。文章披露:"至民国十四年,盐税实收总额,已达九千八百九十九万元之多。"政府盐税收入比之清末,"相去七倍,即比之民国三年,亦加多三分之一。近十年来,平均每年约增加三百余万元,其速度甚可警人也。"文章乐观预期:"今革命成功,中央政府,日趋巩固,对于盐务,若能实行改良,划一税制,撤去一切附加骈枝机关,革除一切中饱私囊,俾盐务统归中央管理支配,则盐务税收之增多,比之过去十四五年,必更有可观,此可断言者也。"①

《大公报》也于1931年4月21日发表《卫挺生谈盐法》一文,预测施行新盐法会增加政府盐税收入,文章称:"新盐法之要点,即为就场征税,一税之后,不复重征,手续简单,尽革前弊,改良盐法,一方可增国家收入,一方并不增重人民负担,自为良税,据调查旧盐税各省,因产区关系,高低不一,全国平均统计,每石约负盐税五元七八角,改革后每人每年食盐以拾斤计算,共负担五角,即就最低生产之劳工而言,亦甚符合,又照去年征税之盐,为三千六百万石,纳税以三元一角七分五厘计,计收一万一千四百余万,改革后可增至四千五百万。"②

《盛京时报》发表《盐政改革将行实现》文章,指出新盐法对整顿当时盐税体制的混乱局面,加强中央政府对盐税统一控制十分重要。文章称:"现行之盐法税率,本分十九级,高者每石四元以上,最下至五六毛,大抵因邻近盐滩,私贩最多之地,则盐税最轻,而远无私贩者,则较高"。不过,这只是所谓国税,而实际上,当时"各省于盐大约均加附税,其轻重亦几同一理由。"文章披露,盐附税"其捐数之重,当以江西为第一,每石至征十二元,河南皖北亦略同之,湘鄂稍次之"。文章分析,"近年各省之盐,大约每斤均在二毛以上,此为长江流域及河南,近年人民之特别虐政也。"文章认为这极不正常:"盐之生产成本,虽以浙盐为最高,而亦不过每斤约银一分而已,其他长芦两淮山东均不及一分,加以国税至多亦不及五分,而年来乃至二毛以上,此岂异事乎?"文章对此颇为忧心,称:"近时财政部为统一盐税计,本已通令各省将所有附加税捐统归部收,其意谓得分年裁减,而识者知其一经由部增收,恐即无裁减可能也。"文章提醒史有先例:"吾人当能忆

---

① 雄:《吾国盐税历年增加观》,《四川盐务日报》1931年1月18日,第三版。
② 《卫挺生谈盐法》,《大公报》1931年4月20日,第三版。

咸同时,曾左创办厘金,当时本以抽厘济饷为名,军事定后,则谓分年的酌裁,岂知直行至今,各厘局门前,抽厘济饷之旗帜,至本年方撤下"。更有甚者,"滑稽者为讨洪杨之旗帜,竟留至今日为革命之用",文章怀疑,"此项附捐一经列入预算,何年方能筹此巨款,以为抵補乎?"文章称:"故吾人希望财政当局,今应从立法院之议,为根本之整理,大刀阔斧之改革,不必为枝枝节节之谋也。闻上年全国销盐约四千数百石,国税所入为九千余万,较之上年无大增减,而各省附捐其入之各省政府者不过七千万元而已,以人民所费之重价比例之,约在九十万万元以上,可知人民所费,而政府之所得实少也"。文章写道:"盐税重则私贩盛,此为经济学上必有之结果,今后如无战事,减轻盐税,大约每年五千万石之销数,当只有多而无少也,如照立法院现定税额,截长補短,平均盐价使成每石三元之比例,则每年可收一万五千万元余,较之现收国税及附税之和,固无大出入也,如此确定,则合计产本国税运费三项以定盐价,至多不能过每斤七分,较之现价减少一毛三分之多,而国家收入并未减少,此于国家亦复有何不利乎?"①

《大公报》刊载郑直明文章,对新盐法的改革价值予以了充分肯定,分析了施行新盐法面临的困难,并提出希望南京国民政府财政部接受新盐法确定之税率,不再坚持提高至八元,另开财源放行新盐法。文章称:"我国盐政,自明清以来,以税收为目的,法系纷乱,弊窦丛生,不加整顿,迄于今日,'盐糊涂'三字仍脍炙人口。识者谓中国盐务有权无政,遑论法乎? 新盐法应时势之需要,谋全民之福利,是盐务有史以来,第一次之盐法也。"好法立法不易,施行却又好事多磨,"不幸财部以税率过轻,坚持每百公斤八元之议,致新法迟迟不行"。文章对此感慨万分:"盐税类似丁口税,各国谓为恶税之一。其所以课税者,实因税源充裕,收入稳定,而合普遍原则,盖食盐为人生必需之品,未有代用之物也。泰西各国,于中古时代,率皆征收盐税,以为国家收入之大宗。"此后"财政学理昌明,租税以公平为第一要义,趋向累进税则"。食盐重税不合公平原则,因盐税"不论贫富,皆课以同等之税。贫者食菜蔬,以盐为必需品,富者食鱼肉,以少许之盐已足,是贫民纳税犹较重于富翁也,殊与公平原则大相径庭。故各国或毅然废止之,或仍存之,以调剂他税"。只因"中国经济落后,财政紊乱,与欧美各国情形迥异,又以善后借款问题,不得不课盐税以较高之税率,以资抵補",实为迫不得已之举"。文章对国民政府财政部每斤八元税率主张颇不以为然:"财部斤斤于八元税率,似谓非盐税不足以弥补裁厘后之损失,诚如

---

① 《盐政改革将行实现(续)》,《盛京时报》1931 年 2 月 12 日,第二版。

是,则财政计穷矣。夫国家收入,端赖财政计划,而财政计划,又以租税制度为鹄的,以期互相调剂,庶得持公平精神,不背经济原则。盐税为间接税,既不能以为收入之大宗,又不能课以重税"。文章指出,"盐税不应再加,及其增加,于事实上难行者明矣。国民政府为革命政府,处处以民生为前提,人民当颠沛之余,自不能重其担负,限制其生产力,而为饮鸩止渴之计也。"文章痛心论述道:"总理遗教及二中全会会议以减轻盐税为言,若再事增加,恐非本党政策所许,又何足慰喁喁众望耶?"文章不相信南京国民政府财政部所以坚持加重盐税是受旧盐商包围施压导致,认为这在当时政治环境中不合逻辑,"宋部长追随总理有年,奔走革命不遗余力,整理财政,胸有成竹。此次裁厘,虽损失若许收入,亦毅然行之,不动声色,卒底于成,何能对于福国利民之新盐法稍怀迟疑耶。财部之议,容有事实之困难者,然犹望财部顾及民生,统筹国计,另拟税源,盐不加价,则贫苦小民受赐良多矣"。①

新盐法支持者了回应了旧盐商对新盐法不利税收与禁绝私盐的攻击。本白在《大公报》发表《新盐法施行之暗礁》一文称:"新盐法由立法院通过,已经一月,政府迟迟未公布,谣言议起,谓系盐商运动之故。"文章分析,"自清以来,每一次倡言改革,盐商即辇金运动,其结果无非盐官与盐商领袖,各饱其欲",为此负担出钱者多为散商,"而实在受害者,仍在小百姓身上",因盐商必转移负担,"加倍以取偿"。文章深有感触言道:"故张南通有言,余不欲再言改革,无非使官商发财,人民受害,此历次改革之经过,有事实证明,不可讳也。"不过,文章认为,历史上盐政改革的痼疾已然可以祛除了,"今日之革命政府,在三民主义之下,盐商即使多钱,非如从前帝王军阀之时代,只要贿赂一人,即可将改革案,完全打消"。文章体谅南京国民政府,"立法院对于国利民福之新盐法,谦让未遑,不敢作断然之主张者,非受盐商反抗之影响",政府所以迟迟不公布新盐法,"并非专为盐商之利害计,实有两大新法施行之暗礁,即税率与整理场产两点是也"。文章对此分析道:"清初盐税每百斤不过二钱,自厘金发生,始有盐厘名目,现在只附加税,即变相之厘金,并不在场上征收。民国初年,不能就场征税者,实因场税平均每百斤不满二元",而当时"东三省山东沿海,每百斤只课四角或六角,一旦欲就场征三元或二元五角之税,势所不能",如果在通过地或销地附加,"而就场征税之制,即根本破坏"。文章称:"现在能在产地实收每百公斤五元之税,私盐当可绝迹,若过此税率,私盐必大增加,是政府有加

---

① 郑直明:《增加盐税之商榷》,《大公报》1931 年 4 月 17 日,第十一版。

税之名,而结果反减少收入。"若政府必欲提高税率,"至少须在三年以后,全国盐产,完全整理,盐尽归坨,不致漏私,则虽加重盐税,私盐不致骤增,若在今日而欲高于五元之税率,即根本推翻就场征税之政策也"。文章认为,"整理场产,为本法施行之一前提"。而"引界不废,专商不除,场产即无从整理",场产未整理,不能实行新法。文章批评"盐商谓各场设仓坨,政府无此财力,真奇谈也",文章分析整理场产"坨应添建者无论如何,不必一千万,每年节省之行政费,即有千万,尚何虑经费之无着耶,此整顿场产问题,政府亦毋庸顾虑者也"①。

　　与旧盐商的悲观预期不同,支持新盐法民众认为新盐法施行还有利盐民生计。《大公报》1931 年 4 月 23 日刊载《芦台灶户之呼吁利由商得害归灶受》一文称:"专商垄断灶户饱受其蹂躏,力请取消引岸以维持民生"。文章指出,新盐法经南京国民政府立法院制定后,旧盐商四出运动,冀以打消此案。"芦纲公所曾上呈各机关,表示反对,以取消引岸,关系经济民生甚大,并以灶户之生活为虑。"然而,灶户对旧盐商的仁慈似乎并不领情。文章称:"最近芦台灶户代表崔雪樵等上呈等机关,痛陈盐商垄断把持之弊,灶户均已臻不能图存之境,力主取消引岸。"文章就此评论道:"可见引岸之制,不仅病国病民,即制盐之灶户亦受压迫。"文章刊载了崔雪樵等的呈文:

　　　　夷考我国盐法,其实权或属于官,或操于商,或就场征收,任商贩运,计此三种之中,虽因地制宜,情形各有不同,要须调剂有法,不容偏枯垄断,始可上不病国,下不殃民,而收法良意美之效,惟长芦盐务,辗转迁移,卖权操自津商,按此封建式之盐法,本不适于民国政治,无如灶户(制盐人)习受淫威,罔敢抵抗,虽政变迄今,仍任专商之把持摧残,然当满清之时,灶户时或穷困,尚能由国库发帑借支,以济其乏,殆至国体改建,并此皆无,遂致穷苦灶户,积困难纾,竟使滩业强半荒芜,夫津商之富,举国莫敌,盖以其专利有年,纯以剥削主义一味侵略,灶户虽闻有反感,思与理论,当昔之专制时代,终不过一纸空文,无补实际,卒至隐忍迄今,滩业行将破产,万恶之因,无非把持盖津商既据有专卖特权,对于灶户每年制得之盐,应出相当价格,悉数收纳,俾灶户血本无亏,劳力有偿,灶户制得之盐,不准转主他售,限制极严而津商从不尽数收买,以履行其专卖义务,计其每年购盐总数,仅当灶户制额

　　① 本白:《新盐法施行之暗礁》,《大公报》1931 年 4 月 27 日,第四版。

三分之一，而灶户余盐积累，颗粒不准他销，汗血金钱，坐视消耗，逐年如斯，损害曷极，卒至利由商得，害归灶受，所有灶户，因劳力所得之收益，统被剥削，于是血本消亡，滩业荒废，国库之来源则阻，惟自共和伊始，百政虽新，津商犹以帝制余毒，纲其专利，既违共和政体，复反三民主义，误国无穷，殃民殊甚，且更于新制颁订之初，措词挣扎，思将制盐灶民置于万劫不复，于三民主义之下，横开一帝国纪元。万恶之引岸灶户方面，因历受专商之压迫，血本逐渐消亡，际兹训政时期，尤当取消无疑。①

新盐法支持者对旧盐商以盐民困苦生活话题反对新盐法非常愤慨。对旧盐商炒作的民食保障与盐民生计维持问题，盐法拥护者反驳说："夫晒户制盐，本愿尽数出卖于引商，而引商不予尽收，且所收又用大秤，则晒户受亏过甚，故近年屡以此等亏累之故，而与引商纠缠，甚至结合盐民，以与之抗，至引商一闻政府有破除引岸之说，遂相率起而为盐民争生计，"谓"自由买卖实行，贵盐必被淘汰，数十万盐民生计可虑，不从拥护专商自身利益立论，而从盐民生计着想，可谓巧于立言"②。

署名龚德柏作者发文，对旧盐商为一己之私，故意造谣民生问题诋毁有利民生新盐法予以批驳，揭露旧盐商压榨盐民的事实，指出旧盐政是盐民困苦的根源。文章称："民国二十年来，改革之举虽多，然最能为国库增收入，同时为人民减负担者，则莫过于立法院新近订立之盐法。"文章称："虽裁厘为国民政府最大善政之一，然较之新盐法，尚有望尘莫及之概"，因"裁厘之利，只及于商人，而新盐法之利，则国家及一般人民皆普遍偏受之也"。尽管新盐法惠及大众，但"从来藉引岸专卖为掠夺贫民血汗资财之旧盐商，以其世袭'不当利得'权利之根本小米，起而横生阻碍，并挟其长袖多金，向各方为猛烈运动。日来旧盐商之黄金，虽足动不肖者之心，而一般国民之愤慨，则亦因之继长增高"。文章分析，旧盐商深知单靠金钱未必可以遂愿，必力图掌控盐政话语权，营造有利舆论。文章对旧盐商的舆论攻势相当愤慨，称旧盐商"乃于百尺竿头，再进一步，致有满纸谎言'盐法之商榷'公诸于世"，旧盐商"自知其言论决难为世人所垂注，持其金钱之多，在报纸封面左为广告，大登特登，以企获得世人之一顾，故虽日费数千金，亦

---

① 《芦台灶户之呼吁利由商得害归灶受》，《大公报》1931 年 4 月 23 日。
② 《景本白之新盐法观》，《大公报》1931 年 3 月 27 日，第三版；《两浙盐务》，《大公报》1931 年 3 月 23 日，第四版。

毫不顾惜"。文章指出旧盐商的广告策略有一定蒙蔽效果，因"从来盐官盐商，对于盐务，概守绝对秘密之故"，一般民众关于此事，知识甚少，"或恐眩于大报纸封面大广告分量之多，不知其理由之贫"。文章批判旧盐商谬论，称其所谓引岸之设，一方为维持交通不便地点之民食，一方为维持成本较高盐场之民生，不过"为旧盐商维持其世袭'不当利得'权利之唯一理由"。文章认为，旧盐政下盐价即便较低，也非制度合理或盐商个仁慈，而是极限压榨盐民的结果，"考其价低之由，并非成本较低，而实因专商以最低之价以购买之所致"，尽管旧盐政下"价由官定，而现在之价，大半系数十年前所定"。文章分析"今日一文钱之价值，固不能及数十年前十分之一。即令从新定价，而场官平日受盐商之豢养，运使亦惟盐商之命是从，决无不祖商而抑民之理"。文章对此十分气愤："盐民勤劳终日，不过仅资糊口，而利益则为盐商所占，因之人民迫不获已，往往将盐售于私贩，以图多获利益，卒致破家荡产，甚且杀身者，比比皆是，此则专商所赐。"①

《盛京时报》发表的《盐政改革将行实现》文章，提出盐政改革遭遇阻力并不意外，但坚信新盐政势不可挡，文章阐述道："民国以来，于盐政问题，有改革与保守之两派，每议一度，即为经手人发一度之财，此事吾人屡能心忆而指计之"，所以如此，"盖盐商希图保全权利，即不惜多方以运动。从前北京之财政当局，谁不食此美味者"。文章指出，涉及这类潜规则，"尤以淮商之运动为最烈，因全国盐产，两淮本占五分一强，故凡有盐票数张者，无不为资本家。清之盛时，两淮运商本以扬州为重心，其穷奢极欲，上可动至尊下则奔走儒林，此数百年之历史，多少可歌可泣可羡可恨之故事"。虽"中更洪杨之难，盐商星散，曾李诸公，倡换旧票，增发新票，当特每票不过百十金而已，其后每票坐收余利，多时至八千金。即至近年，盐票无人过问，有人贩运，每票尚可得二千元"。文章因此称："就今日之运商论之，此中诚有穷不堪命，旧票成废纸，即时无立锥者，就以往之权利义务较之，则其所得不知几万万倍"，并且，"就因果言之，当日侥幸获此纸上权利，坐食不尽，即余成消费而不生产之子孙，亦何能转责他人乎，故今日若再提倡买回盐票之说，恐无人能入耳也"。文章指出，"党府成立以来，淮商之觉悟较进，故上年尚有一二度向财部交涉"，然则"气已衰矣，所谓代表，所谓网总，秦淮白门之间，向不见其踪迹"。此次立法院制定新盐法，"事前尚各守秘密，不使人知，所以如此者，即恐长袖善舞之财能通神也"。文章称："盐政

---

① 龚德柏《驳"湘鄂西皖四岸运商总会公表盐法之商榷"》，《大公报》1931年4月13日，第三版。

大纲及就场征税之原则,至昨日止已正式通过,而蒋胡两公,于此等大改革之根本,其为总理遗教所有者,均以一贯之精神行之,则今后虽有挟丁恩以再来,似亦无補于桑榆之收矣。"①

此外,新盐法支持者还指出了变革的历史必然性。朱德龄在《论盐商反对改革盐务之荒谬》一文中写道:"最近立法院通过新盐法,定为就场征税,取消引岸专商,注重场产的整理与建设,力谋国民食盐的幸福,国家税收的增旺,同时并可减轻人民的负担,改善盐户的生计,杜免私盐的走漏,开辟商贩的生路,在最近党国史上,是一件极关重要,极存价值的法令,全国舆论,一致响应,全国同胞,莫不颂扬称幸,盼望着我们革命的政府,能够早日实施,国民能够早日享受这种幸福。"文章分析道:"本来中国社会的惯性,整个的是封建化。在先人们认为军阀是封建势力中最强有力而牢固者,殊不知盐界的专商,较军阀犹过之无不及。"文章论证道:"盐界的专商,只知以不当的大资本,毒害国民健康,发展个人利益,甚至共给军阀军费,助长国内战争,勾结贪官污吏,营私舞弊,垄断民食,专擅盐利,剥削民财,根本与总理的民生主义相冲突。"专商制积弊太深,已丧失合法性,而"本党革命目的,在解除民众痛苦,打破封建恶制,达到自由平等的境地"。由于"我国盐务积弊深业,已尽人皆知,盐务机关的腐化,较其他机关为尤甚。盐务官吏,往往受盐商的运动,互相勾结,狼狈为奸,尽其蒙混,欺诈,敲索,利用之能事。至于盐商本身,在盐场有场商欺压盐民,迫害贱盐,在销区有运商侵害食户,成一不劳而获的高贵阶级"。旧盐政破败如此,盐政变革正当其时,"现在盐务改革的声浪,已弥漫全国,要求改革,已为举国一致的主张,政府已抱绝大的决心,从速实施,不论盐商运用任何伎俩,从中阻挠破坏,绝难收效,徒然增长同胞的反感,引起国人的愤恨,痛遭舆论的唾骂,激成未来的巨变"②。

当然,民众深知新盐法所遇阻力强大,对该法前景优忧心仲仲,后来的结局不幸印证了这些担心。在新盐法尚未颁布时,《大公报》刊载于去疾《盐法草案通过后之希望》一文,称:"百年来吾民所受引岸商人包商垄断之痛苦,至此或有引领嘘气胸鬲一舒之望,然而自通过以迄今日,亦即十日于兹矣,政府之态度如何?尚未有鲜明之表示。但吾人仍不免揣揣于盐商之势力,与政府之犹豫。"文章披露,"盐法草案脱稿之消息披露以来,两淮两浙长芦山东四处盐商,即皇皇然奔走呼号,不可终日,运动缓行之说,甚

---

① 《盐政改革将行实现(续)》,《盛京时报》1931年2月12日,第三版。
② 朱德龄:《论盐商反对改革盐务之荒谬》,《大公报》1931年3月29日,第十一版。

嚣尘上。"文章称:"道路谣传,谓为盐商将以某项条件,为缓行新盐法之交换",因此呼吁:"夜长梦多,究难免群众之猜测,为政府计,惟有毅然决然,早日公布。"文章注意到,"此次立法院盐法起草诸委员,于盐法之末章末条,不照例曰'本法自公布之日施行',而代以'本法施行日期以命令定之'十一字,即因盐务之积弊已深,非予政府以审慎迴旋之余地,不能收蠲瑕涤秽之功"。文章体会到盐政改革阻力非比寻常,之前政府裁厘政策十分顺利,"裁厘之利,全国各报纸及知识界,几于异口同声,连篇累牍"。而此次改革盐政情况大不相同,"废引之益",只部分报刊"尚时发为同情之论调,此外皆若寒蝉",文章对此颇为痛心:"自革命军兴,各种职业团体及文化团体,风气云涌,目眩以迷,独于此人人有切身利害之盐政与盐务,除一旧有之盐政讨论会外,未闻有苍头突起之异军,而此硕果仅存之盐政讨论会,自经袁世凯忌其与国民党一鼻孔出气,曾经一度予以打击之后,十数年来,亦复如久病之屠夫,声微力竭,不能发狮子吼,故至今尚蛰伏于政治落伍之故都,而未能与过江诸贤,一显好身手于新都城下也。"①

民众拥护新盐法的声音最终影响了新盐法风波的发展,南京国民政府决定将新盐政推进一步,在"全国舆论,一致响应"之下,在国民会议的推动下,国民政府最终于 5 月 31 日明令公布新盐法,至此"垄断数百年享尽无限奢豪之盐商,到此愿再维持一日之生命不可得"。② 综观上述新盐法颁布前后全国民众对新盐法的支持活动,在颁布与施行与否的争论中,民众表现出较为明显的主动性,造成强大的社会舆论。民众的表现,不仅使国民政府感到民心可用,以之作为挤压旧盐商震慑地方势力的手段,同时亦感民心不可侮,制定颁布新盐法才能对民众有所交待。同时,民众的参与和介入,对旧盐商的阻挠、破坏行为也起到了极大的震慑作用,不得不感叹"新盐法之实行遂有不可中止之势,商等不敢谓新盐法之不适用也"。③

五、新盐法颁布后民众为实施新盐法所作的舆论攻势

新盐法颁布后,由于旧盐商和地方势力的反对抵制,南京国民政府盐政改革的施政资源被极大消耗,已无强制推行的政治意愿,因而踌躇未决。

---

① 于去疾:《盐法草案通过后之希望》,《大公报》1931 年 4 月 11 日,第十一版。
② 朱德龄:《新盐法未能公布之症结》,《大公报》1931 年 5 月 18 日,第四版。
③ 《1935 年 11 月 4 日国民党中央执行委员会秘书处致行政院公函》,中国社会科学院近代史研究所图书馆馆藏:国民政府档案—国民党行政院(二),3850。

由于新盐法有"设盐政改革委员会掌理基于本法之一切盐政兴革计划"之程序性规定,社会一直在等待政府方面为实施新盐法所做相关的准备,相信政府方面关于"新盐法之施行法,及盐务改革会之组织法,暨其他附带法规",立法院"均正在分别起草"的说辞。[①] 尽管公众对南京国民政府新盐法施行上的迟缓有所微辞,但在长江洪水自然灾害和东北事变外敌当前形势下,过度操作新盐法议题不合时宜,社会舆论在此期间一直比较克制,在新盐法问题上未向政府施加太大压力,只是不时报道相关问题进展,偶有非议,维持着议题的关注度。延至 1932 年 5 月,在各方压力下,南京国民政府按新盐法中先设盐政改革委员会的规定,于 5 月 2 日公布《盐政改革委员会组织法》[②],不过,原定盐法公布后三个月内成立盐政改革委员会机关并未如期设立。[③] 此后,南京国民政府在新盐法施行问题上又未见作为,似乎政府方面有意使新盐政陷入法律施行程序的泥潭。社会公众的不满不断积聚。在 1934 年 12 月第四届中央执行委员会举行第五次全体会议和国民党 1935 年 11 月举行第五次全国代表大会前后,拥护新盐法的民众利用传媒,发动了促成新盐法施行的舆论攻势。最终在法律人分区施行新盐法倡议下,僵局得以化解。梳理这期间公众言论,尽管民众对政府迟迟不施行新法颇有不满,但却策略地将怨气撒向向旧盐商和旧盐政寄生群体,以抨击旧盐政拥护者催促南京国民政府在新盐法问题上有所行动。

《大公报》1934 年 7 月 19 日刊发《目前盐务的病态与稽核人员的自省》一文,认为人新盐法未能全面施行造成了盐务混乱局面:"现在全国的盐务,大部分颇似入于混乱状态中,由沿海的盐民,以至场商,运商,水贩,挑贩,皆若皇皇然不可终日,纠纷四起,聚讼盈庭,此诚今日之一大问题,不可稍容忽视者"。文章指出施行新盐法不应再拖:"此酝酿数年举国瞩目之煌煌大法,遂成文字之结晶,荏苒迄今,几已视同秋扇,故新盐法一时虽未能实施,而影响于国民心理者则甚巨"。文章分析当时施行新盐法政府有民意支持,事半功倍,坐失良机,恐失信二于民,称:"年来旧制虽大体保持,而执盐政者,沐于趋势,碍于舆情,事无巨细,无不以改革相标榜。以环境而论,现在中枢之巩固,地方之服从,为二十年来所独有。而普遍心理,又皆知盐务需要改良,凡有兴革,既不难贯彻,且易获同情,有此权能,有此机会,诚可以奋发有为,顾事实所昭示于国人者,毁多誉少,近且烦言啧啧

① 《立法院起草新盐法施行法》,《申报》1931 年 6 月 22 日,第四版。
② 《盐政改革委员会组织法》,《国民政府公报》1932 年 5 月 10 日,洛字第 7 号,法规,第 1—2 页;《盐务汇刊》,1935 年 1 月 15 日,第 58 期,"法规",第 59—61 页。
③ 盐迷:《所望于盐政改革委员会者》,《大公报》1935 年 2 月 24 日,第三版。

矣。如其袭改革之美名，逞一时之快意，朝更一弦，夕换一辙，步骤既乱，骚动不堪，已蹈齐末之嫌。"[1]

《人民晚报》也发文呼吁："近因盐税过重，人民被迫少食，盐业衰疲残落。此固影响税收，尤易酿成事变，如鲁东抢盐风潮迭起，两淮产地，时有失业盐民，私贩枭匪，啸聚劫掠，破坏盐池，淞浙沿海一带，亦时发生抢劫私煮之事。至于各省商会，民众团体，呼吁减轻盐税，请速改革盐务。"相信新盐法实施之后，"可以一扫现在专商引岸制度下的一切积弊。实行新盐法，在政府是一件轻而易举的事，问题只在政府有没有魄力去实施"。希望当局"打破以往议而不决的惯例，从速实施新盐法！"[2]

《新闻报》刊载宣子《如此盐商！》文称："国民政府成立，鉴于盐务积弊重重，特颁新法，筹划改革，人民引领企望，匪伊朝夕，迄至最近，犹未见诸实行，即负整革专责之切要机关盐政改革委员会，其组织法虽经国府公布，两载于兹，仍属镜花水月，吾国盐务改革，何以如此难于实现？国人辄怀疑不已。"[3]

《大公报》1934年12月6日发表社评《国人所望于五中全会者》一文，对旧盐政作了深刻批判，同时严厉指责了旧盐商为延续专商引岸不当利益所进行的非法活动，抨击旧盐政势力反对改革派设立新型盐业公司改良食盐品质的局部改革努力，展示了社会各界拥护新法的愿望和行动，呼吁南京国民政府尽快作出实施新盐法的政治决断。

文章首先指出世袭商专卖制度是中国旧盐政的总祸根，称："中国盐产甲全球，沿海数万里之滩场，随地皆可制盐，存货如山，有积至数年犹不能出脱者，盐民痛苦之声，不绝于耳。最近两浙余姚等场之盐潮，即其一例。返观内地人民，则又极感淡食贵食恶食之苦，时虞盐荒之惧。此种矛盾现象，不能不归于世袭商专卖制度之不良，以养成少数特殊封建阶级，使操纵把持于其间也。"文章认为，旧盐商的非法活动妨碍了新盐法的施行："亡清最大秕政遗存于国府之下者，惟厘金与盐务二者。今厘金已废而盐务之弊如故，非因盐务本身之改革较厘金有何特殊困难，不易实行，实即因盐务有此根深蒂固之封建势力之把持也。厘金无人把持，说废便废，只一纸命令，而全国莫不奉行。今一言盐务改革，则盐商必运用起万能之金钱，拼死抗拒，冀维持其数百年来之世袭封疆——引岸，以遂其贪欲之私。此

① 《目前盐务的病态与稽核人员的自省》，《大公报》1934年7月19日。
② 《国府明令禁征盐斤附税》，《人民晚报》1934年7月22日。
③ 宣子：《如此盐商！》，《新闻报》1934年11月28日。

所以改革之倡议之三十年，至今仍无期望也"。

文章回顾了近代以来中国盐政改革发展历史，指出旧盐商一贯阻挠任何触犯其利益的盐政改革努力，这导致了盐政愈益败坏，而革新盐政的路径便是实施新盐法。文章称："清末民初，南通张季直先生即有'废除引岸，就场征税，任其所之'之主张。和之者，则有凌文渊，王家襄，田桐各先生。"而改革主张之所以无法实现，是因"当时封建余孽袁世凯为民国总统，欲向外国银行团举大借款以为扑灭革命之资，而盐商领袖周学熙为财政总长，乃欲以盐款为抵押，而置盐政权于外人管理之下，以永杜改革废引之谋，此民国元年事也。嗣后二千五百万磅善后大借款毕竟成立，并设立外人主持之盐务稽核总分各所，以管理盐税，此民国二年事也"。文章回顾道，改革派虽无法获当局政治支持从全局变革盐政，却也设立新型盐业公司，以民间技术及经营改良方式改善民众食盐供应，文章对此作了介绍。文章称："当时主张改革者之目的，初非以改革盐政一端为已足，同时亦主盐业之改进，而有久大精盐公司之创制。"文章称久大精盐公司之创制为："有心人，手无寸柄，见盐政无从改革，投身盐业界，从实地改良盐质入手，遂有久大精盐公司之创设"。文章介绍了久大精盐公司的创设宗旨，反映了当时盐政改革派的抱负："改良制造，提倡盐业，抵制外盐，振兴国货，苦心经营，百折不回，立精盐之模范，树改革之先声"，呼吁"各区盐商，倘能发其良心，屏其私见，去其恶习，除其骄志，集资设厂，仿照久大改制精洁之盐，以供人民之食用，葆生命之健康，中国盐业必有发达之一日，盐务前途，庶有豸乎！"自久大公司之创成于民国三四年以后，又有通益通达等数家新型盐业公司成立，文章称之"是为主张盐政改革者别寻出路之时"。

文章分析指出，尽管盐政改革派创建新型盐业公司，盐业制造方面之改良有所成功，然而，由于其触犯了旧盐政既得群体利益，自然会遭受阻挠，"引界之弊，牢不可破，盐商豪富，运动力大，对此新兴事业，务期有以破坏之，而达官要人，又多与盐商接近，在北洋军阀时代，引票各商，且多据要津，对此新兴事业，务期有以压制之，始则藉口引界，只许精盐销于外人居留之通商口岸，及最近虽准许销于苏皖赣鄂湘之内地，则又必限制其销数，不许超过过去三年之平均数，因此种种，盐业改良之提倡虽已有二十年之久，迄今仍不有长足之进步，是又为改革者出路之碰壁，此乃自民国三四年至十九年间事也"。

文章指出，此次新盐法颁布，是以往盐政改革的延续，遭遇阻力并不意外，南京国民政府应鼓起政治勇气，排除旧盐商等改革反对势力阻挠，施行新盐法。文章称："惟改革分子经此两次失败，锐气仍不少挫，鼓起勇气，

146

多方进行,历次全国财政会议,盐务会议,全国党代表大会,中全会等党政机关,莫不有类似改革盐务,废除引岸专商,实行就场征税之决议案。"之后,南京政府立法院于1931年制定"就场征税,自由买卖,不许垄断"之新盐法三十九条,经由国民会议决议,新盐法交南京国民政府于1931年五月公布。文章指出,新盐法颁布并不意味着盐务改革成功,因南京政府并没有毅然实施新盐法的政治决心。文章称,南京政府"议而不决,决而不行"之讥早已贻诮于当世,"盐务改革各案,何能独异?"所以,新盐法"虽公布四年有半之久,中国虽叠经国民会议,第二次全国财政会议,第四届五中全会之决议催促实行,迄今仍是一张不兑现的支票"。

文章指出新盐法施行问题上,南京国民政府已无拖延余地,称:"上年五全大会开会之前,盐商且四出活动,进行中止盐法之实行,同时并以某种方法拟向大会提出展期实行之议案。幸而盐务改革之提倡已二十余年,社会人士对此问题,已有相当认识,对盐商此种企图,当然不能旁观漠视。故各方催请五全大会改革盐务之函电,遂如雪片纷飞。总计此次大会收到此类电报共五十六通,函件不计其数。列名之农商学党各团体,不下百数。范围之广有苏浙皖湘鄂赣鲁豫八省,所代表之民众在一万万人以上。此八省多在长江两岸,其人民所以对此如此关切,全因两浙两淮之剥削太甚,而盐政腐恶较深之故。且此次大会中之代表,来自民间,深知人民因盐政不良所受之疾苦,对盐商之企图,当然无人赞助。且不约而同,提出盐务改革案,竟有七起,签名参加者共百数十人之多。其所代表区域之广,则有南京北平苏浙皖豫赣闽鄂湘川陕甘新青热辽两广哈尔滨等十九省市及海外南洋美洲等九埠之侨胞。盐商见大势如此,其备就之反动提案,遂而无法提出,在百无聊奈中,只得在会外多方恫吓,或散布反间,诬蔑之词,冀以阻止改革案之通过"。文章认为"此次改革盐务各提案之内容,完全以国计民生为立足点",得到大会代表认同,故有了大会"交国民政府饬主管机关于二十五年底分区实行新盐法"之议决结果。文章称:"吾人闻此,不胜额手称庆,欢欣鼓舞,行见盐务中之弊绝风清,人民之痛苦或得以稍减也。"①

醒籁在《中华日报》撰文《愿国人急起共同检讨食盐之神秘》,向在新盐法施行问题上最保守的南京国民政府财政当局喊话:"自国民政府成立,凡百政治,但求合于党义,无不披荆斩棘,迎头赶上向改革大道,努力迈进,乃独对于久经公布之盐法,一搁竟是三年。行政院甫将盐政改革委员会人选确定,乃昙花一现,消息沉沉。党国政治所以能得民族深切信仰者,就在

---

① 《国人所望于五中全会者》,《大公报》1934年12月6日。

快干硬干实干之精神,深愿长财政者,勿为环境所恫吓,勿为左右所朦蔽,能不再蹈改革其名,延搁其实之故辙。"①

民众在报刊上发文对新盐法迟迟未能施行公开表示失望,称:"中国盐务,在商专卖制之支配下而言革新,殆属不可能之举,愈整理而纠纷愈多,益革新而垢弊益甚,最近事实,业已充分证明。二十年五月国府颁布之盐法,立法周详,全国民意,社会舆论,切盼其早日实施,藉以利国便民,惟颁布三载,犹未施行,似觉使民失望。"②

有报刊载文《请立法院促现新盐法》,鼓励在新盐法问题上态度相对积极的立法院督促新盐法施行。文章承认"夫改革盐务,固属千经万纬,事理繁颐,其中自不免有相当困难",对政府拖延新盐法行为表示理解。文章进而论道:"新盐法之延宕,三年于兹,世人疑虑举日俱深。盖国人所希望于该院者,不仅完成新盐法之制定,尤在于完成新盐法之实现,有始有终,勿使半途而废也。"③

守白在《救国日报》发表《新盐法有从速施行之必要》一文,呼吁南京政府尽快实施新盐法,文章写道:"苛捐杂税,田赋附加,扰民害民,政府业已命令限期废除,兴利祛弊,深慰国人。然犹有极大秕政,蠹国残民,视诸苛捐杂税,田赋附加,尤加倍蓰者,即现行之盐商专卖制是也。查立法院所制定之新盐法,便民利国,既可铲除积弊,改良盐质,复课减轻民负,节省经费,开放人民自由业盐谋生之路,消弭社会隐患于无形。似此良法,吻合国情,确有从速实行之必要,乃屡经国民会议,财政会议议决施行,至今仍属画饼,政府当局,应引为极大遗憾!"④

《人民晚报》于 1934 年 12 月 11 日刊文《请五中全会注意新盐法》,对南京国民政府上拖延新盐法施行明显不满,称:"新盐法颁布至今,业已三年,未见逐步推行,群情惶惑,政府历次重要会议,如国民会议、财政会议、盐务会议等,无不有关于新盐法之议决案,规定如何设立专会,筹划设计,如何负责实施,便民利国。惟辗转迁延,使民失望,似与政府威信,不无相当不良之观感。"文章指出南京政府实施新法,废除专商引岸旧盐制,顺应民意,有助于南京政府革命政府形象建构,应速下决心行动:"窃意任何法

① 醒籁:《愿国人急起共同检讨食盐之神秘》中国盐政讨论会编印《蜕化期中之新盐法续集》民国二十五年三月。
② 盐政杂志社编:《各报对于最近盐政之评论》中山印书馆,1934 年版,第 1 页。
③ 中国盐政讨论会编印:《蜕化期中之新盐法续集》民国二十五年三月 8、76、83《实行新盐法意见书》P13《请立法院促现新盐法》。
④ 守白:《新盐法有从速施行之必要》,《救国日报》1934 年 12 月 11 日。

制,苟不适于国情,而又戕贼民生者,政府应除之惟恐不速,避之惟恐不及。现行之专商引岸制度,系千百年来封建之遗毒,时事变迁,政体屡易,此项敝制,早不适于今日。政府行事,既然一本革命之精神,人民之福利,如此违反党义党纲之商专卖旧盐法,更何能容留其存在?"①

《救国日报》也发文感慨,称南京政府在新盐法施行上的迟疑已伤害了南京政府的政治形象,不利于革命政府合法性建构。文称:"国民政府成立后,对于从前弊政,多所改革,十九年立法院订立新盐法,二十年复经国民大会通过,可谓得全部民意之支持,不幸财政当局,以其不可告人之原因,藉种种口实,不与实行,致盐荒之局面乃现于堂堂之首都,天下至滑稽之事,孰有过于此者乎。至今精盐仍不能在城内公开买卖,在号称廉洁政府之国民政府下,对于此种民命所关之改革,尚为恶势力所把持,无法实行,斯真政府之奇辱大耻,不知当局果有何面目以对人民也。"②

《华北日报》发表《论盐政改革》一文,表示此时新盐法议题应该有一了断了,对五中全会后分区实施新盐法有信心,这既是对南京政府实施新盐法决心的支持,也是对其迟疑拖延行为划出了底限,暗示这是社会公众在新盐法问题上忍耐的底限,否则会伤及国人对新政的信念。文中称:"五中全会对于盐政改革法案会议议决交国民政府饬主管机关于二十五年底分区实行新盐法,吾人相信此法案公布后,新盐法之推行,或不致重蹈民二十年之故辙,故愿揭举利弊,以唤起国人翊赞新政之信念。"③

《中国日报》1934年12月15日刊载《改革盐政》一文指出,南京政府在盐政方面的局部改良不能取代新盐法的全面施行,文章写道:"年来当局常夸盐务如何整理,盐税如何增收,固然,如稽核行政之合并,盐斤存储运输之改良,与乎缉私之严厉,自不能谓为毫无进步。然而征之实际,则盐务行政之鼻窦,决未尽除。盖当前盐政,不在枝节刷新,而在澈底改造,澈底改造之方,惟施行新盐法,以建立盐政改革委员会为达成此目的之手段。二十年三月立法院即有新盐法之制定,五月复经国民会议议决,交由国民政府公布,并限于三月内成立盐政改革委员会,筹备实施,无如搁置三载有余,未见实行。本年五月财政会议时,复通过改革盐务案数起,于今半载有奇,尚寂然无闻。"④

《朝报》发表《"改革盐政"之重提》一文,对新盐法迟迟未能施行的根源

① 《请五中全会注意新盐法》,《人民晚报》1934年12月11日。
② 《盐荒与专卖制度》,《救国日报》1934年12月14日。
③ 《论盐政改革》,《华北日报》1934年12月15日。
④ 《改革盐政》,《中国日报》1934年12月15日。

作了分析,批评了南京政府新盐法施行上言而无信和言而不行,希望南京政府实施新盐法以切实兑现救民的政治承诺。文中提出,"现在之所谓改革盐政问题,并不是盐政制度问题,是如何实行新盐法问题。"文称:"一个为民众谋幸福的政府,对于这个与全体民众福利攸关的大问题,既有解决方案,便须负责实行,不应再行拖延,何以直待今日,还有陈周等中委来翻陈案?改革盐法,既为民众所殷恳要求,又为立法机关详密订定,事实上对于政府税收也没有多大吃亏,何以一搁再搁,至于今日?诚然,新盐法虽未实行,却也没有推翻,所以对于盐政改革前途,始终是可乐观的。不过,旧盐商对于新盐法,并没有正面反对的理由,他们所望者,也不过是延缓时日,多取几年非法之利。当局稽延新盐法实行,正与旧盐商利益不谋而合。而吃亏者,则为民众,为政府,这原因何在?"文章承认实行新盐法有许多困难,不过又指出"困难的程度今已逐渐减轻,如关于整理场产,建筑仓坨,现在已有成效,均足证明实行新盐法之时机今已成熟"。此时,新盐法施行遇阻的原因就在政府的不作为了。文章称:"可怜所谓盐政改革委员会,竟到现在,还未见成立。凡与民众利害相反的制度,终久必归淘汰,过去厘金也够麻烦了,但裁厘终归成功。试想裁厘之后,政府如何博得民众的欢声!盐政问题之严重,较厘金更为深刻,现在盐政的积弊,又甚于厘金。盐政所涉及的利害范围,包括全国的民众。民众虽愚弱,决不忘他切身的利害。政府天天说救民,独对民众天天所食的盐问题,不予解决,将如何取信于国民?在盐糊涂支配之下,民众已达不能忍耐的地步,所为盐潮,淡食,销私,已成为社会治安,民族康健上的重大问题,政府实在没有理由再交白卷。"①

　　1935年1月8日,《时报》发表《速令推行新盐法》一文,指出新盐法事关南京政府安内攘外大计,对政府实施新盐法表达了急切的期待。文章称:"五中全会,开会首都,济济跄跄,必多嘉谟。方今国难民艰与日俱深,兹会之举,益形重要。人民所望,非敢过奢,谋国首要,仍在民生。祛其痛苦,轻其担负,多出积弊,多与福利,安居乐业,民力展苏,而后方能完安内之功,始足以言攘外御侮之谋。"而新盐法"适合国情民生,举国一致赞许,盼其早日实现者,于兹三载有余。今年五月全国财政会议开幕于南京,关于新法之实行,亦经缜密商讨,其重要之决议案,共有数起。孔财长亦声言所有此次议决各案,将以全力促其实现"。然而,"半年以来,犹无确息。今者国人所受食盐痛苦,日益加剧,盐税附加奇重,民益不堪,社会民生,交受其祸。中央诸公,欲加惠民众,为国家财政开源节流,应即速令剋期实施新

<hr>

① 《"改革盐政"之重提》,《朝报》1934年12月16日。

150

盐法,并组验证改革委员会负责筹划。"①

《华北日报》也刊载《全国应声援施行新盐法》文响应:"国民政府成立后,以食盐为民生之日用必需品,盐税为国家收入之大宗,设盐政不加改革,岂仅国家财政受其影响,而人民因食盐所受之痛苦,亦无从解除。"②

《申报》1935年1月14日发表《改革盐政岂可再缓?》一文,梳理了新盐法施行问题的线索,揭露了引岸专商旧盐制的弊端,宣扬新盐法的优点,指出政府不应因为收取了旧盐商验票费就牺牲新盐法,同时政府应加强建筑盐坨与改良缉私等实施新盐法的技术准备,以免其长期拖延新盐法实施,表达对政府施行新盐政的期待。

文章回顾了新盐法的制定缘由,称:"我国讲究盐政,起源甚古,惜良法久湮,积弊至深,废清末叶,盐务黑暗,至有'盐糊涂'之俗称。民国成立以来,因借款担保关系,不得不借助客卿,从事改良。近年盐税收入,较前确有进步。故盐为人民日用必需之品,食盐征税,即财政学中所谓丁口税者之一种,其不合近代租税学原理,固为识者所公认,而引岸专商制度,尤为莫大之弊病。二十年五月,国民政府立法院,有鉴于此,以迅雷不及掩耳之手段,通过新盐法,开近代改革盐政之先声。"

文章认为,新盐法利国利民,却由于触犯到旧盐商世袭私利,因而施行遇挫。义章称:"据新盐法第一条,改革盐政必需遵循两条大路。一曰就场征税;一曰自由买卖,此固我国历来倡言改革盐政者所主张。盖就场征税则先税后盐,一税之后,不复重覆,手续简单,流弊可绝。自由买卖则低价相竞,盐价日跌,盐质转佳,垄断之风,无从发生。且即以国家之税收而论,自由贸易之后,盐价必跌,销盐必畅,盐税不必增高,而税收自旺。"而此利国利民的新盐法并不符合旧盐商利益。文章分析,由于中国自宋元以来,一直实行"产盐有定场销盐有定地运盐有定商"之引票制。此种"定商"操纵盐业,久以特权阶级自居,他们"一闻改制将成",必"即群起运动,仗其雄厚之资本,作最后之挣扎"。一方面,旧盐商以稳定国税为由维护旧制,"甚或危言耸听,谓新法实行后,政府将损失八九千万元之国定盐税,以期分化行政与立法两方面之立场"。另一方面,以向政府缴纳验票费换取引票合法性。文章质疑旧盐商所持引票合法性与效力,称"查引票为运商之执照,本无世袭罔替之理,而盐商所领引票,在我民国亦未缴纳如何代价。故事实上纵有以引票作借贷之抵押,亦不过为信用担保之一种,绝不能与

① 《速令推行新盐法》,《时报》1935年1月8日。
② 《全国应声援施行新盐法》,《华北日报》1935年1月10日。

151

有价证卷相比"。何况"专商本身之性质,亦不过为国家所指定之运盐代理人,而并非为私法上之商人,若辈虽号称专商,则根本无盐斤之专卖权也"。因此,为实施新盐法,"政府收回引票,本无需给与代价"。而即便旧盐商以引票验票费要挟政府,也不可因此牺牲新盐法。"惟据去年四月淮南四岸专商呈文,民国十八年间,政府曾征缴淮商验票费四百万元,如将引票取消,应请将该项验票费等发还各商,以昭大信云云。"文章称:"专商执此理由,以相要挟。实则区区四百万元,何足为实施新盐法之阻梗?"因立法委员马寅初曾表示"近年全国盐税收入年不过一万万二千万元,若照新盐法至少可得二万万八千余万元。"文章认为为四百万元验票费牺牲新盐法是没道理的,"孰轻孰重,固显而易见者也"。

文章指出,南京政府应加强建筑盐坨与改良缉私等实施新盐法的技术准备,以免其长期拖延新盐法实施。文章分析:"至于就场征税,必先能整理场产,改良缉私。整理场产,以求盐斤存放之安全。"整理场产关键在建筑仓坨,集中存盐。"盐务稽核所此前曾提议建筑长芦盐坨以为全国模范,嗣又推广及川南淮北及扬子四岸。各坨内外尽量添置交通设备,缉私剿匪,均称便利"。文章指出,所谓缉私剿匪,"尤赖各省缉私队及场警之尽职守法",不然则如在"废清时代",苏浙两省亦有所谓"盐捕营"之组织,"而营中之统领管带,类皆招抚归顺之枭匪痞败,居缉私之名而行走私之实,则场产纵能整理,仍未足以杜绝漏私也"。文章认为:"夫就场征税,无非使坨内之盐,一税之后,听民运销,不加限制耳。若在未税之前,已能私运偷销,则税率纵极轻微,亦必不能与无税之私盐相竞争,就场征税之举,根本不能实行,欲图税率之减轻及均衡,又何所望乎。故建筑盐坨,与改良缉私,同为当务之急,而不容偏废也。"

文章指出,新法规定在公布以后,"设盐政改革委员会,直隶行政院,掌理关于本法之一切兴革计划。今去新法公布已三年有余,而改革委员会始有于最近一周以内实行成立之议"。文章对此十分兴奋,称:"去冬五中全会,已有在民国二十五年底完全实行新盐法之决议,而掌理新盐法一切计划之改革委员会,亦将不日成立,过去盐政之困民久矣,今既有此除旧布新之转机,岂可长此蹉跎,甚望政府当局能惩前毖后,排除困难,使此举国属望之新盐法得早日完成其使命也。"①

《救国日报》发表《盐政改革会人选》一文,对盐政改革会组成人选表示疑虑,希望改革派主导这一机构称,认为旧盐政官僚不宜担此大任。尽管

---

① 《改革盐政岂可再缓?》,《申报》1935 年 1 月 14 日,第六版。

这并没有逻辑支持,却反映新盐法施行一再遇阻给社会造成的心理影响。文章称:"盐政改革会虽经组织而负实际改革重责之人选,确于组织法有所抵触。"盐政改革会组成人员中,陈立夫、王正廷、张嘉璈、胡筠等"皆属徒拥名义,事实上绝难以其全力从事盐政之改革",而其实权完全操诸曾任盐官的邹琳、钱隽逵二氏之手。文章认为,在这两人主导下,"欲盐政改革进行顺利,可谓望黄河之清也"①。

《中央日报》发表其华文章,对新盐法的施行表示欢迎:"五中大会后决定实施新盐法最近中央又成立盐政改革委员会,我国几千年积弊丛生的盐政,可望一日旷清,在这种国步维艰,民众倒悬德时候,实在是一个值得额手称庆的消息。"②

实际上,公众对南京国民政府在新盐法施行问题上的消极表现尽管有所抱怨,但还是体现出足够的体谅与耐心。有报刊载文称:"新盐法通过后,于今三载,征服迄未明令实行,在一般人民意揣,以为政府当局以迟迟不行者,无非受专商之朦惑,因循延缓,殊不知施行新盐法,当扫除一切陈腐,另立新基,不能不妥为筹划,以策周详。"文章称南京政府对于新盐法实行,确已积极筹备,之所以"至一时尚未明令实行者",确因各种筹备事项尚未完成,而仓卒施行恐无良好结果。文章分析当时南京国民政府面临的财政情形十分困难,"即使力图撙节,亦不过收入勉敷支出,倘有一二年间税收锐减,将何以支持?"何况当时南京国民政府还有常态财政之外的应急支出,无承受税收大幅向下波动实力,所谓:"值兹外侮日甚,匪患蜂起,若财政上再受重大打击,国计民生,更属不堪设想。实行新盐法,关系国计民生者,实非浅鲜,苟一不慎,则前途不堪设想。现在盐务机关已经进行各项计划,尚未完成,财政经济上,应行顾虑各点,亦非一朝一夕所能解决,此政府当局所以迟迟未明令实行者在此"。③

当旧盐商为维持引岸制寝食难安、函电奔波之时,全国民众支持新盐法的呼声也继续高涨。华北日报为呼吁全国民众拥护新盐法,特地刊文《全国应声援施行新盐法》,其称:"报载长芦盐商近为反对盐法之施行,除由全体盐商组织长芦引权研究委员会研究盐商对政府施行盐法问题只应取态度外,并由芦纲公所一再具呈中央国府各院部,列举走私减税及外人投资,筹措兵饷诸端,请收回施行盐法之成命。甚且以盐法之施行,盐商之

① 《盐政改革会人选》,《救国日报》1935 年 1 月 15 日。
② 其华:《新盐法》,《中央日报》1935 年 2 月 11 日。
③ 《实行新盐法意见书》,中国盐政讨论会编印:《蜕化期中之新盐法续集》民国二十五年三月。

利益动摇,依以为生者,均将失业,为民族一部分之衰落,将与复兴民族之主旨相违反为理由,请求缓期实行。"各地盐商"专利有年,最后挣扎,自属常情",惟"全国人民,于此有关自身重大利益之食盐问题,政府既正力求其改革,应急起声援以谋其贯彻,断不容任何人之从中阻挠也"①。同时,冀省党委李东园、阎振熙、王南复、绳景信、张寅、黄樾荪、冯大克、刘延福、张炳钧等六十余人,在北平发起组织"国民拥护新盐法施行会",号召全国民众一致拥护新盐法,敦请中央尅期实行新盐法。② 南京市第一区党部亦通过"呈上级党部转政府请克日施行新盐法案的财政要案",呈请市党部转呈中央,要求国民政府施行新盐法。③ 全国民众为自身不再受专商垄断之剥削而呐喊。

在全国民众对政府施行新盐法表示大力支持和拥护的同时,还对旧盐商所提出的废除引岸将影响国家盐税收入与人民食盐有虞、盐民生计至危问题进行了批驳。年来"盐商专卖,积弊丛生,流毒社会,至深至钜,如盐中掺水和泥,及硝土麦汤石膏等杂质,秽浊不堪,加之短斤少秤,居奇垄断,人民之卫生经济,极遭蹂躏,最显著者如首都发现毒盐,中毒者达百余人,豫省盐价奇昂,方城一带,每斤售价一角六分,可换麦八斤,红粮十余斤,乡民以故多淡食,"凡此种种,"阻害国民健康,危及社会治安,至深且钜"。④ 另外,针对专商们美化其引岸制度之弊,冀获民众理解,盐法拥护者在对专商引岸制度的发展和弊端分析说明后,提出"至盐法公布,盐制不应再加讨论,现在最要者,如何推行新盐法,促其实现而已"。⑤

六、新盐法风波中法律人的积极表现与贡献

新盐法风波中,民国社会各方都深度卷入。尽管由于中国传统社会治理模式的缘由,法律人群体在民国社会法律生活中并不活跃,但在体制内的法律人还是很努力地推动新盐法风波向产生积极结果的方向转化。其中,立法院委员国民会议代表促成了新盐法制定颁布;民意和执政党大会

---

① 均见《全国应声援施行新盐法》,《华北日报》1935年1月28日,第八版。
② 《冀各县请实行新盐法》,《申报》1935年2月15日,第十一版;《国民拥护新盐法施行会成立》,《申报》1935年5月27日,第五版。
③ "记事",《盐政杂志》第61期,1935年8月,第5页。
④ 《1935年1月18日财政部盐务署训令抄发五中全会通过改革盐改案件及中央政治会议议案,令仰知照由》,盐务总局档:松江运副公署实行新盐法卷。
⑤ 本白:《盐制不应讨论》,《大公报》1934年12月2日,第十版。

代表不断催促施行新法;尤其代表提议分区实施新法,使新盐法风波平静落幕,民国法律人在新盐法风波中的贡献是明显的。

在新盐法制定阶段,南京政府立法院内盐政改革派法律人便积极参与新盐法创制。1929 年 7 月 23 日,立法院第三十六次会议上,指定委员庄崧甫、陈长蘅、邓召蔭蒐集关于盐法之资料。至 1930 年 5 月,立法院因未见财政部草拟盐法草案送立法院院审议,立法院于是自行草拟盐法。5 月 24 日,立法院指定焦易堂、庄崧甫、陈长蘅、邓召蔭、罗鼎、林彬、马寅初、刘舆训、方觉慧、王用宾、卫挺生、曾杰、楼桐荪、孙镜亚、陈肇英十五位委员为盐法起草员,着手起草盐法。其后盐法起草委员开会多次,加推委员二人继续搜集材料,负责整理,并推定委员七人拟定起草原则,由全体委员会审查决定,再推定委员五人起草条文。民国法律人了解中国政治私下交易的传统,并懂得加以利用以推动盐政变革。此间,立法委员庄崧甫就利用自己的个人政治资源,"面询蒋介石寻求支援",得到"后盾力"后,遂密约"盐政讨论会重要分子"景本白南来,并约立法委员数人与景会商,定出原则数条,经秘密议决后,依此定盐法条文"云云。① 1931 年 1 月,第二届立法院委员就职,由院长指派十六位委员负责进行关于盐法的起草工作。新盐法在体制内外民国法律人和各改革派支持下,终于在 1931 年 3 月 21 日在立法院通过。

立法院于 1931 年 3 月 21 日通过新盐法后,虽"送请国府公布",但直至 4 月下旬,行政院与立法院仍未就此达成共识,政府"能否毅然宣布,暂不能定"。② 为新法颁布,民国法律人们也作出了相当的努力,争取到了新盐法颁布的阶段性成果。

1931 年 5 月 5 日国民会议举行于南京,改革派对此次会议寄望较高,庄松甫提《迅速实行新盐法案》,主张政府从速公布盐法并施行。会议代表洪陆东等提《催促国府剋日施行新盐法并限期成立盐政改革委员会案》,提案称:"本年三月二十一日通过于立法院之新盐法,计三十九条,其用意在扫除积弊,溥利民生,其办法为废除"引岸",减轻税率,此法如得实行,据专家估计,其有益于国课税收,因无专商蠹蚀与私盐消灭两种关系,有每年增加四千七百零五万元之望,而人民负担之减轻,则以无盐商剥削与附税之裁撤,可由每人年纳税款七角五分四厘之数,降至四角一分余此后食盐且可趋于纯洁,故为国利民福计,行政当局,实有剋日公布施行之必要,盐政

---

① 《盐法改革之经过及近时之各方态度》,《大公报》1931 年 4 月 29 日,第五版。

② 《盐法前途如何》,《大公报》1931 年 3 月 26 日,第三版。

改革之议，起于清末，机时盛于民元，国民政府成立后，蒋主席曾有提案，至第三次全国代表大全，乃有正式决议，立法遵此决议，慎重考量，凡历二年，于是厘订新盐法，并主张置盐政改革委员会，以图刷新，修正盐务官制以省糜费，意美法良，舆论钦服，稍见踌躇者，惟财政当局之顾虑，于新盐法初行之际，收入暂受若干影响，最有利害冲突者，则为把持大利之盐商，将于此失却历来垄断之权，然因噎食，当非革命政府之态度，民食所关，亦决无保持少数人不当利得于永久之理，本会议代表全国人民之利益，处当经民生为重，促即施行"。①

代表陈斯白等亦提《请政府公布新盐法以利民食案》，力挺新盐法。称："盐为民食所需，亦为国家税源所寄，于国计民生，关系至钜，我国旧制，向以食盐商人专卖，不啻以日常生活所需，悉为商人所操纵，积习相沿，弊病百出，而人民感受之痛苦，殆与厘金之害无稍差异，此种秕政，急应彻底革除，视与实行裁厘，同为切要，兹幸立法院制定新盐法通过，将及两月，民众方面希望该法早日实行以减轻其负担，盼望甚切，政府方面则尤在慎重考虑之中，尚未公布，而各地盐商，更为种种谰言淆惑视听，以保全其私人之利益，长此不决，对于国民生计，影响甚大，兹就新盐法急应公布实行之理由，罗举于后：按盐法所规定之税率，与中国产销数量通过盘核算，此较旧制税法，可增加税收一倍，无异增一大税源，此其一。在盐商专卖制度之下，盐价日昂，有加无已，人民生活痛苦已极，揆厥根源，均由商人垄断所致，新盐法施行后，则盐价又降低一倍，人民痛苦得以解除，此其二。查盐商专卖之制度，业盐商人，莫不拥资钜万，家产丰厚，穷其来源，无非侵削国税与掠取平民而来，如废除旧制，改为就场征税，则国计民生，两有裨益，此其三。人民对于食盐，不可一日或缺，与米麦无异，理当听人民自由买卖，不应为少数所专利，新盐法实行后，人民痛苦得以解除，此其四。综上理由，实行盐法确为福国利民之举，而相尚千余年之秕政，澈底革除，于历史上实足留一极大之纪念，拟请政府即日将新盐法公布实行，以利民生。"②

以上提案，经提案审查委员会议决，于5月11日合并讨论，"出席四百数十人，未起立者，仅三人而已，此案遂完全通过"③。可见，民国体制内的法律人对促成新盐法的颁布是有直接贡献的。

---

① 《改革盐政提案》，《申报》1931年5月11日，第四版；中国盐政讨论会编印：《蜕化期中之新盐法》(未刊行)民国二十四年双十节，第23页。
② 《改革盐政提案》，《申报》1931年5月11日，第四版；中国盐政讨论会编印：《蜕化期中之新盐法》(未刊行)民国二十四年双十节，第26页。
③ 《盐法》，《国民政府公报》1931年6月1日，第786号，法规，第1—5页。

新盐法颁布后,迟迟未能明令施行,引起了盐政改革派和民众的不满。南京政府一方面以筹备施行新法拖延应付,迴避全面施行新法,另一方面也鼓励有条件的地方改革盐政。而新法施行总是绕不过去的问题,南京政府必须面对,而民国法律人促成了这一问题积极方向的转化。任何法律变革其实都是社会变革的表现,法律能否施行,乃至施行方式和节奏,要受制于客观的社会前提。新盐法全面立即施行的条件并不具备情况下,民国法律人为保卫新盐法尤其是新盐政所代表的观念制度和利益,作出了持续的努力,维持了此话题适当的政治关注度,并尽力找寻各方利益平衡点,通过分区乡实施新法建议让新盐政部分实现,推动新盐法风波实现妥协而不是对抗和分裂的社会结局。新盐法颁布后,民国法律人为新盐法的施行,作出了重要建议和关键的贡献。

1934 年 5 月间,国民政府财政部召集第二次财政会议,法律人们抓住了这次机会。会议上,代表缪秋杰提交了《请求早日组织盐政改革委员会以便推行新盐法俾维民食而裕税收案》,希望政府根据新盐法第三十七条之规定,请求早组设盐政改革委员会。[①] 其主要诉求是请求早日组织盐政改革委员会以便推行新盐法。

缪秋杰代表在提案中阐述了实施新盐法的理由:首先,他指出了盐税税率平衡问题。当时各区税率多寡悬殊,极不平衡,虽经一再酌量增减,而每担仍有轻至二元以下者,又有高至十元者,"殊觉无法防杜侵销,且人民负担,亦太不公平,实有平均税率之必要"。其次,缪秋杰代表指出重税导致盐务混乱。因当时税率逐渐增加,又加之实行改用新衡制,以至"各岸盐斤售价提高,民众无力担负,贪图廉价,购食私盐,习为故常,而私制私晒,任意充斥,奸商贩运食盐,掺合杂质,亦变本加厉"。缪秋杰代表列举了各地盐务乱象:不仅"淮雒场区刮醎淋滷,私制土盐,山东河北河南等省各县,私晒硝盐,江苏灌云涟水淮安各县,私晒硝盐,青口各疃,窃取滩潮,或海水,熬制私盐,海上渔盐,卸岸充作食盐",甚至"北平及首都民户,均有购用恶劣食盐,中毒而死者"。缪秋杰代表指出:"以上所述,均属犖犖大者,其他轻税盐斤,侵销重税区域,或私制私晒等弊,殊难一一枚举,上述各省市有此种情弊发生,他区自不可免"。他因此指出:"平减税率,实为切要之图"。此外,缪秋杰代表提出了改革盐务的具体建议。他提出,实行新盐法应整顿场产,集中管理,"长蘆已建有盐坨,淮北各场盐坨,亦将建筑完

---

① 中国盐政讨论会编印:《蜕化期中之新盐法》(未刊行),民国二十四年双十节,第 27—28 页。

成,限令产盐入坨,派员驻圩查产,以防偷漏,改良产盐色质,废除不良池滩,集中管理,均已逐步推行,全国盐区,皆应一律办理"。缪秋杰代表还在提案中表示,"各岸引票包商专商制度,把持垄断,不一而足,亟应设法逐渐取缔,庶使到达自由贸易,人民得购食价廉物美之盐,不受专商之剥削,以增进民族之健康"。为此,缪秋杰代表提议:"新盐法有提前实行之必要,"于是,"请求早组设盐政改革委员会,俾得讨论逐步推行方案,切商平均盐税,及从事其他兴革事项,将来税率平均,任商自由贸易,销数必旺,税收绝对不受影响,且因就场一次征税关系,各地收税查验机关人员税警,侭可裁併减少,节省经费,为数至钜,而办事效能,反可增加"①。

特别值得注意的是这次会议上姚元纶代表所提出的《请分期积极推行盐法案》,主张政府分区施行新盐法,这一提议在当时盐政改革各方僵持不下背景中极具建设性,促使了新盐法风波在社会对抗或合作的十字路口向积极方面转向。②

姚元纶代表在提案中指出:"盐法早于民国二十年公布,虽施行日期尚待规定,而中央对于盐政大计,已于该法明白宣示,嗣后盐务方面,一应措施,要必以盐法为依归,以期至相当时机、盐法得以实行",且"近年以来,盐务方面负责长官,锐意改革,其目的亦无非达到逐渐推行盐法"。新盐法遇阻,"各方面阻力之来、与日俱进,盖由于向之依旧制度为设符者,不惜为少数之私利,肆其鼓簧,盐法迟一日实行,即若辈多一日利益"。姚元纶代表因此提议请于全国财政会议中,"明定分期实行盐法办法,以正视听、使阴谋反对者,知中央推行盐法,具有决心,不敢妄事阻挠,而盐务负责长官,亦得以努力改进,无所用其顾虑,岂惟盐务之幸,国计民生实利赖焉"。③

姚元纶代表的提案的价值不仅在实施新盐法的必要性论证,关键还在于他提出了施行新法的可行方案。姚元纶代表在提案中提出了蘆盐淮盐及浙盐区域先期施行新盐法的具体设想,这是新盐法风波中最具建设性提案。他指出:"照盐法第三十九条之规定,本可分区实行,现查蘆淮盐区域,产销双方均轻过相当整理,仓坨亦大都抚后完成,且事权统一,较易施行,又浙盐区域,地方政治较有成绩亦宜提前施行新盐法,拟请规定在蘆盐淮盐及浙盐区域,首先推行新盐法。"姚元纶代表对分区施行新盐法考虑较周全,他设想了具体步骤:"(甲)逐渐取消产区输运帆运票额,及各场配额

① 中国盐政讨论会编印:《蜕化期中之新盐法》(未刊行),民国二十四年双十节,第28页。
② 中国盐政讨论会编印:《蜕化期中之新盐法》(未刊行),民国二十四年双十节,第29页。
③ 中国盐政讨论会编印:《蜕化期中之新盐法》(未刊行),民国二十四年双十节,第30页。

限制。(乙)逐渐取消销区输档办法,准商民自由买卖。(丙)逐渐取消精盐销区之限制,以促进盐质改良。"①对施行新法裁併盐场问题,姚元纶代表提议"凡遇裁併盐场之时,应由国家补助开办垦殖、垦竣之地,悉由省政府次第升科,作为地方收入"。

姚元纶代表还建议不具备立即施行新法地区整理盐务,以为施行新盐法作好准备。"其他各产区之存盐仓坨,亦应积极筹建,以便将产业集中管理,如鲁闽粤,以及川滇河东陕甘口北青海宁夏,及至新疆各省区之盐务,均应积极统筹管理"。姚元纶代表指出,整理盐务第一须注重消费者之利益,以利民食,所谓"建国之首要在民生",第二须顾到生产者之利益以免盐民失业,故虽在新盐法所定自由贸易制度之下,政府仍得依法酌量限制各产区之产额,藉以调剂各处产销,惟对于销盐地域,不明定界限而已,第三须顾到国税收入,盐税虽为不公平之税,但收入甚为可靠,如能本新盐法之精意,分期平减税率,税收决不致减少。姚元纶代表注意到"因现时税率高低不太均平,反而私盐充斥,影响收入,增多支出,据盐务稽核总所之统计,现时全国私盐,约占四分之一以上",因此,"将来场产整理就绪,税率划一公平,盐税总收入必能有增无减,故整理计划,应在各产区同时举行,以期利益普及"。②姚元纶代表提议"国民政府命令各关系地方政府,将各省区石膏盐及土盐等收回,交由中央盐务机关管理,以便取缔"。③

缪秋杰代表和姚元纶代表的提案,经大会审查,认为两案原则上成立,送请财政部核办。尽管第二次财政会议从速成立盐政改革委员会以便讨论推行方案及分区施行新盐法之决议,并无实际拘束力,南京政府当时并未立即采纳,但其中建设性设想尤其分区施行新盐法的构想对新盐法风波向积极方向转化产生了关键影响。

当然,新盐法施行的阻力主要不在于南京政府决策层的意愿,而是当时民国社会不具备全面推行新法的社会前提,所以,尽管缪秋杰代表和姚元纶代表的提案尤其分区施行新盐法的构想打开了南京政府在新盐法问题上的施政空间,政府在新盐法施行上可以更灵活。然而,政治兑现这一构想还需社会各界的进一步推动,民国法律人为此作出了努力,他们巧妙利用民国政治生活提供的机会,维持着新盐法议题的社会关注度。

1934年12月10日,第四届中央执行委员会举行第五次全体会议。陈

① 中国盐政讨论会编印:《蜕化期中之新盐法》(未刊行),民国二十四年双十节,第30页。
② 中国盐政讨论会编印:《蜕化期中之新盐法》(未刊行),民国二十四年双十节,第31页。
③ 中国盐政讨论会编印:《蜕化期中之新盐法》(未刊行),民国二十四年双十节,第31页。

肇英代表等提《请剋日成立盐政改革委员会,一年内实行盐法,以利民食而裕税收案》。① 陈肇英代表等主张恢复人民食盐自由,准许任何商人纳税贩运,"一税之后任其所至,在自由竞争之经济原则下,听人民自由买卖"。同时建议政府遴选盐务经济法律专家,组织盐政改革委员会,限两年内筹备妥当,实行新盐法。陈肇英代表等陈述了提案理由:"窃查盐法,自民国二十年三月通过于立法院,五月复以国民会议一致议决,交由国民政府公布,并限于三个月内成立盐政改革委员会,筹备实施,迄今三载有余,尚未见诸实行",这不免使人民失望。而且当时盐务因"专商""引岸"之把持,流毒所至,人民痛苦日深,侵害国税尤巨,"社会民生,交受其害"。盐政败坏,致"近一年来,首都重地,发现毒盐,胶澳威海,抢盐风潮迭出,长江流域,税警禁止人民自由购食,华北各地、硝私充斥、复因农村凋敝,民生维艰,盐之运销,既为专商独占,盐价又高,以致枭贩偏地,税警枪杀乡民,日有所闻,凡此种种,阻害国民健康,危及社会治安,至深且钜",盐政到了非改不可时候了。陈肇英代表等力证新盐法施行有利政府盐税收入:"据盐政学者统计,根据各区现行税率,人口数目,除东北四省蒙古新疆青海西藏及内地数县不计外,全国盐税收入,可收二万五千万元,而去年实收额仅一万六千万元,每年漏税竟达一万万元之谱,即此足证专商之积弊重重、根本改革,益不容缓"。陈肇英代表等因此指出:"新盐法适合国情,有利国税民食,久为社会所拥护,其所定之二大原则,一为就场征税,二为自由买卖,盖就场征税,则管理简易,所有机关集中盐场,年可省经费一千万元,而缉私范围,仅限场地,私盐无从走漏,官销乃可大增。自由买卖,无引岸之限制,专商之独占,人人均可公开贩盐,且彼此竞销,盐质自趋改良,卵育于专商制度下之一切积弊,均可一扫而空,是故新盐法实行后,则人民食盐自由,可以恢复,政府盐税收入,必可增加,裕税利民,无逾于此"。② 陈肇英代表等提出了实施新盐法的具体步骤:首先"按照盐法第三十七条所规定,限一个月内成立盐政改革委员会,筹议各项规章及施行细则"。其次,在盐政改革委员会内组织场产整理处,"积极调查及整理场产,限一年办竣"。第三,盐政改革委员会成立后,即日呈请行政院,通令全国,"恢复人民自由购买,表示改革决心"。第四,"决定分区施行盐法之切实办法,于一年内实行"。第五,规定两年内各区完全施行整个盐法。

同时,周启刚代表等也提出了《恢复人民食盐自由,并准许自由贩运,

---

① 中国盐政讨论会编印:《蜕化期中之新盐法》(未刊行),民国二十四年双十节,第33页。

② 中国盐政讨论会编印:《蜕化期中之新盐法》(未刊行),民国二十四年双十节,第34页。

以增进民族健康案》。周启刚代表等阐释了提案理由,称:"盐为人生日用必需品,国计民生所关,身心发育是赖,吾政府为国库收入计,对于食盐徵收重税,原属万不得已之举。但既收重税,对于改良盐质,供给洁盐,自为政府应尽之职责,惟年来盐商专卖,积弊丛生,流毒社会,至深至钜。如盐中搀水和泥,及硝土麦汤石膏等杂质,秽浊不堪,加之短斤少秤,居奇垄断,人民之卫生经济,极遭蹂躏。最显著者如首都发现毒盐,中毒者达百余人。豫省盐价奇昂,方城一带,每斤售价一角六分,可换麦八斤,红粮十余斤,乡民以故多淡食。至于私盐充斥,销盐盛行,更是国内普遍之事实,推其原因,厥在盐商把持运销,视引岸为汤沐邑,剥削民众,无微不至"。面对盐政乱象,政府虽定各种单行法规,取缔监督,"然不图其本,而谋其末,法令滋多,纠纷更甚"。周启刚代表等认为,惟有恢复人民食盐自由,取缔选购,准许任何商人纳税贩运,一税之后任其所至。在自由竞争之经济原则下,听人民自由买卖,则可不劳政府遍地设辑监督,"盐质自趋优良,土硝劣盐自受天然淘汰,销盐总额,定倍往昔",盐税增裕,为必然之势。而且,新盐政施行,则既有盐务机关,集中产地机关,销区机关,统归无用,"一律裁撤,年可省经费一千万元"。周启刚代表等特别指出,自由贩运,"匪特解放民食,撙节经费,尤可化私枭为官贩",消弥社会隐患于无形。因旧盐政不,只许专商独占盐利,一般小民,不许公开贩盐,彼等迫于生计,以致"地险贩私,侵蚀国税,私枭遍地,危及治安"。所以,实行新盐政,自由选购,与自由贩运,"不惟可以促进盐质改良,且为强健国民体魄,增进民族健康之先决条件,关于民族复兴,至为重大"①。周启刚代表提出实行办法是:"尅日解放民食自由",人民对于已经完足国税之任何盐斤,皆可自由购食。建议遴选盐务经济法律专家,组织盐政改革委员会,"限两年内筹备妥当,实行新盐法"②。

代表提案产生了一定政治效果。大会作出了新盐法颁布后最明确和具体的施行新盐法路线图和时间节点,包括限一个月内成立盐政改革委员会,筹议各项规章及施行细则;在盐政改革委员会内组织场产整理处,积极调查及整理场产,限一年内完竣;限于 1936 年底完全施行新盐法等。大会并决议,盐政改革委员会每月应将工作进行情形,报告中央政治会议。为切实保障新盐法施行工作落实,大会决议由中央政治会议推定委员三人负责审核该会工作报告并督促其进行。这些决议不仅重申了新盐法施行的

---

① 中国盐政讨论会编印:《蜕化期中之新盐法》(未刊行),民国二十四年双十节,第 35 页。
② 中国盐政讨论会编印:《蜕化期中之新盐法》(未刊行),民国二十四年双十节,第 36 页。

正当性和必要性，还规划了新盐法施行的操作方案，是盐政改革派及拥护新盐政的民国法律人的重大胜利。[①]

国民党于 1935 年 11 月 12 日举行第五次全国代表大会，盐政改革派利用此机会掀起了新盐法颁布以来最声势浩大的要求施行新盐法运动，这是新盐法风波后期的高潮。在这样的历史时刻，民国法律人自然不可能缺席，他们决心趁热打铁，盐政改革派中民国法律人积极向此次大会提交涉盐议案。方青儒等提《请政府于民国二十五年年底实行整个新盐法案》，主张整理场产，减平税率，废除专商，订分期推行办法，以 1936 年底为最后限期。龚德柏等提出二案：一为《增加税率实行新盐法案》，主张将税率改为每百公斤八元；一为《严厉革除盐商侵占之国税增加国库收入案》，主张革除给耗加皮名称。[②]此外，提交此次大会的议案还有陈肇英等提《请提早实行新盐法以利民生案》；林学渊等二十二人提《请尅日实行新盐法以利国家而便人民案》等。

和之前历次大会代表提案一样，这次会议代表所提议案的内容大同小异，多是盐政改革派意见，并无独到之处，且主张多属老生常谈旧问题，但代表的政治和专业身份，会议的正式平台，决定了这些议案对新盐法风波产生重要和不可替代的影响。1937 年时全国销盐县数为 1968 县，自由贸易的已达 1179 县，从中可以看到民国法律人为新盐法施行所作努力的成效。

---

① 《五中全会通过刷新政治案原则》，《申报》1934 年 12 月 14 日，第三版。《国民政府训令第九八一号》，《国民政府公报》1935 年 1 月 7 日，第 1632 号，训令，第 2—3 页。
② 中国盐政讨论会编印：《蜕化期中之新盐法续集》(未刊行)，1936 年 3 月，第 6、12、13 页。

第六章　南京国民政府在新盐法
风波中的危机管理

一、南京国民政府的立法体制与现代性法制建设

南京国民政府的法制建设是民国社会现代性转型的重要组成部分。南京条约动摇了天朝的技术自信，甲午战争中天朝制度自信也随北洋舰队一同沉没，到巴黎和约，古老中国的文化优越感也随五四青年火烧赵家楼的大火一同消散，自此之后，西方现代性文化在中国已有了政治正确。南京国民政府的政治设计从理念逻辑原理到制度技术都有强烈的现代性文化色彩，其法制建设也明显反映出复制西方法文化的急迫心情和手忙脚乱的操作。无论是法制政治基础的民主共和法治分权，法制基础设施如现代司法体系建设，还是法制规范层面的六法全书结构，再到具体法律规范制度内容与技术，都体现出对西方法制全面学习的立场和姿态，在极为困难和紧迫的历史条件下，构建起现代性法制的理论、组织机构、制度、规则、技术框架与体系，并尽力为控制操作此法制体系作了一定的人才以及相应文化准备。南京国民政府结束了中华法系对中国社会法律生活的主导，努力以西方法制尤其大陆法系为模式作了现代性法制的理论建设、制度建设、人才建设、文化建设以及社会建设。新盐法及新盐法风波正是南京国民政府现代性法制建设努力的一部分，也是这一事业困难重重步履沉重的缩影。

（一）南京国民政府立法指导思想和立法体制

南京国民政府的合法性支柱之一是孙中山的三民主义学说。三民主义借用了西方民主主义思想素材，内涵与林肯葛底斯堡演说中的民有、民

治、民享的学说有所差异,它揉和了中国传统儒家政治学说中的一些积极要素,又突出了当时中国满族统治者民族压迫政策的畸形现实,在国民党理论体系中一直据于非常重要位置。孙中山的三民主义的基本要点是民族主义、民权主义和民生主义。民族主义的诉求是当时中国特殊的历史环境下追求民族自决国家独立的意志表达,要处理的是中国在世界的地位问题。涉及国内政治的主要是在民权主义和民生主义理论,民权主义是三民主义理论的核心,是结束封建帝制,建立民主共和国的理论主张。民生主义是三民主义理论中"社会革命"纲领,孙中山将其主要内容归结为土地与资本两大问题。三民主义理论经历了两个阶段的发展。辛亥革命前三民主义理论的主要内容是:"驱除鞑虏,恢复中华,创立民国,平均地权。"1924年后,孙中山在多次演讲中提出,国民党革命的目标是进行民族革命以实现民族主义,进行政治革命的实现民权主义,进行社会革命的实现民生主义。在孙中山确立联俄联共、扶助农工三大政策后,民族主义中突出了反帝课题,民权主义中重申了主权在民原则,民生主义则强调了"耕者有其田"的思想。不过,三民主义虽有一些表述差异,其现代性文化特质都一似贯之,反映了中国进入西方为主体的现代世界秩序的觉醒与挣扎。

南京国民政府时期的中国社会仍处于传统专制社会向现代性民主社会转型初期。尽管民族、民权、民生的三民主义已广泛宣传,并有一定的认同度,无论知识界,还是所谓"革命军人"的军阀们,都以附和西方现代性文化和天赋人权、主权在民主理论而标榜政治正确,炒作民主话题是成本很底的政治公关宣传。但是南京国政府在对传统中国进行现代性改造时,不得不面对当时中国社会传统和基础的坚硬社会存在。无论南京政府是否愿意,她都不可能迅速全面落实三民主义的承诺,必须对主权在民的现代政治理念予以中国式的解释,使之适应当时严峻政治现实的需要。

1928年,国民党开始实行训政后即宣布:"所有军政训政,皆为本党建国时期之工作。一切权利皆由党集中,由党发施政府,由党员任褓母之责。故当由党指导,由党拥护"[①],三民主义治国演变为"国民党党员"治国,实行国民党党员专政,将立法权和其他权力集中于国民党中央,将国民党的党规党法和蒋介石的手令上升为国家法律。1929年国民党第三次全国代表大会通过的《确定训政时期党、政府、人民行使政权、治权之分际及方略案》,巧妙地运用了所谓军政、训政、宪政的民主政治发展路线图框架,为南

---

① 胡汉民:《训政大纲提案说明书》,孔庆泰编选《国民党政府政治制度档案史料选编》(上)安徽教育出版社,1994年版,第588页。

京国民政府一党专政的政治体制建立起合法性。其方略案称:"中华民国
人民,在政治的知识与经验的维护上,实等于初生之婴儿;中国国民党者,
即产生此婴儿之母;那产生之矣,则保养之、教育之,方尽革命之责。"这种
论调在逻辑十分荒缪,其政治效果即是中国国民党对国家全面控制有了一
个似是而非的解释体系。1931 年 6 月 1 日公布施行的《中华民国训政时期
约法》第三章更是明确规定:"训政时期由中国国民党全国代表大会代表
国民大会行使中央统治权","中国国民党全国代表大会闭会时其职权由中
央执行委员会行使之","行政立法司法考试监察五种治权由国民政府行使
之"。在南京政权的权力体系中,由国民党独揽统治权;由国民党指派政府
成员;政府对国民党负责。比较起君主专制体制,统治权由一人或一家族
置换成了一个政党,同时也间接承认了民从对国家权力的所有权,这是一
个主权在民理念下的集权政治形态。

南京国民政府将孙中山先生的"五权宪法理论"加以改造,实行"以党
治国"的训政体制。训政时期,由国民党全国代表大会代为行使"政权",其
闭会期间,由国民政府受国民党中执委政治会议的指导与监督。在这样的
体制中,国民党在国家的政治生活中处于绝对支配的地位,统治一切,包揽
一切。国民党不仅拥有立法权,而且还通过拥有拟定立法原则,复决立法
院决议的权力来确保其对立法活动的整体控制。"国民党通过多种途径、
不同渠道参与立法,从而保障国民党的意志渗透到法律冲,可谓是法从党
出了。"[①]南民国民政府的法制建设总体上体现了国民党的政治理念与
意志。

南京国民政府成立后,为大规模立法活动作了合法性动员。1929 年 3
月 21 日,在国民党第三次全国代表大会上,通过了《确定训政时期党、政
府、人民行使政权、治权之分际及方略案》,方略案规定,三民主义为训政时
期中华民国最高之根本法。举凡国家建设之规模,人权、民权之根本原则
与分际,政府权力与其组织之纲要,及行使政权之方案,皆须以总理遗教为
依归。1931 年 6 月 1 日公布施行的《中华民国训政时期约法》规定:"三民
主义在立法上,尤如航海的罗盘,远行的指南针,应该遵行不悖","三民主
义是中华民国之根本原则。"这就以根本法的形式确立了三民主义作为南
京国民政府立法活动的指导思想的地位。从南京政府的具体立法看,尤其
着力体现孙中山先生坚持国家通过法律手段积极干预限制个人滥用私权,
以达到国民共同幸福的民生主义思想。孙中山强调:"法律的本质与最高

---

① 赵金康:《南京国民政府法制理论设计及其运作》,人民出版社,2006 年版,第 318 页。

目的是维护国民全体的共同利益,即法律首先保护者,非个人之利益,乃公共之利益。"在孙中山思想体系非常强调民生主义,声称民生是"人民的生活,社会的生存,国民的生计,群众的生命",民生问题因此"就是政治的中心,经济的中心和各种历史活动的中心"。[①] 南京国民政府许多重要立法活动,都体现了对孙中山先生的三民主义特别是民生主义思想。

南京政府的立法为凸显当时紧迫的民生压力,希望通过集体主义色彩立法导引社会度过艰难现实。时任立法院第一任院长的胡汉民认为:"中国向来的立法是家族的,欧美向来的立法是个人的,而我们一在三民主义的立法乃是社会的。"也就是说,立法应当以国家社会利益为最高原则,他认为,每个人的生存、地位、权利因社会的生活、民族的生存、国家的存在的确立。因此要求个人的享受权利之前,必须先为社会尽义务和责任。要求人们"牺牲个人的部分,以成就民族和国家"。这也就要求立法尤其社会经济立法应"以全国社会的公共利益为本位,以谋公共的幸福为前提"[②]。

南京政府以党治国的权力体系和三民主义立法思想和原则,塑造和规定了南京政府的立法体制,制约和影响着南京国民政府现代性法制建设尤其包括盐务法制在内的社会经济立法活动的内容和立法节奏。

为了明确和协调立法权运用中各有关政权机关之间的权限与冲突,南京国民政府先后颁布了多个法令法规来明确国家立法权的归属。1928年3月,中国国民党中央常务委员会决定:"法律问题,经中央政治会议议决,由中央执行委员会议议决,由中央执行委员会交国民政府执行;凡重要政务,于议决后,径交国民政府执行。"也就是说,中央政治会议行使一切法律案的的立法权。至1928年11月,宣布实行训政后,中央政治会议议决:"立法院为全国立法之总汇机关,举凡立法事项,均应归其厘订。嗣后关于立法原则,应先经政治会议议决,而法规之条文,则应由立法院依据原则起草订定。"这样,中央政治会议只决定立法原则,不再行使完整的立法权。1929年6月,中国国民党第三届二中全会审议通过《治权行使之规律案》,规律案规定:"一切法律案(包括条例案及组织法案在内)及有关人民负担之财政与有关国权之条约案,及其他国际协定案等于立法范围者,非经立法院议决,不得成立。"中央政治会议制定立法原则,立法院根据中央政会的立法原则审议法案,草拟法律条文,整理法规,履行立法手续。在南京政

---

① 《孙中山选集》,人民出版社,1981年版,第787页。
② 胡汉民:《三民主义之立法精义与立法方针》,《革命理论与革命工作》,民智书局,1932年版。

府的政治权力体系中,立法院是南京国民政府名义上的最高立法机构,但她由国民党中央执行委员常务委员会和中央政治会议控制。立法院的主要职责是根据中央执行委员会常务委员会的立法决议,负责具体起草法律条文。根据 1928 年颁布的《立法程序法》和 1933 年中央执行委员会常务委员会修订的《立法程序纲领》规定,南京国民政府立法程序一般有如下步骤:①立法议案提出。法律规定国民党中央政治会议,国民政府、行政院、司法院、考试院、监察院,立法委员(五人以上联络)等党政职能部门和个人可提出立法议案。②立法议案草拟通过。法律规定法律案的草拟和议决具体由立法院负责。③法律公布。由立法机构或总统对法律予以公布。如果是宪法类法律则需要民意机关审议。另外,规定中央执行委员会、中央执行委员会常务委员会等国民党党务机关可提出修改法律议案。南京国民政府有关立法制度的安排,凸显了国民党一党专政的色彩,当然形式上程序上与现代性文明的立法制度有了一些近似。

(二)南京国民政府的现代性立法成就

南京国民政府成立后,制定了规范立法的《法规制定标准法》,从而规范了法规的形式和层次。《法规制定标准法》规定:除宪法为根本大法外,法规形式有法、律、条例、通则、规程、大纲、办法、规则、细则等。按照《法规制定标准法》规定:应当以法律调整的事项包括:①宪法或法律有明文规定应以法律规定者;②关于人民之权利、义务者;③关于国家各机关组织者;④其他重要事项应以法律规定者。

南京国民政府成立后,即着手构建后来被称之为六法全书的法律体系,先后制定颁布了《南京临时政府约法》(1931 年)、《中华民国民法》(1931 年)、《中华民国刑法》(1928 年)、《中华民国刑事诉讼法》(1928 年)、《中华民国民事诉讼法》(1931 年)以及行政类的《著作权法》(1928 年)、《银行法》(1931 年)。1935 年,公布了修改的《刑法》、《刑事诉讼法》、《民事诉讼法》等,1947 年还颁布了《中华民国宪法》。除了这些近代的成文法外,南京国民政府的法律体系中,判例和解释属于非成文法,也据有一定的司法指导功能。判例是指最高法院在运用成文法时对某一具体案件所做出的判决或裁定,为此,最高法院专门设有判例编辑委员会统一编辑判例,以便司法运用。解释是司法院指导现行法律条文适用所作出的具有法律效力的解释。南京国政府维护成文法和判例的态度,表面上是大陆体系和英美法系之摇摆,实质是在现代性法治和传统中国的治理理论间纠结,不愿意放弃的自由裁量的便利,又不原意重法典辉煌的荣誉,尽力在情理法的框架内左右缝源。到抗战前,国民政府立法院及其他政府机构制定了六七千个法典、法规、条例、章程和规则,内容包括政府组织、官规官等、行政、实业、司法、考试、监察、条约等,其体系之完备统一,数量之巨大,涉及面之广泛,相互间联系之紧密,在中国法制史上是空前的。

(三)南京国民政府时期盐务立法概况

由于盐税是重要财源之一,南京国民政府非常重视盐务立法。在盐务法制创建过程中,声称以三民主义尤其民生思想作为立法的指导思想,在立法技术环节,一方面参照了国外盐务立法经验技术,另一方面吸纳与保留了中国传统盐务法制的一些理念与规范,通过制订较为系统的成文法,来规范和管理食盐的生产、运销、征税、缉私活动。

南京国民政府的食盐立法,形成了比较完整规范的盐务法规体系。在宪法层次,1931年6月颁布的《中华民国训政时期约法》第四章"国民生计"第44条明确规定:"人民生活必需品之产销及价格国家得调正或限制之。"在第六章"中央与地方之权限"中,也规定:"中央与地方课税之划分以法律定之","中央对于地方之课税为免除下列各款之弊害以法律限制,一、妨碍社会公共利益;二、妨碍中央收入之来源"。这为盐法的制定和施行提供了宪法保障。在法律层次,有盐法和盐政组织法,这是国民政府立法院制定的效力及于全国的规范。由于盐业关系人民生活,盐政机构属于财政机关组织范畴,所以国民政府立法院制定了《盐法》和《盐政改革委员会组织法》、《财政部盐务总局组织法》。另外,国民政府还继续沿用了北洋政府的《私盐治罪法》。除此之外,《盐税条例》、《制盐特许条例》、《缉私条例》的关于专门性、特殊性事项的规定,也属于这一层次的法律规范范畴。南京国民政府的盐务法制中,有大量财政部命令通则、章程、规则、细则、办法、纲要、准则这一层次具体行政性规范立法,它们是财政部在自己的职权范围内制定的具体盐务盐政规范。

此外,还有所谓授权性立法。由于盐务立法内容的专业性、技术性较强,立法机关议员中具备盐务专业技术知识者不多,导致立法机关很难单独胜任制定专业性、技术性很强的法律法规的立法任务。因此,1929年6月,国民党第三届二中全会决议授权财政部负责整理盐法,将食盐立法权授予财政部,这样,既减轻了立法院自身的负担和困难,又使需要立法调整的社会关系和经济关系到及时有效的调整。

从南京国民政府的食盐立法内容上看,内容比较完整,覆盖全面,从食盐的生产、运输、销售、征税到食盐缉私,各个环节均制定了大量的管理法规,内容完整、具体。在立法技术上,南京国民政府借鉴国外先进立法技术,注意规范法规形式,创造了法、律、条例、通则、章程、大纲、办法、规则、细则等等法规形式。

姚顺东的硕士学位论文《南京国民政府初期食盐立法研究》中对南京国民政府颁布的盐政法规作了总结一览表,比较直观地生反映了南京国民政府的盐政立法状况:[①]

法规名称	公布时间	分布机关
财政部直辖机关组织通则	1927 年 12 月 31 日	国民政府
财政部盐务稽核总所章程	1927 年 11 月 5 日公布 1929 年 1 月 8 日修订	财政部
财政部盐务稽核分所章程	1927 年 11 月 5 日公布 1929 年 1 月 8 日修订	财政部
财政部稽核总所办事暂行章程	1929 年 1 月	财政部盐务署
财政部盐务稽核分所办事暂行章程	1929 年 1 月	财政部盐务署
盐运使公署章程	1929 年 9 月 19 日	财政部
盐务副公署章程	1929 年 9 月 19 日	财政部
榷运局章程	1929 年 9 月 19 日	财政部
盐物公署组织章程	1929 年 10 月 12 日	财政部
盐务承讯员任用及办事规则	1929 年 8 月	财政部
地方官司协助盐务奖惩条例	1929 年 2 月 7 日	国民政府
盐务署总则	1930 年 12 月 28 日公布,1932 年 9 月 29 日修订	财政部
财政部盐务署派驻各省硝磺局监理员暂行办法大纲	1930 年 5 月	财政部
财政部盐务署缉私视察员简章	1930 年 4 月 8 日	财政部
财政部盐务署直辖机关长官先造送月报逾限处分章程	1930 年 12 月 6 日	财政部
场长任用暂行章程	1930 年 12 月 24 日	财政部
食盐检定员复查员练习规则	1930 年 7 月	财政部盐务署
缉私局章程	1930 年 5 月	财政部

---

① 姚顺东:《南京国民政府初期食盐立法研究》(广西师范大学 2004 年硕士学位论文)。

法规名称	公布时间	分布机关
缉私承讯员服务规则	1930 年 7 月 24 日	财政部
财政部盐务署直辖机关所属局长任用暂行章程	1930 年 12 月 31 日	财政部
盐法	1931 年 5 月 30 日	国民政府
财政部盐务署直辖各署局所属机关组织通则	1931 年 12 月 22 日	财政部
盐务学校章程	1931 年 12 月 5 日	财政部
场务所章程	1931 年 3 月 14 日	国民政府
盐政改革委员会组织法	1932 年 5 月 31 日	国民政府
财政部盐务署办事规则	1932 年 8 月 27 日	财政部盐务署
财政部盐务署各科办事细则	1932 年 8 月	财政部盐务署
财政部盐务署硝磺整理委员会组织规则	1932 年 9 月	财政部盐务署
盐场管理通则	1932 年 6 月 21 日	财政部
法规名称	公布时间	公布机关
财政部盐务稽核总所税警章程	1932 年 8 月	财政部
财政部盐务稽核所考试任用服务规则	1932 年 10 月	财政部
缉私专员章程	1933 年	财政部
修正财政部直辖机关各级职员任别及倾向于用程序一览表	1935 年 7 月 18 日	国民政府
财政部盐务总局组织法	1936 年 7 月 14 日	国民政府

二、南京国民政府在新盐法风波中的犹豫挣扎与危机管理

(一)南京国民政府对民众改革盐政呼声的回应与对新盐立法的主导

清末以来,受到西方现代性文化冲击,中国传统政治合法性基础被动摇,民主共和理念逐渐深入人心。向以关注民生为标榜的南京国民政府,

为推动经济和社会发展,实行了一些体现革命政府精神的政治新举措,制定新盐法是南京国民政府建构政治合法性的机会,南京政府对此有明确认知,也有所准备。新盐法的制定是南京国民政府振作政治制造新朝气象对民众改革盐政呼声的主动回应,南京政府主导了新盐法的制定过程。

南京国民政府建立之时,地方大小军阀林立,中央政府无法控制全国的赋税;关税不能自主,厘金没有废除,税制纷繁混乱,人民的负担奇重;加之赔款外债,国库入不敷出,政府面临财政破产。为了摆脱困境,增加国家的税收,决定制定新盐法改革盐政。而当时盐务积弊之深,尽人皆知,打破旧有引岸专商制度已成举国一致的主张,盐务改革,已成必然之趋势。通过盐政变革,政府既可"收减税的美名",而"国库又增如是的巨额,一举两得,何乐而不为"? 感到"捨盐政改革外,没有收效如此之大的"! 并且改革盐政,亦是顺应民意,可以塑造政府顾念民生的形象,有利于构建政权合法性。何况还可借颁行新盐法,推行盐政变革之机削弱地方势力,强化中央政府权威,实现权力整合。于是,便在此巩固财税基础、实现盐政统一、塑造政府民主形象目标背景之下,南京国民政府开始了其盐法改革。[①]

从新盐法决策过程看,尽管南京政府内部行政系统的财政部门出于税收确定和便利对新盐法有所顾虑,以立法院议员为代表的政府内部盐政改革派表现活跃,总体上,推行盐政变革,得到了以蒋介石为首的南京国民政府核心人物的明确支持。

南京国民政府民国成立之初,鉴于树立政府权威与增加财政收入计,对于"盐政改革之议","政府举行财政会议,当时会议议决,本有改革盐务为自由贸易一案",并且"蒋主席在政治会议曾有速行之提议"。后"至第三次全国代表大会,乃有正式决议,立法院遵此决议,慎重考量",适召集四中全会,庄松甫遂将此议题提交会议。《大公报》披露此内幕文称:"盐政改革之运动,在民国以来,已失败过四次,均以皖人图维持自有四十万之引票,至延长引商生命二十年之久。此次盐法之动机,不知者以为出于新派盐商之运动,或立法院二三人之主张也,此皆大误。盖自前年统一后,政府举行财政会议,当时会议议决,本有改革盐务为自由贸易一案,案至财政部,束之高阁,蒋主席在政治会议曾有速行之提议,适召集四中全会,庄松甫遂提出会议,照财政会议决定,乃财政部终以一经变动税收无把握,不无持重之态,当时新商疑为当局受运动,此案被打消,以为在盐政上多数政令,均倾于维持旧商者,其实非也。庄此次提案之前,曾一度面询蒋主席是

---

① 朱德龄:《盐政改革与中国建设及教育问题(续)》,《大公报》1931年5月6日,第十一版。

否有行此决心,蒋谓近百年来之厘金,尚毅然裁去,况盐务乎？庄谓改革盐政,实比裁厘为难,因厘金之历史,不及百年,而引商之制,则自南唐后已植其基,且厘金无专商,而引商则几成盐阀,此不可不虑也,蒋主席言吾必以革命精神行之,庸何惧乎？"①

蒋介石对新盐法的度鼓舞了盐政改革派,也震慑了代表旧盐政既得利益的保守势力。庄松甫是立法院积极推动新盐法的干将,得到蒋介石对新盐法明确支持的表态后,"遂密约景本白南来",因景本白也是力推新盐政的盐政讨论会积极分子,他们约立法委员数人一起会商,"定出原则数条,经秘密议决后,而后依此定盐法条文"②。《大公报》对此评论:"盐政在中国本极复杂,而向来专商与专官两种人,无不极守秘密,故社会知者极少,此案在立法院除庄与卫数人外,专门家者极鲜。景初与立法员见面时,尚有疑为新商之领袖,利于推倒旧商以自利者,嗣经加以说明,今日之新商事因旧商之专利,乃能立足也,假定旧商既倒,盐质改良,则全国已无粗盐精盐之分,人人可以贩卖,可以制盐,则旧商不能专利,新商亦根本不存,立法员既明此义,而条文乃得顺流而下,两三月之工程,遂通过立法院。"③

新法将推的消息,在社会上激起的反映大大超出蒋介石为首的政府和盐政改革派议员预期,南京国民政府不得不面对这一新的现实,不过,以蒋介石为首的国民政府高层推进新盐法的意志还是让反对派有所忌惮,或许敢言,却不敢怒。据当时报刊报道:"当此案初通过时,外闻实多怀疑,以为数千年之旧政,一旦推翻,终非易行之事业,但自各地旧商起而反对,函电交驰,尽力宣传其旧派议论之后,而论难之文,亦遂多。"并且"各地盐商近有多数集居上海,多少总带有几文资本来者,闻天津商人每家派一千七百元,其代表行时,确携二万元,初到上海时,人人欲拥浙商张淡如,为从前之周学熙,以为彼与蒋主席有渊源,希望其以全力打消此案也,岂知张淡如之聪明,实胜过周学熙,彼对多数引商,实甚冷淡,故各处代表到沪时,已不甚起劲,而发出之文告,亦根本自认引岸不能维持,不过于民食民生及政府税收,及改革步骤,不能不加意而已,此实不啻根本已让人一步。而谋改革,但希望缓缓改革,以保持残喘之命耳"。报刊分析引商以税收说事要改变政府决心似乎不易,因"自民三以后,引商本不负包税之义务,何以一无引商,税收即无把握,除非引商到处运动抗税,则政府之收入固依然犹者

---

① 《大公报》1931年3月29日,第四版。
② 《大公报》1931年3月29日,第四版。
③ 《大公报》1931年3月29日,第四版。

也。"而且,引商称"打倒引商,即为新商之利,以为精盐公司以机制而代人力,行将起而垄断,以夺引商之利,以绝盐民之生计",不知"引商去,新商亦即尽,而将来诚不免有以机制而代手工者,但此为自然之进化",因此,"旧商之理由,实站不住"。并且"近来赞同改革者,实居大多数也"。尽管南京政府财政当局对新盐法的盐税是否恰当颇踌躇。财政当局"初时确有增税之心,以为规定每公斤一百斤征税五元,虽较前此之国税略增,但合之近时之地方税,则实征得多,因近年各省附赠地方税,为数实颇重,不过此非全国通行者,若以数省之增税为标准,而遂通行于全国,此实非稳健之政策也"。不过,时人还是认为,新盐法得到蒋介石的支持,应该能推动,预料"据此情形观之,盐法不久必可公布,引商之运动,可信其为改革过程中之一小波纹而已,于根本固无紧也",也注意到:"现时可注意者,实为行政院中所附设之盐政改革委员会能否得人而已,如此中有多数之引商在内,睨了口则改革之进行,势必迟延,闻引商已注意及此,谓不动其根本,则须从枝叶以谋缓进。"①

从报刊披露的蒋介石对新盐法的态度看,此时国民政府对新盐法可能遇到的阻力虽有所察觉,但不以为意。这是正常的,因为新盐法一开始便与三民主义政治合法性制高点相联,而旧盐商在新盐法语境中始终预设为历史负资产和道德输家,在这样形势下,推行新法自会水到渠成。1931年1月,当第二届立法院委员就职后,立法院开始着手起草新盐法。经历一些波折,立法院终于"厘定新盐法",并"主张设置盐政改革委员会,以图刷新,修正盐务官制,以省糜费,意美法良,舆论钦服"。② 并最终于3月21日立法院将七章三十九条盐法全文通过。

蒋介石在新盐法上一开始的信心是有根据的。1930年即被立法院院长指定为负责新法工作的十五位委员之一的陈长蘅委员在新盐法通过后,1931年3月底在立法院作了《新盐法起草经过及内容说明》,同时,拥护新盐法的立法委员还在南京中央广播无线电台发表演讲,他们对南京国民政府新盐法思考及立场,对新盐法制定过程中立法院的各种考量平衡,有详细阐释,从中可反映出南京国民政府制定新盐法政治决策的基本逻辑。③立法院对实行盐政变革的认识,在当时南京国民政府中是有代表性的,可以看成南京国民政府对实行盐政变革的主流立场。

① 《大公报》1931年3月29日,第四版。

② 《盛京时报》1931年2月12日,第二版。

③ 《新盐法起草经过及内容说明》,《大公报》1931年5月19日,第二版。

陈长蘅的报告首先回顾了新盐法的制定过程。据陈的报告,1931年3月21日立法院第一百三十六次会议通过了盐法。盐法草案,由立法院提出,但起草的经过时期很长,也并不是完全由立法院方面发动。在十七年全国财政会议议决,以就场征税自由贸易为原则,而第一步先后整理场产划一盐税做起。各处盐务积弊甚深,异常腐败,盐法早有全国改革之必要,私盐治罪法原为引岸制度的保障法,所以立法院讨论的结果,就根据中国国民党第三次全国代表大会政治报告决议案内关于财政一项所定"整理国税与地方税制并杜绝收税机关之一切积弊"的根本原则,及二中全会"整理盐法,减轻盐税,剔除积弊,调节盐价,财政部应于十八年内制定,此项计划负责执行"的决议案,于十八年七月二十三日第三十六次会议议决:(一)私盐治罪法缓议;(二)咨行政院令财政部遵照二中全会决议,草拟盐法全案,(三)指定委员庄崧甫陈长蘅邓召荫蒐集关于盐法之资料。后来差不多经过一年,直到1930年5月间,财政部尚未草拟盐法送本院审议,于是在五月二十四日立法院第九十二次会议,讨论盐制品监督条例的时候,始议决请院长指定焦易堂、庄崧甫、陈长蘅、邓召荫、罗鼎、林彬、马寅初、刘舆训、方觉慧、王用宾、卫挺生、曾杰、楼桐荪、孙镜亚、陈肇英十五位委员,着手起草盐法。由盐法起草委员开会多次,加推委员二人继续搜集材料,负责整理,分送各委员参考。并推定委员七人拟定起草原则,由全体委员会审查决定,再推定委员五人起草条文。到1930年12月,第一届立法委员的任期满了,国府任命第二届委员就职以后,关于盐法的起草,复由院长重行指派十六位委员负责进行。其中十五位委员和前次相同,只添加朱和中委员。各起草委员复推定委员五人初步起草,继续工作了几个月,与前星期全部草案脱稿以后,由全体委员详细审查完竣,才提出本院第一百三十六次会议讨论,议决通过盐法全案共计七章三十九条,这是盐法起草经过的大概情形。

陈长蘅委员谈到了旧盐政的硬伤带给立法院的困扰,其中"私盐治罪"问题的荒谬性让人无法坐视,这一同问题也是新盐法启动的契机之一。1929年五月国民政府财政部曾拟有一个私盐治罪法,由行政院咨送立法院审议。立法院认为:奉旨专卖的办法,原属欠妥,所谓"私盐治罪"四个字本来就很荒谬。在引岸制度之下,引商各有划定的专卖区域,在区域内的人民,只能向区域内的专商买盐。不特未纳税的盐是私盐,就是曾经纳税而从别个区域买来的盐,也是一律视为私盐,一律禁止买卖。而且盐商有处置私盐之权,一经查处私盐,盐商自己就可令商巡扣留治罪,所谓"越境为私格杀勿论"。同时政府方面,也另设缉私步队去保护专商。对此,拥护新盐法的立法委员在在南京中央广播无线电台发表演讲,大声批评所谓"私盐治罪",可以佐证陈长蘅委员的说法。该演讲对私盐问题批评十分有力,称"中国现在盐税制度,不幸还是因袭亡清时代之引岸商专卖制度,这种制度是把中国划分为若干封建式的区域,每一区域叫做引岸,每一引岸内人民所吃的盐,政府只许一个或几个商人世袭的专卖。同是完了国税的官盐,可是此岸的人民,如果购买彼岸的盐,便要处罚,甚至于有杀身之祸,就是本岸的盐店比到邻岸的店远,也不许就近买了吃,本岸的盐又贵又污秽,也只许忍受,不许挑选。这还是人世界吗? 这种严厉的拘束,无非是要维持引商的利益。人民受这样的牺牲,政府方面呢,除了产盐的地方,要有种种防私的机关,还要替引商在全国销盐的引岸,花很多钱设很多机关和缉私兵警去保障引商的特权。"[1]可以说,私盐治罪法的荒谬刺激了立法院,为新盐法出生提供了契机,于是,国民政府立法院于 1929 年 7 月 23 日第三十六次会议议决私盐治罪法缓议,并启动新盐法的制定。

南京国民政府对引岸专商旧盐制的判断与立场,陈长蘅委员作了阐述。国民政府官方和民间社会在新盐法问上当时重要的"重叠共识"是将旧盐商污名化。旧盐商群体的斑斑劣迹是原因的一方面,方便推动新盐政的社会动员也是重要原因。在此背景下对旧盐政的检讨不免情绪化,以偏概全上纲上线自在意料之中。陈长蘅委员报告称:"现行的引岸制度,如同厘金那样,都是最不好的税法。"而一个国家民族,无论在政治经济及社会各方面,最坏的现象,就是只有少数人享受过分的自由,而使多数人失掉应有的自由。"现在厘金既已裁撤了,较厘金为害更烈,只给少数引商享受专利的自由,而人民不能自由买盐的引岸制度,当然也在革除之列。"何况在引岸制度之下,引商对于政府本有保课的责任。各个引商都须负责销售多少盐,纳多少税。就是销不了那么多的盐,也要赔足那么多的税。岂知后来人口增多,理应多销盐,多纳税,但一般引商非特没有加认税额,甚至应该赔足的税课,也没有赔。据盐务专家的估计,截至民国十五年底止,淮南票商欠缴扬子四岸之税额已达二万万五千万元以上。为数实属可警。若截至现在为止,则应赔税额必又更多了。淮南如此他处可知。由此可见,"引商早已自己破坏引岸制度的基本条件,自难再予维持旧有引盐制度"[2]。立法委员在南京中央广播无线电台发表演讲中也指出,"引商因为有这种世袭的垄断的大权,当然为所欲为,他们把本轻质劣的恶盐,抬高价

---

① 中国盐政讨论会编印发行:《中国盐务之现状》1935 年 11 月。

② 中国盐政讨论会编印发行:《中国盐务之现状》1935 年 11 月。

钱卖给人民,甚至于用尽种种非法手段剥削人民,看做家常便饭,人民亦无可奈何他"。官方指出,改革盐政是历来志士仁人的理想,称"从前有许多学者专家实在看不上眼,都主张改革,如清末民初年间张季直先生主张就场征税自由买卖,后来他更进一步的主张就场官专卖。民国二年以后盐务稽核总所的洋会办英国人丁恩也主张就场征税,改革中国盐政。但因引商势力太大了,不容易做到全中国整个的实行,只有部分的实行了。现在引岸已经开放为自由贸易,有东三省淮北等处,惟引岸专商在全国仍占大部分,如湘鄂赣皖苏冀鲁浙等身份。在这些省份的人民,食盐还是不得自由,引岸专商垄断剥削的积弊,还是很厉害"。① 国民政府认同民众对旧盐政的指责,称旧制因"价贵质劣而直接妨害国民经济和国民健康,间接便是减少官盐销路,增多私盐,损及国库。又因保障引岸专商而多设机关兵警,也是损及国库。国库困难,便只好加税,加税而盐价更贵,价贵又是直接害民,间接害国",声称"引岸专商如果不改革,国家与人民叠受这样循环的弊害,愈演愈烈,永无止境"。②

陈长蘅委员披露道,政府启动新盐政的原因之一还有旧盐政的行政成本太高。立法院认,照当时引岸专商制度,盐务机关太多,所开支的征收经费,实在太大,各国通例,内国消费税的征收费用大概只占总收入百分之五以下。而现在中国各盐务机关的经费,竟占了总收入的百分之十六以上。所以要节省经费,增加收入,也要取消引岸制度,以便裁减盐务机关。如"十八年度之盐行政经费,为八百七十七万零,缉私费五百十二万七千余,稽核所费四百余万",各种经费相加,"大约已至二千万元",如实行新盐法后,则"国家每年可节省经费约近千万"。③

对新盐法选择自由贸易作为新盐政的核心制度的缘由,陈长蘅委员也作了完整说明。当时国民政府是可以用例如官专卖一类制度取代引岸专商的商专卖制度的,但经过权衡,国民政府最终还是确定自由贸易作为新盐法中最重要的原则。陈长蘅阐释了其中最重要缘由,是因为"盐就场征税,任人民自由买卖,无论何人不得垄断"这个原则,完全适合总理的民生主义。陈长蘅委员说:"近代财政立法的主要目的,在于社和社会政策;而我们中国今后的财政政策,便要适合民生主义。因为国家的财政是和私经济息息相关。如果财政办理不善,私经济立受很大的打击。国家的税源就

---

① 中国盐政讨论会编印:《中国盐务之现状》1935 年 11 月。
② 中国盐政讨论会编印:《中国盐务之现状》1935 年 11 月。
③ 《中国盐法改革内容》,《盛京时报》1931 年 3 月 22 日,第二版。

会一天涸竭一天,如果财政办理很好,私经济才有宽裕的可能,而同时国家的税源也可日有增加。所以根据上述及格理由,认为改革盐政的最大原则,就要革除旧有的一切苛法,而创设崭新的公允制度"①。

南京国民政府认为,选择自由贸易制度为基点打造新盐政也是为了顺应国际潮流。因"美国过去的著名财政学者亚当士说:各国盐法多已由专卖,而改为就场征税"。②当时国内主张国家专卖的人,可分为二派:一派主张国家专卖制,是完全从理论上研究的结果;一派就是专制盐商拿国家专卖的口号来淆惑人民视听。"他们明知不能实行,也提出国家专卖的制度,来搪塞一切,希望把引岸制度的寿命多维持几年。须知国家专卖的制度虽和总理的主义政策相合,当在最近的近来,事实上是办不到的。"③国民政府立法院知道,在中国历史上,如管仲相齐曾实行官山海渔盐之利。又如当时的日本,也是盐归国家专卖,但认为"齐国的地位很小,只有山东一省。日本也是蕞尔岛国,面积较小",盐归国家专卖,是容易实行而有效。而"现在中国的土地这么大,各处产盐的方法和产盐的成本有大不相同,骤然实行专卖,自然势所不能。第一,政府须有很大的资本。第二,政府要有种种的设备。第三,政府要有人才。现在的盐政内容还是很腐败的,如一旦改为国家专卖,正给腐败的管理官员和盐商狼狈为奸的机会。因为现在全国盐的产销状况,还是供过于求,着手改革的时候,当然要裁撤一些盐场。那些盐场应该裁汰呢?在国家专卖制度之下,必有腐败的官吏去操纵一切。不管盐质的好坏,只凭贿赂的多寡,谁能多纳贿,谁的盐场便可保留,无力纳贿,或不肯行贿的盐场,就在淘汰之列"④。这样一来,全国的盐民生计必毫无保障。所以在"理论上实行国家专卖,固然有很充分的理由,但是如果办得不好反而发生很大的流弊"⑤。

南京政府认为,新盐法所定就场征税的办法,在实际上也是和国家专卖相差无几。就场征税,应由政府指定场地建筑仓坨。凡人民所制之盐,悉归政府管理。国家专卖,亦须盐尽归仓,由政府管理。所不同者国家专卖是寓税于价,由政府定价买盐。而就场征税,则一经纳税,便任人民自由买卖。不必由政府出价收盐,将来就场征税办好以后,储盐仓坨,既由政府管理,(见新盐法第十四条)如果要改为国家专卖,则亦水到渠成,很容易实

---

① 《新盐法起草经过及内容说明》,《大公报》1931 年 5 月 19 日,第二版。
② 《新盐法起草经过及内容说明》,《大公报》1931 年 5 月 19 日,第二版。
③ 中国盐政讨论会编印:《中国盐务之现状》1935 年 11 月。
④ 《新盐法起草经过及内容说明》,《大公报》1931 年 5 月 19 日,第二版。
⑤ 中国盐政讨论会编印:《中国盐务之现状》1935 年 11 月。

现。所以从事实上看来，就场征税在最近的将来，是改革全国盐政最妥善的办法。

南京政府在制定新盐法时期对自由贸易对食盐供应的影响是有所准备的。当时有人以为在引岸制度之下商人各有售卖区域，不相侵犯，无论边远各地，盐商都可以放心运盐前往销售。人民需盐，不致匮乏。如果采用了就场征税自由买卖的办法，"商人贩盐，既无赚钱的把握，那里还肯长途跋涉，冒险到边远的地方去呢？"有许多地方食盐将短缺，民众只能食淡了。对此，政府指出这个理由很不充分。因为盐是人生必需之物，设有可以代替的东西，各个人及各地方的需要量也很稳定。有了很稳定的需要，一定会有不断的供给。至于盐价问题，政府认为食贵问题较为复杂，和交通运输及地方治安都有关系，政府无法根本上杜绝此类现象。但这不是新盐法产生的问题。旧盐政下，引商专利，希图少运盐斤抬高盐价，一直是食贵的一个大原因。如在引岸制度之下，"贵州等地，盐价竟高到每斤一元二角"。因此，盐价问题应在不断的改革中解决。而总体上，"按照经济上供求相应的原则讲起来，取消引岸实行就场征税以后，决不至发生淡食的现象，而且还可以平减盐价"①。

南京国民政府立法院对新盐法的信心部分源自对新盐法可以稳定政府盐税收入的乐观判断。但恰好这种判断既不是来自负责税收的财政部门，也并没有得到政府财政系统的确认与支持，这就埋下了日后南京国民政府立法院与财政部在新盐法施行问题上的分歧。

在新盐法制定阶段，立法院判断新盐法规定的税率是合适的。新盐法改按公斤计算税收，规定"食盐每一百公斤一律征税国币五元，不得重征或附加"，比较以前表面上增加一角七分五厘。而当时各省所征的盐税，除了正税以外，还有种种附加税，或为地方附加或为中央军用附加，遂致有些地方盐税高至七八元或十余元。新盐法所定税率系将附加除外，按照每一百公斤征税五元，比根据民国十八年全国销盐总额与盐税总收入（附加在内）所求得之税率，每一百公斤，实际略有减少而已，政府实际总税收入与民众盐负担总体变化不大。

陈长蘅委员提供了立法院这一判断的根据。当时有人以为新盐法所定的税率太轻，将来或影响税收。他们以为当时各省正附税平均约合五六元，所以主张每一百公斤，按八元征税，才能明显增加政府盐税收入。而政府方面认为，当时"盐税以每司码担五六元计，在理论上本应达到二万万元

① 《新盐法起草经过及内容说明》，《大公报》1931年5月19日，第二版。

以上。为什么向来没有到过二万万元以上，还是只有一万万三四千万元呢?"①其最大原因，主要由于走私导致税收流失。据盐务稽核总所调查，每年走私之数，大约占实收盐税的百分之二十五左右，即每年漏掉四分之一以上的税，若将税率增高，走私恐更多了。政府估计，依照新税率每百公斤征税五元，将来盐税总数，也不至有所短减。因为当时全国总销数，大概司码秤四千万担。"将来场产整理好了，一定很容易销到司码秤五六千万担约合三千一百万公担乃至三千八百万公担。以每公担征税五元计算，当有一万五千数百万乃至一万九千万元的收入。所以按照新税率征税，只要盐场整理好了，将来税收，只有增加，不会减少。又经费方面，将来也可以减掉很多。"②立法院还认为，征收盐税本身即是不得已过渡性措施，"盐是人生口用必需的东西，无论贫富，需要约相仿佛。按照社会立法的原则购起来，盐税是不应征收的，在欧美各国，多已实行免税。而现在中国的国家收入，除了关税以外，尚以盐税为大宗。所以将来应逐渐设法创办所得税，遗产税，或增加烟酒税，而不应专从增加盐税着想。才是道理"③。

立法院注意到盐商合理的商业利益诉求。声称新盐法全部看起来，都是根据二中全会所议决"整理盐法，减轻盐税，剔除积弊，调节盐价,"的十六个字为最高原则去制定的。尽管"外界有一部分特殊阶级觉得不大满意，为废除引岸改为就场征税，似乎不顾虑原有盐商的生计。现在的盐商有他们向来丰富的经验，雄厚的资本，和熟识的顾主。虽在自由贸易制度之下，仍可照常营业，而占优势，不过没有专利权罢了"。政府认为，新盐法推行中，"所应顾虑的，是那些处于盐业底层的贫苦的盐户。因为当时中国的小本盐户颇多，如果依照集中盐场的办法，将来裁并盐场的时候，一部分盐户的生计，必很难维持"④。

陈长蘅委员在报告中谈到了政府推行新盐法的后续措施设想。"盐法公布以后，怎样去推行呢? 实在讲起来，推行盐法，是比较裁厘困难得多。厘金是裁了就完事。推行新盐法，既要取消旧有不好的制度，还要拿新的好制度来代替。所在新盐法末了，又有附则一章，规定于盐法公布后应设盐政改革委员会"，具体落实盐法施行，并制定施行新法所需要的各种条例规章。这个委员会的组织，有委员七人至九人，以行政院院长为委员长，财政部部长为当然委员，"庶使新盐法能够推行尽利，而盐务改革亦得早日完

---

① 《新盐法起草经过及内容说明》，《大公报》1931 年 5 月 19 日，第二版。
② 《新盐法起草经过及内容说明》，《大公报》1931 年 5 月 19 日，第二版。
③ 中国盐政讨论会编印:《中国盐务之现状》1935 年 11 月。
④ 《新盐法起草经过及内容说明》，《大公报》1931 年 5 月 19 日，第二版。

成。实于国计民生两有裨益也"①。

拥护新盐法的立法委员 1931 年 3 月底在南京中央广播无线电台发表演讲中概括了立法院在新盐法问题上的思总体判断。"立法院在民国二十年三月便通过了一个就场征税自由买卖的新盐法,想把整个的盐务澈底改革一下。新盐法一共三十九条,我们把内容归纳起来,有五个特点:一、废除垄断民食的世袭盐专卖商,实行人民自由贸易。二、打破此疆彼界各自独立的销盐引岸,实行就产盐场所收税,收税以后的盐,便可以如普通货物,畅销于任何地方。三、撤销全国销盐各地一切盐务机关缉私兵警,实行简单化的集中的盐务就场管理。四、把现在全国各地高高低低百余种,重重叠叠的盐税税率一律规定为每市担征收二元五角。五、在自由竞卖之下贵盐劣盐不能立足,盐价自然低廉,盐质自然提高。上面所说新盐法的五特点,不特可以解除人民所受引岸专商的痛苦,对于政府方面间接直接也有许多利益"。演讲中引用当时什计算称:"现在盐价每担十三元,盐法实行后将减为五元。全国总负担将由八万万二千万元减至三万万八千万元,还不到现在的一半"。至于政府的税收一方面怎么样呢?演讲人称:"现在盐税税率平均每市担五元四角,如果改行新盐法规定每市担二元五角之税率,政府税收不是要比现在减少一半吗? 这个问题照表面上的计算方法是不错的,不过与经济学物价与供求相关的原则不合"。因盐是一种普通货物,现在价太贵了,人民买不起,不得不少吃。将来税率减轻,因引岸专商垄断所枉花的钱废除了,因价钱便宜,人民可以充分的多吃。"中国人口多,每人每年多吃一斤,全国就是增销四百五十万担,政府便可以增收一千几百万元的税。照每人增加三斤计算,全年税收便可达到一万万九千一百二十五万元,比去年多六百四十万元。政府方面还有一项利益,就是节省征收经费一千余万元"。实行新盐法后,废除引岸专商,"则一切销地的榷运督销掣验局及缉私等为虎作伥的机关,一律可以裁废。按民国二十三年国家预算案盐务费加以分析,则二千余万元之盐务费中,有一千余万元是这些可裁机关的费用。以上两项共计国库方面可增加一千六百多万元的利益"②。

演讲人的立论和论据明显有些强辞夺理和牵强附会,却也反映了新盐法制定阶段立法院盐政改革派议员在蒋介石支持下推动新盐法的政治意愿和志在必得的自信。尽管,很快他们就会发现议政须延续到施政,政治

---

① 《新盐法起草经过及内容说明》,《大公报》1931 年 5 月 19 日,第二版。
② 中国盐政讨论会编印:《中国盐务之现状》1935 年 11 月。

过程才算完成,新盐法制定和新盐政的推行,难度差距太大了。南京国民政府立法院制定了新盐法,但创制新盐法的意愿,代替不了推行此法的经济资源、社会前提与法律技术,新盐法的阻力,岂止是利欲熏心的旧盐商,而是坚硬的社会事实。对领导南京国民政府的以蒋介石为首的中国国民党以及南京国民政府的立法院和行政部门来说,完成新盐法的制定与其说是一个难题的解决,勿宁说是一个难题的开始。

(二)新盐法颁布前南京政府的纠结与犹豫

新盐法的成文通过,意味着盐政改革的拥护者和反对者摊牌的时候到了,双方都必然以自己所拥有和所能动员的资源作最后一博。南京国民政府以立法院表态附和民众盐政改革呼吁,又通过行政部门对新盐法的消极态度安抚旧盐商及地方势力等盐政改革反对派。不过,新盐法箭在弦上,南京政府在此问题上承受着巨大压力,却没有足够的腾挪空间。因此,在1931年3月21日立法院通过新盐法到1931年5月31日正式公布此法期间,是南京国民政府在新盐法风波中最困难的阶段,极其严峻地考验着南京国民政府的危机管理能力。总体上,南京国民政府给出的是它能作的较优选择。

立法院通过新盐法,动了旧盐商和地方势力的奶酪,必然激起他们的反对。一时间,新盐法犹如捅了马蜂窝,各种"不宜""应缓行"的通电文章充斥了各种传媒。当时报刊就此分析道:"盐政改革案,此次发动于立法院,已经议定原则。唯盐法之制定依据原则,交由起草员,近始脱稿,而付审查,大约去公布时犹远也。"鉴于历来盐商闻变法必反对教训,南京政府立法院一直封锁秘密,"不料起草员方拟定篇目十四门,及提出要点十八条,制成油印以便院内备观,即为上海新闻记者所得,载于上月新闻报,误认为议决之案"。立法院负责人大怒,"一面追查泄露之由,而以免禁止新闻记者再到秘书处"。新盐法尚未公布即闹得满城风雨。自此消息传出后,"一现据为世业之盐商,果认为系打破金饭碗之举动,遂起而为反抗之运动焉,列首者为浙东有名运商之周青云王绥珊,函电急如星火,遂得长芦山东两淮两浙之响应,现已各派出代表在沪开会,其启事已登载沪报,天下事唯有钱人做事迅速而有组织力,盐商在中国可称为七十二行中第一富于金钱且向有组织者,故不出一月间,现两淮与山东之代表已报到至沪,其敏捷为何如乎"[①]。旧盐商及地方势力等盐政改革反对派的意见对新盐法公

① 《改革盐法案有暂时延缓趋向》,《盛京时报》1931年3月19日,第二版。

布产生了明显影响。

立法院通过的新盐法交付政府后,一直无公布表示。报纸透露:"张弧寒(十四日)到京,问系应某方召,将于盐税事有所咨询,传盐法将有暂缓趋向。"①也有人猜测:"前日蒋主席回籍扫墓,此案遂搁置未能公布。"②南京政府的新盐政明显遭遇了阻力。

然而,新盐法公布受阻,旧盐商及地方势力等盐政改革反对派的意见并非关键,国民政府内部财政部门顾虑新法可能对税收产生负面影响,这才是南京国民政府在公布新盐法问上犹豫谨慎的根本原因。

在新盐法风波中,1931 年春天的一场宴会对新盐法的命运产生了关键影响。这次蒋介石为新盐法招集的宴会被当时传媒广泛报道。宴会传递的基本信息是:新盐法的制定颁布,事关南京国民政府改革盐政的政治承诺,是彰显政权合法性的举措,因而事在必行;财政取向的改革,受制于财政基础和条件,当推行新法无助于增加税收,在重重阻力面前,政府将失去强行实施法律的动力,顺着"施行日期另定"的台阶,新盐法只有无疾而终。

有报刊在 1931 年 3 月 30 日首先披露了这场政府内部讨论新盐法宴会的内容。报纸以《新盐法又经一度论辩》为题报道称,因财政当局之顾虑,于"新盐法初行之际,收入将受若干影响"。并且"自十五年以来,淮商为政府所垫之款,自丁乃扬始,共计不下二千数百万之多",对旧盐商的反对意见不能漠视。宋子文"亦非无根本改革之心,遂不无踌躇"。③ 为此,"宋曾晤蒋,谓该法有三种难行之点,(一)税率太低,原来税收每担征收八至十元,新盐法只及三元余,当国家用钱之时,万难减少税收,(二)盐商系出资本所得,且经财政部注册,似不能一旦完全尽斥,不为之所,(三)场厂未经完全整理就绪,办理甚多困难,主张立法院复议"。宋还向蒋报告了旧盐商及盐务稽核所的意见。蒋介石在前此所见闻者,本多为改革派之议论,至此始知旧商之反对,与稽核所之反对。"当宋报告此两种反对议论时,蒋称吾曾祥问彼等,谓均条条可行者,何以今尚有反对者,既然如此,吾当为约立法院诸位来此面商,或须再改,或即公布,总使两方无遗恨。为此蒋全数柬请盐法起草委员。蒋初令财部方面详述意见,而令立法院方面解释之。双方辩论结果,遂归结到加税,稽核权及引票价三点,双方说话虽

---

① 《改革盐法案有暂时延缓趋向》,《盛京时报》1931 年 3 月 19 日,第二版。
② 《大公报》1931 年 3 月 29 日,第四版。
③ 《改革盐政提案》,《申报》1931 年 5 月 11 日,第四版。

多,而问题则实未解决。"①

南京国民政府司法院长王宠惠通过报刊证实了南京国政府财政部在新盐法问题上的顾虑和蒋介石为此邀请起草盐法的十五位委员宴会一事。报道称:"财政当局对于立法院新拟之新盐法,有所怀疑,呈请中央复议。"该报记者于是走访司法院长王宠惠,王称,南京政府"中央以该盐法着手议及两年,经各委员长时期之研究,决非贸然订立,当然有立法缘由在内"。据王透露"蒋主席曾于前日邀宴起草盐法之十五委员,财宋(子文)亦在座,宋即席提出困难三项。当时席间曾有极剧烈之辩论,关于(一)点各起草委员谓旧税为每年一万二千万,照新法收入,每年得一万八千万,质量有增无减,盐为日用品,税不宜加重,英荷各国对盐不征收,吾国既已征税,岂可再加重之,第(二)点及第(三)点,亦为众所否决,仍照新法,至于外传准备复议说,实系盐商乘机所放空气,希图将新盐法无期展缓"②。

这次宴会甚至引起了远在内陆的四川媒体的关注并报道:"财宋发表怀疑点三项、蒋特宴起草委员研究、盐商仍在挣扎中意将盐法展缓。"该报报道:"财政当局怀疑于新盐法,认为实行颇多窒碍,宋曾晤蒋,谓该法有三种难行之点,主张交立法院覆议云云。蒋以该法着手议及两年,经各委员长时期研究,决非猝然订立,当然有立法缘由在内,当于日前宴起草盐法十五委员王用滨卫挺生楼桐荪等,财宋亦在座,宋将三项困难提出后,曾有详尽之辩论,闻目前最大问题,在用何步骤使新盐法实行,同时盐商亦在最后挣扎中,意图将新盐法无期展缓。"③

南京国民政府行政系统方面对新盐法主张慎重施行,其主张并非没有依据。为让社会了解财政部门对新盐法的顾虑,行政系统作了多方解释,并通过报刊广泛宣传,对南京国民政府行政系统对新盐法的顾虑进行了详细总结。概括起来,行政系统方面对新盐法的顾虑主要涉及问题是:第一,就场征税,不假手引商,每年是否确能超过于一万二千万之收入,征收机关能否以极少人员,而向灶民,按户征取,这具不确定性。第二,新盐法注重产与销,而忽略其运,若不研究运,则新盐法颁布后,凡不产盐之区,必有盐荒之虞,应研究避免盐荒办法。第三,确定盐价每担五元,至不易办,因"各省附加名目尚多,现在湖北每盐一担,价须十元以上,湖南每担价须二十元以上,而盐本税却未增加,若改定五元,则本税上即较去年为短收"。

---

① 均见《新盐法又经一度论辩》,《大公报》1931年3月30日,第二版。

② 《新盐法问题打开舌战》,《上海报》1931年4月4日,第二版。

③ 《辩论新盐法实行困难》,《四川盐务日报》1931年4月22日,第三版。

第四,行政部门顾虑:"山东沿海,随地产盐,福建亦同,而摊地每年增长,在摊地未清丈以前,估计场税,如何标准,若按旧引岸笼统计算,则私盐必多"。第五,就场征税条件尚不具备:"两淮长芦河东三处,就场征税尚可实行,因淮芦是聚处,河东仅一盐池,四周有城圈,就场征税,毫无遗漏。但河南及晋北,沿地产硝,以硝熬盐,势须由官厅实行禁止私熬,方可使官盐供给人民,另四川是井盐,新疆是湖盐,云南是池盐,各地情形迥异,东三省向无盐商,而沿海自由产销,官为主运,近年以来,日人在旅大亦设盐场",如此情况不就场征税实行不易。第六,行政部门还提出:"反对新盐法者,以盐商一种拥护私人利益行动,决非正当,而鼓吹新盐法者,亦不无微精盐商准广销路作用,"新盐法的合法性似有可疑。第七,盐政官员认为,若要根本上改良盐法,一须国家组数个大规模盐厂,实行熬砖,分配全国,不许民间私熬私运;二对于全国引岸,一律打破,将旧盐商势力,根本铲除,同时将商办之精盐公司,收归国有,以免过渡时期之垄断,而做到这一点是困难的。此外,改革盐税,办理前须先整理场产,整理场产施行细则出台之前,盐税改革技术上不便操作。因此,行政部门认为,盐的问题,各地情形既不同,决不能以同式之法令,施行于全国各盐区。[①]

至此时,国民政府高层已意识到施行新法的条件并不具备,财政部的踌躇不过是政府此前对法律客观性的疏忽立法不周详的反映。其实,立法只能是对政治经济客观条件的表述,马克思认为,即便是专制君主,也不能对经济条件发号施令。财政部的消极事出有因,只是当时制定新盐法主张来势汹汹的情势,不便直接反对。实际上,国民政府的行政系统对盐政变革之废引岸专商盐政统一于中央的原则等等脱离实际,立法条件欠缺,困难及阻力重重,已有察觉。财政部对盐政变革价值的认知主要是财税巩固而非政治形象。立法院拟定的新盐法,尽管声称也是以摆脱财政危机为出发点的,但在财政部看来,首先冲击的恰恰是政府的税收,而这是当时南京政府无法承受的。财政取向与塑造新朝气象的改革目标负相关,转化为盐政问题上开明的立法院与保守的财政部的对抗。财政部反映的情况本应在筹划盐政变革时即有妥善安排,立法不应有如此重大疏忽,这种情况表明国民政府新盐立法条件不具备、技术也相当不成熟。也就是说,财政部门认为,当时并不具备制定施行新盐法的经济资源与政治社会前提,加之立法技术粗糙,法律文本弹性不足,因而对新盐法一直表现消极。而立法院不似行政系统,对新盐法颁行所面对困难现实认知不大深入,对新法所

①　以上均见《新盐法延缓施行原因》,《申报》1931年4月30日,第六版。

可能遭遇阻力概念笼统,因而表现积极。好在立法院立法过程中已感到了反对者的能量,调整了部分内容。并因此有所顾忌,在法律文本中留了一个施行日期另定的后门。

法律已拟定通过,政府回旋空间有限,尽管比较被动,只好顺势而为了。国民政府当然要负担这种疏忽后果,由行政院出面为立法院"做好人"买单。

国民政府财政部门为挽救新盐法有过提议补救措施的想法,建议盐法不具体规定税额,将其委托财财政部门酌情决定,如此新盐法结局或有变数,遗憾此议未能实现。有报刊引用内幕消息称:"宋部长于次二三日复召立法委员五人,于宅中宴商,此外亦尚约有他部职员作陪,当时所讨论者,多为盐税之增否问题,其结果大体决定由财政部出一公函,交立法院,俟立法院开会时报告讨论,由院议以全权付财部自行决定。其时在盐政方面的人,认为税数之多少的问题,当然权在财部,立法院议为决定数目,不无越权之嫌疑也,但立法院则始终不承认此说。不过嗣经财部方面研究,以为如此办理,则加税之实,终在财部,而立法院近于做好人,财部则负担加税之名义,故自是日议定以来,至今约近月余,而财部尚无一字与立法院。"①立法院拒绝此议政治上是合适的。即使新法规定税额是一个错误,这个错误也不能以这种方式去补救。新法虽未公布,但其税额标准早已天下尽知。此时若改,通过刷新盐政展示新朝气象的政治目标岂不落空?

事实上,新盐法的命运在蒋介石的宴会上已决定,她必须风光地夭折,新盐法的公布在政治上是必然的。当时的传媒也配合着政府营造颁布新盐法的气氛。

力推新盐法的立法院议员在此期间不断向社会传达对新盐法的信心。庄崧甫借报刊公开了立法院在新盐法问题上的立场和实施新法的措施。该报称记者"昨谒导淮委员会副委员长兼立法院委员氏,叩以盐法施行日期,庄氏云新盐法已经国民会议通过,送交国府,公布之期,大约在约法实行以后,立法院将俟国府公布后,即起草施行法,及其一切附带法规,至施行时间,闻预备期约有一年"。预计新盐法之实行,须俟一年以后。其间将组成盐务改革委员会,计划盐务内部一切改革。该改革委员会以行政院长财政部长等为当然委员,再聘请专门委员若干人。而此项组织法,"亦须由立法院起草,以昭郑重,并杜绝盐商羼入其间,阻碍改革计划"。该报分析,盐为日用必需品,消耗至巨,据专家之统计,普通每人每年食盐约在十四五

① 《新盐法未能公布之症结》,《大公报》1931年5月18日,第四版。

斤。日本每人每年须食十八斤,此为滨海关系,大抵海边人民,嗜盐稍多。据该报分析"即以浙江宁波而论,该处因邻海,故居民嗜鹹,每人每年须食盐二十斤,而内地平均在十八斤左右,而内地平均在十八斤左右。以中国当时四万万七千五百万人口计算,每年每人平均食盐十公斤(即市秤十六斤),则每年需盐三万万三千七百五十公斤。以如此巨量之消耗与出产,政府每年盐税收入,应该不止一亿三千万"。该报分析其中原因,"为贩卖私盐者过多,据详密统计,我国人民所食之私盐,约在三分之一左右,政府对此项私盐,既无法征税,而盐商于官盐,复挽杂废物过多,每担约有十斤左右,此在人民方面,受亟大之损失,而盐商则可不费捐税购买成本,而能牟利,不外'利'字问题,查盐商每年贩卖之盐,全国约在三千余万担,假定每担利息仅以一元计,盐商可获利三千余元,此项巨大利益,而一旦被人剥夺,当然出权利以反对,但此案既经国民会议通过,实已无通融余地,亦徒见其空费气力而已,又据最近详确统计,此项新盐法施行后,政府每年可增税约在三万万。"[1]

立法院改革派还刻意突出新盐法的政治理由。立法委员庄崧甫还突出了公开新盐法的政治理由:"总理革命,在求自由平等,对于帝国主义必推到之,难道盐商之帝国主义,在此青天白日之中,尚有存在之理。"马寅初也表示新盐法公布施行无问题,传递了南京国民政府颁布新盐法的政治意志,报刊引用其观点称:"自立法院通过新盐法,我国千余年旧盐制之流毒,可以扫荡无余矣。且蒋主席每忧念民生疾苦,凡与民生有利者,当亦无不赞同,是以公布施行,当然无问题。"

新盐法箭在弦上,南京国民政府只得硬着头皮将新法再推进一步。鉴于全国民众之呼吁,蒋介石表示盐法"当然实行,以扫除陋习"。[2] 最后,在国民会议的推动下,国民政府最终于 5 月 31 日明令公布新盐法。

国民政府立法院根据国民党政策制定了新盐法,结果却遇行政院阻力,使政府迟迟不愿公布法律。这既是预料之外的困难,也是意想不到的纠错机会。高调颁布新盐法,是南京国民政府对民众改革盐政呼声的回应,也是政府推动新盐政立场与决心的证据,同时也显示了南京国民政对社会重大议题塑造与管控能力。而在财政危机决定了政府施政资源有限情况下,强推新盐法并不明智。通常情况下,颁布变革之法,只是制度变革的开始。但新盐法却有着不同的命运。此法的立法设计,对其施行条件和

① 《新盐法一年后实行》,《新民报》1931 年 5 月 23 日,第二版。
② 《新盐法当然实行》,《大公报》1931 年 3 月 29 日,第三版。

困难阻力本就认识肤浅,缺乏预见,尤其税额规定硬伤,财政部难以下咽。也就是说,税收取向的盐政变革目标的负相关是决定新盐法命运走向的根本因素,旧盐商及地方势力等盐政改革反对派的意见决定不了新盐法的结局,所谓立法院的开明和行政院的保守也不是新决定盐法命运的根本原因。在新盐法颁布后,消极的行政院成了政府悬置新盐法的台阶,这种立法院与行政院在新盐法上对立的情况越来越有了苦肉计政治技术的色彩,恰好新盐法"本法施行日期以命令定之"为承载这一苦肉计安排预留了空间。尽管如此局面并非预先设计,政治成本也很高,但至此亦别无他策。

(三)新盐法颁布后南京政府对施行新法的拖延和敷衍

新盐法颁布后,社会热切期待其尽快施行。但南京政府推动新盐政的热情却似乎耗费干净,变得迟钝和麻木,公布新盐法时的气魄和信心不见了踪影。在这一时段,因南京国民政府对施行新法有意拖延,颁布新盐法新盐法前主导新盐政所获政治声望有所损耗。随时间流逝,仍无新法全面启动的实际措施,南京国民政府在新盐政问题上一点点地陷于被动。新盐法规定"本法施行日期以命令定之",而这一确定施行日期的命令从未到来,新盐法也从未被激活过。不过,没证据表明这是立法院冰冷的阴谋,但也不能用南京政府的官僚主义来解释新盐法的夭折。新盐法的颁布本身是南京政府与各方力量妥协的结果,是对新盐法支持者的礼物。新盐法的施行却是新的政治选择,至少其过程要取决于南京政府由施政资源和技术约束的政治意愿。推动新盐政总体上是南京政府的意志,但颁布新盐法时,确无立即全面实施新盐法条件。这局面对南京政府而言相当困难。幸运的是,法律即便颁布,如果政府没有强推新法的足够动力,新盐法仍可能在法律施行程序的沼泽中窒息。法律治理的弹性给了犹豫不决的政府与旧盐商和地方势力妥协一个机会,因未正式施行的新盐法不产生法律效力,只要政府不公布新盐法施行日期,现状即可维持。当然,此时已是民国时代,政治不再只是少数权贵的专属私事,社会大众对公共事务的参与不仅正当,而且流行。在新盐法制定颁布阶段激活的新盐政议题的热度尚未退去,何况盐政与公众生活关联度太高,南京政府不可能在此问题上大转弯急刹车,只可缓步试探,作出逐步实方施姿态是合适的。南京政府在困难局面下,以缓慢局部和小步方式,稀释新盐法施行问题上的压力,尽管有一些政治信誉的消耗,却小心地避免了新盐法施行日期变成社会对抗的焦点。

依照新《盐法》第三十七条的规定,盐法公布后,应设盐政改革委员会直隶于行政院，"掌理基于本法之一切盐政兴革计划，至盐政改革完成之日裁撤。前项委员会由委员七人至九人组织之，以行政院长为委员长，财政部长为当然委员，其组织法另定之"①。由于"盐政改革委员会之组成，实即新盐法实施之第一步"，依照国民会议第三次大会议决案，行政院应于国民会议闭幕后三个月内，成立盐政改革委员会，以便制定各种施行法。但南京政府显然没有强力施行新盐法的政治意愿，所以在设盐政改革委员会问题上拖延迟缓。后在舆论的催促之下，南京国民政府着手起草盐政改革委员会组织法。至1932年5月，南京国民政府，按新盐法中先设盐政改革委员会的规定，于5月2日将《盐政改革委员会组织法》②明令公布施行，此法凡十五条。对于委员人选之资格，内部之组织及职务等，亦作出了规定。但是，令人遗憾的是，虽然《盐政改革委员会组织法》明令公布施行，但原定盐法公布后三个月内应成立盐政改革委员会，迟迟未能设立，无法实行运作。

南京政府此时期表现出的对施行新盐法的消极不仅遭到了社会大众的报怨批评，也承受着政府体制内支持新盐法改革派的压力。每逢重大会议，总有代表拿新盐法问题敲打政府决策者。1934年1月间，国民党召开第四次中央委员会全体会议，孔祥熙提出《整理田赋减轻附加案》。此案经大会决议通过，由中央政治会议送交行政院交财政部执行。③ 财政部于1934年5月间召集第二次财政会议，汇订实施方案。此次会议上，代表提关于盐务议案，希望政府根据新盐法第三十七条规定组设盐政改革委员会。1934年12月10日，第四届中央执行委员会举行第五次全体会议。有议员在会上呈递提案，督促盐法之施行。1935年1月8日中央政治会议亦函促行政院，拟定盐政改革委员会人选，以便交国民政府任命。④ 行政院终于1935年1月22日召开的第一九六次会议，拟定陈立夫、王正廷、张嘉璈、胡筠、邹琳、钱隽逵为盐政改革委员会委员，以邹琳兼总务处长，钱隽逵兼设计处长，并报中央政治会议。施行新盐法的制度准备又艰难推进了一步⑤。

南京国民政府对施行新盐法的消极表现当然有艰硬的客观制约。在

① 《盐法》，《国民政府公报》1931年6月1日，第786号，法规，第5页。
② 《盐政改革委员会组织法》，《国民政府公报》1932年5月10日，洛字第7号，法规，第1—2页；《盐务汇刊》，1935年1月15日，第58期，"法规"，第59—61页。
③ 何维凝：《新中国盐业政策》，正中书局，1947年版，第114页。
④ 《改革盐政》，《大公报》1935年1月8日，第三版。
⑤ 《盐政改革委员会即成立》，《大公报》1935年1月23日，第三版。

长芦稽核分所的《关于新盐法施行办法意见书》有这样的表述：新盐法颁布后，"除少数拥护私利之引商外，全国人民无不额手称庆"。[①] 但时任财政部长之宋子文鉴于政府财政形势之危机，恐一旦骤变旧制，"新盐法实行，恐影响于税收"，[②]并提出"盐商系出资本所得，经财政部注册，不能一旦完全尽斥，不为之所"，[③]他担心如此出尔反尔，会有失政府威信，而且也不便政府若有急需时再向盐商筹款，因此主张予以旧盐商一定的保障，不必在所有的盐区全部废除专商引岸制。[④]

南京国民政府基于财政资源制约，不得不对盐政改革反对派妥协，对全面施行新盐法表现消极，只是在迫不得已情况之下，作出小步推进动作应付压力，表现狼狈。这一局面确实不是南京国民政府当时主观所能控制的。南京国民政府当时财政实际状况是怎样呢？千家驹在《大公报》1935年1月发表《去年中国财政之回顾》一文，对南京国民政府当时财政实际状况作了系统和专业分析，可帮助了解新盐法全面施行问题上南京国民政府被动应付的经济原因。

千家驹文称，"年来中央财政之日趋艰窘，已是一个不容讳言的事实"。谈"节流"则以"剿匪军事，建设大政"，在在需款，意外支出，日有增加，似流之节无可节。言"开源"则以捐税名目，已尽天下之奇观，杀鸡求卵，卵将亦不可得，故开源亦不易言。"掌度支者点金乏术，至于山穷水尽之日，遂仍不得不出于借债与增税之一途，当宋子文氏长财政部时代，着重于公债政策之运用，迨宋辞孔继，则又趋向于加税之着着实行"。千家驹分析道，南京国民政府中央财政，当宋子文时代，早已山穷水尽，无可施展，"惟其时江西剿匪总攻开始，需费益多，宋因与军事当局争持，遂成去职之一因。然而财政难关，并不因宋之一去而转窘为裕，孔祥熙到都以后，循宋遗归，按每月军政各费支出为四千二百余万，而收入则仅二千八百万，每月收支不敷实达一千六百万元，但讨逆剿匪军事费用方亟，势不容财政当局稍有犹豫"，故"再四思维"，还是找到公债一条路上，毅然发行1934年关税短期公债10000万元。千家驹谈道："今每次公债均指定以关税为担保，故债愈发而中央之财政亦愈窘。中央财政经此次库卷发行后，赤字预算，依然甚

① 《长芦稽核分所关于新盐法施行办法意见书》，中国第二历史档案馆馆藏档案：财政部（1927—1949），全宗案卷号：3—23。
② 《实行新盐法》，中国盐政讨论会编印：《蜕化期中之新盐法续集》（未刊行），1936年3月，第64页。
③ 吴景平著：《宋子文思想研究》，福建人民出版社1998年版，第148页。
④ 盐迷：《所望于盐政改革委员会者》，《大公报》1935年2月24日，第三版。

巨,却是一个千真万确的事实。至于二十三年度的财政概算,纸面上虽然收支已经平衡,但实际亏空,全年仍达一万万另三百余万元,最近(十一月底)报载财政部又以印花卷烟税票向各银行抵押三千万元,中国建设银公司担任一千万元,但此三千万元亦仅足供年前之开支而已,由此可知中央的财政还依然是一个借债的局面"①。

千文认为,借债既不足以救济当时南京国民政府中央穷困的财政。于是,"开源之另一方面,自不得不在增税上设法"。按当时南京国民政府之主要税源如关税、盐税、统税等项,税率无不已一再提高。盐税自 1930 年南京国民政府中央命令各省将盐斤斧卷移归财政部统一核收整理后,两年左右,实际上有三次增加:第一次为 1932 年 7 月财政部提出之整理产区及各省边区之税率案;第二次为 1933 年 10 月之全国普遍改订税率案;第三次为 1934 年 1 月实行之新衡制市秤案。"盐秤改小,而税率不变,此与加税不知究有何区别? 今税率屡增,其影响平民之生计,自不待言,但政府财政收入之增加,则至为显著。"②千家驹披露,南京国民政府盐税税收,1929 年尚不过 6970 万元,1930 年突增至 13900 万元,1931 年为 17600 万元。此后,因伪满洲国截留盐税,但盐税收入仍达 15300 万元。据 1934 年只概算,竟为 19000 万元,如与 1929 年相比,增加三倍左右。南京国民政府增加盐税有明显成效。

千家驹分析道,南京政府对盐税倚重理由是简单的:"即以目下政府财政困难,在此国难严重,剿匪建设,在在需款之时,加税甫经实行,又何能率议减轻,此在事实上难予采纳者也。"③南京政府言"岁入"则赖借债与加税,言"岁出"则军务费与债务费仍占主要的支配地位。另外,尽管南京政府事业费仍"微末而不足称道,如实业费仅区区 390 万元,建设费 180 万元",但行政费用亦日益庞大,"由此可知中央财政固仍在苟且補苴,毫无办法之中"。④

南京国民政府小步推进新盐法策略财政上小有收获,缓了一时之急。除了按潜规则从旧盐商处筹款借钱便利外,1935 年左右南京政府盐税岁入,此时已达年二亿元规模。不过,这样做政治上是有代价的。

民众依然在旧盐政下挣扎,各地多有涉盐悲剧发生。这些悲剧性事件经现代传媒迅速传播,深深刺痛了社会,引起了公众对政府的负面情绪累

---

① 千家驹《去年中国财政之回顾(续)》,《大公报》1935 年 1 月 5 日,第三版。
② 千家驹《去年中国财政之回顾(续)》,《大公报》1935 年 1 月 6 日,第三版。
③ 千家驹《去年中国财政之回顾(续)》,《大公报》1935 年 1 月 7 日,第三版。
④ 千家驹《去年中国财政之回顾(续)》,《大公报》1935 年 1 月 9 日,第三版。

积,极大地消耗了政府的声望和民众对新政权的信任,也考验着南京国民政府在新盐法施行问题上的定力。

1934 年 5 月 9 日,南京发生食盐中毒案,一时舆论大哗。据《申报》1934 年 6 月 7 日《山东盐枭暴动》一文报道,"鲁东各地人民,忽有聚众抢盐风潮行动,推其原因,不外民生苦难,及盐价太高,有以致之,此诚值得注意之一问题也。前者胶莱区曾发生暴民数千,深夜抢盐,幸经盐运使署星夜派警弹压,始告平息。孰知一波未平,一波又起,掖县城西北夏营镇附近之利渔滩盐场,本月二日夜十二时,突又发生抢盐风潮,盐枭及暴徒四百余人,包围税警所,双方开枪激战五小时,至三日拂晓,暴徒始散。察其原因:1. 由于东北三省沦亡后,东县人民,被逐返里,求生无路,铤而走险,且农村破坏,农民生活无路,故乘此晒盐之际,聚众抢劫贩销,藉以糊口,2. 盐税过重,盐价昂贵,购买者买私盐廉于官盐者甚巨,故勇于购私,私销因以充斥,实酿成抢盐风潮之最大原因,盐运署鉴于两次事变,为收拾计,将函请省政府转饬产盐各县,转令区乡镇长,晓谕村民,勿违法自害。"①1934 年,威海发生抢盐风潮。"鲁东沿海一带,向饶渔盐之利,最近抢盐风潮,盛极一时,一波未平,一波继起,威海卫两星期前,曾发生抢盐风潮一次,抢去四五千担之多,不料本月十六日,威海之鹿倒口等地,又有村民数百人,大举抢盐,连抢三日后,增至数千人,自十六日至十八日,共抢去盐三万余担。至抢盐原因,闻系威海一带盐场,以前向悬英旗,不缴盐税,中国收回后,初缴税每担六角,后增至二元六角,乡民无知,始有抢盐之举。该民抢取盐后,曾照数留缴盐价,惟对每担二元六角之盐税,则分文不缴,其抢盐之目的,当系专为图省盐税而起。"②

制度不合理是最严重的非正义,食盐为生存必需品,贫苦民众无力购买,必有群体事件发生,甚至流血。1935 年 1 月,上海饥民煮盐与禁盐官发生冲突,造成惨案,报刊发文《税警激起民变矣》惊呼:"税警枪毙人民,在今日之中国,殆已成为家常便饭矣。中央固强有力,不畏崇明变乱之扩大,然使税警继续激变不已,则怨气所播,人人思乱,万一不幸,一夫揭竿,千夫响应,则国家民族所受损失决非可以数字计算。"③社会质问:"崇明地滨大海,泥土富有鹹质,乡民以连年秋收荒歉,纷纷掘土煮盐,以维生计。财部以此事影响盐税,紊乱盐政,特通饬严禁,该县乡民一致反对。乡民而

---

① 《山东盐枭暴动》,《申报》1934 年 6 月 7 日,第九版。
② 《威海抢盐风潮》,《申报》1934 年 6 月 27 日,第九版。
③ 《税警激起民变矣》,《救国日报》1934 年 12 月 27 日。

反对部令，自非国家统治权之所能容，然亦须视其所反对者为何事。崇明乡民所反对者，乃掘土煮盐之禁令也。"这一禁令实在缺乏事理合法性支撑。"夫盐，乃天地自然之产。乃天地间尽人所公有，西人云，天赋人权，人以开赋之权。取天地之所赋之利，未背乎天地生人之道。故圣王之世，盐利常在民而不在官，秉国者初不以盐为富国之资。自管仲有煮海之政策，而权盐之法以开，官遂与民争利，自是迄今，常持为国税之大宗。今者，军事迭兴，国库空匮，恃盐税以资军用，急切之际，不能视为苛杂而蠲除之，盖亦出于不得已，人民未必不原谅之。理财之官，苟能助其煮，亦可以税其盐。俾人民得以利其余，所谓因民之所利而利之也，人民亦何苦而不为，岂有影响盐税紊乱盐政之虞。且崇明之煮盐，正以秋收叠歉，聊以此维系生机，未尝视为正业。其用心亦良苦矣，理财之官，亦宜予以原谅。乃不惟不资助之，而一味严禁之，是不啻绝其生机，置之死地也。崇明能视死如归哉。"①

在此情况下，要求改革的呼声此起彼伏。1934 年 12 月 10 日，国民党第四届中央执行委员会举行第五次全体会议，拥护新盐政的代表提出了分区施行新法提案，提案得到了大会支持。五中全会并决议限于民国二十五年年底完全施行盐法，新盐法的实施似乎又重现希望。不过，盐政改革派对南京政府新盐法问题上的言而无信早有领教，决心发起又一波要求新盐法施行的舆论攻势，给南京政府足够的政治压力，以推动新盐法施行。恰逢国民党于 1935 年 11 月 12 日举行第五次全国代表大会，盐政改革派抓住了这一时机，掀起了新盐法风波中又一高潮。除了报刊上刊载大量文章，呼吁新盐法施行；会议代表也提盐务改革案七件，在体制内向政施加压力②。

此外，改革派为壮声势，发动了一场极具民国特色的"函电"战。在此期间，各方催促大会改革盐务之函电，雪片纷来。总计此次大会收到此类电报共五六十通，③函件不计其数，列名之农、工、商、学各团体不下百数。所代表区域之广，则有苏、浙、皖、鄂、赣、鲁、豫等省，及海外南洋、美洲等九

---

① 《饥民煮盐发生惨案》，《上海报》1935 年 1 月 7 日，第一版。
② 《国民政府训令第四三号》，《国民政府公报》1936 年 1 月 10 日，第 1941 号，训令，第 7 页。《五全大会通过关于新盐法之各要案》，《盐政杂志》第 63 期"法令"，1936 年 2 月，第 1—11 页。
③ 《各处请求五全大会提案表决改革盐务电文汇录》，载中国盐政讨论会编印：《蜕化期中之新盐法续集》（未刊行），1936 年 3 月，第 20—39 页。

埠之侨胞,所代表之民众在数万万人以上①。

江苏省苏州,镇江,无锡,武进,金坛,上海,江阴,常熟等县党部及工商乡民各团体电文,计二十则,基本内容为"专商垄断民不能堪恳实行新盐法以利民生而慰众望",电文有:

苏州吴县总工会等电五全大会:南京中国国民党第五次全国代表大会钧鉴新盐法公布四年迄今未实行民众不堪痛苦环恳钧会迅予救济以苏民困

镇江县乡镇长联名电五全大会:南京中国国民党第五次全国代表大会钧鉴大会开幕举国欢腾盐商垄断专卖恣意剥削民不能堪谨恳即予实行新盐法以利民生而慰众望

镇江县酒酱业同业公会电五全大会:南京中国国民党第五次全国代表大会钧鉴窃维三民主义并重盐为民食所必需专商制度一日不废止即人民痛苦一日不解除而我酱业受盐商之压迫榨取尤加难受公恳实行新盐法俾祛积弊以维民生

镇江县油米杂货业同业公会电五全大会:南京中国国民党第五次全国代表大会钧鉴盐商引岸专卖制乃亡清秕政垄断朘削商民交困吁恳主张立即实行新盐法福国利民莫此为甚

无锡县执委会电五全大会:南京中国国民党第五次全国代表大会钧鉴案据本邑民众屠克强等呈称盐商垄断引岸操纵盐价蠹国殃民为害无极因此硝私充斥以致大名惨案冀南硝盐风潮两浙盐民蠢动症结所在各有攸归解决之道惟有开放引岸废除专商实行新盐法仰祈贵会电请五全大会提出专案付众表决党国幸甚等情

无锡县教育会电五全大会:南京中国国民党第五次全国代表大会钧鉴盐商垄断操纵蠹国病民此为甚且硝私充斥盐民蠢动更为害无极惟有废除引岸实行新盐法为解决之策至希大会提出专案付众表决党国幸甚

无锡酒酱业同业公会电五全大会:南京国民代表五全大会钧鉴盐商操纵价格民众愤恨已久近来华北硝私充斥浙地盐民起?于国于民两受其害救济之法惟有速行新盐法政策以弭隐患务希大会提案表

① 参见《各处请求五全大会提案表决改革盐务电文汇录》,载中国盐政讨论会编印:《蜕化期中之新盐法续集》(未刊行),1936年3月,第20—38页;《江阴商会电请实行新盐法》,《申报》1935年11月11日,第七版。

决国民幸甚

无锡麦饭业公会等电五全大会：南京国民代表五全大会钧鉴盐商操纵垄断以致盐质日劣盐价日昂小民深受其害亟盼新盐法实行接触痛苦迫恳大会提列专案以付表决临电不胜急切之至

无锡申新区纺织厂产业工会等电五全大会：南京国民代表五全大会钧鉴引商垄断操纵以致盐政紊乱风潮迭起为害甚巨革此弊政惟有迅速施行新盐法以资救济务祈大会提专案表决福国利民

无锡肉业等同业公会电五全大会：专商秕政由来已久蠹国害民众所共知亟宜废除引岸实行新盐法藉杜蠹害而利国民

江阴靖江旅锡同乡会电五全大会：专商垄断硝盐风潮迭起隐患堪虞惟有废除引岸速行新盐法为救济之道务请大会提案表决藉弭隐患

武进县商会电五全大会：查盐税为国家收入大宗自新盐法公布后人民渴望施行既裕国家税收又可经济民食为特电恳钧会鉴核议定施行日期以裕国课而维民生

江苏武进县农会电五全大会：盐商依旧日势力垄断引岸操纵市价致使各地民众受祸日深两浙烟民蠢然思动瞻念前途不寒而栗钧会负解除全国民众痛苦之责务恳当机立断迅赐议决实行新盐法以祛百年来积弊而利农民

金坛县乡镇长联名电五全大会：窃以盐商引岸垄断专卖系袭前清秕政此种不良盐制岂能容于党治之下谨恳提前实行新盐法俾除人民痛苦

金坛县农会电五全大会：大会开幕民众欢慰盐商专卖蠹国病民尤反民生主义叩请即日实行新盐法以慰民望而利党国

金坛县各业公会电五全大会：盐由引商专卖侵蚀国课朘吸民膏实违党国之民生主义谨特电请速行新盐法一谋国利而恤民艰

上海市华商轮业公会电五全大会：我国食盐为少数专商垄断民众痛苦异常务祈大会力促当局即日实施新盐法以利民食饵伟大信

江阴县商会电五全大会：食盐受少数专商把持人民痛苦万状新盐法公布有年渴望实现务请大会本革命精神力促政府即日施行以苏民困

常熟县商会电五全大会：恳请钧会实现新盐法以苏民困

安徽省怀宁,芜湖,太湖,宿松,潜山,望江,合肥,至德,宣城,当涂等县

党部及工商乡民各团体也发出电文八则,强调新盐法有利民生,恳请五全大会限期实行新盐法"以全国信勿令延搁",电文有:

安徽怀宁县工人团体改组指导员办事处电五全大会:新盐法久已公布上关国信下系民生乞大会以有效方法督促实行勿再任令延搁

芜湖县商会电五全大会:值此国难方殷钧会本总理遗教同谋国是必能安内攘外以慰民望兹有呈者查盐法公布举国欢腾讵料拖延数年之久无形停顿上年五中全会议决成立改革委员会又未实现益启人民惶恐务恳大会限期实行以全国信而重民生勿令延搁

芜湖杂货酱业工会电五全大会:福国利民之新盐法公布四年之久无形停顿至堪惋惜乞大会督促实行勿再延搁以慰民望

安徽太湖,宿松,潜山,望江县商会电五全大会:新盐法公布适合民生需要讵历四年之久无形搁置四民廑额相嗟失望遥恳大会轸念生民憔悴督促实行以苏民困

合肥商会电五全大会:新盐法公布数年延未实现人民不免失望务祈大会限期实行以祛群疑国计民生实利赖之

至德县商会教育会等电五全大会:自新盐法公布举国感仰便利民生渴望实行乃时历四载五星搁置国信所关群情惶恐万恳大会再加督促国计民生两有裨益

宣城县商会电五全大会:新盐法公布四年延搁未行务乞大会促其于最短期间予以实行以利国计而维民生

当涂县商会电五全大会:政府公布之新盐法于国计民生两受裨益为时已久未见实施伏乞大会促其早日实现以慰众望

湖南长沙,湘潭,岳阳,常德,湘乡等县党部及工商乡民各团体也发出十一则电文,"催促中枢迅订新盐法日期公布以顺舆情",电文有:

湖南省商联会电五全大会:去年五中全会关于实行新盐法之议决案五条颇慰民望乃改革之工作迄未表著旧制之保存依然如故群情惶惑伏乞钧会促令新盐法实施以竟非常之功国家前途实所利赖

湖南长沙县党部电五全大会:去年五中全会议定实行新盐法之方案五项极慰民情乃改革制度虽详而实行明令未见致民痛苦犹存群情失望伏乞钧会促令实行新盐法以裕民生而固邦本

长沙市泥木业职业工会等电五全大会:新盐法之实施方案业经去年五中全会议决五条惟迄今未见实行而旧制推行依然如故群情惶惑莫识所以伏乞钧会促令新盐法早日实施以慰民望而竟全功

湖南湘潭县国民党执行委员会电五全大会：窃先总理遗训平均赋税注重民生凡我同志自当奉为圭臬我国府既知盐税过重劫后人民通过难胜特制定新盐法公布奈何延搁四年不予实行其间虽经五中全会决议催促亦鲜效果以故人民怨嗟同志红火揆之遗教党纪大有妨碍属会深入民间灼知疾苦谨电恳钧会核议催促中枢迅订新盐法日期公布以顺舆情

湘潭县商会电五全大会：查盐为日食必需品吾国盐税高于世界各国蠹商病民莫甚于此国府曾于四年前颁布新盐法极洽舆情奈为危词所中虽经五中全会决议催促迄未实行兹全国商 $P30$ 民盼施行新盐法有如望岁钧会主持党国大计务祈催督国府迅赐施行当此内忧外患民穷财尽之时减苛税即所以培元气党国前途实深利赖

湘潭县农会电五全大会：查吾国盐税重于世界各国值兹灾患频仍农村经济破产时期贫苦人民实难负担钧会主持大计注重民生务恳催督国府将已经公布之新盐法迅即定期施行以恤民艰而维邦本

湖南岳阳县党部执行委员会电五全大会：食盐延安久为国人诟病廿年五月政府公布之新盐法其宗旨即在废除引岸使人民食盐买卖自由关系国计民生至巨惟迄今日久未见施行钧会代表全国人民望本解除民众痛苦之旨重予决定督促政府早日施行以慰民望

湖南岳阳县商会电五全大会：查吾国旧日盐法早不使用自应以新盐法代行廿年公布之新盐法意美法良为财政上有计划之改革上可符总理民生遗教兼可裕国家税收现值钧会开幕敢乞俯念民生疾苦督促政府使新盐法赶期实行勿再游移不胜企盼

湖南常德县党部,商会等电五全大会：包商制度垄断独登弊害业生国民交病凡关心盐政者类能言之故除旧布新早为全国所切望惟新盐法之公布今已四载徒因暗阻迄未实施近得传闻包商挣扎仍力企保腐恶之旧制谋燃已尽之余灰此间闻耗同深忧愤诸公受全国付托之重福国利民勿为若辈所朦致背民意并祈严切督促赶日实施其有官吏藉延务请惩究以重法令而顺舆情

湘乡县商会电五全大会：吾国盐税奇重附加繁苛民苦之矣幸国府公布新盐法又惜延未实行五中全会亦曾议决催促今钧会救亡图存应运召集恳念民瘼商艰即议催国府速定新盐法实施日期俾纾民力而维国本

山东省济南,青岛,即墨,城阳等县党部及工商乡民各团体七则电文,强调新盐法之"不容缓行",望早施新盐法"以昭国信而纾民困",电

文有:

济南市绅商各界电五全大会:窃查利国便民之新盐法已于民国二十年明令公布但迟至数年未见实行更造新法几同具文殊失人民颙望之心近来各地税警时酿惨案更足以证明新盐法之不容缓行际兹五全大会开会盛典仰恳我公垂念人民疾苦按照历届大会议决案提交国民政府克日施行以昭国信而纾民困

济南市绅商各界电五全大会:窃查利国便民之新盐法已承诸公提案催促施行迄今酝酿已久几成悬案近来各地税警时酿惨变更足以证明新盐法之不容缓行际兹五全大会开会盛典仰恳诸公旧案旧提俾资实现以昭国信而纾民困

青岛市商会电五全大会:查食盐为人生必需品与米麦相同新盐法就场征税自由贸易利国便民群情殷盼请即日公决实行为祷

青岛青盐输出商公所电五全大会:新盐法福国利民公布五年迄未实行人人引领莫知其由诸公党国硕彦幸勿漠视致无以自解于国民请即日实行新盐法以利国家而慰民望

青岛即墨同乡公会电五全大会:国民革命已历十年凡有弊政俱渐扫除独盐务一仍旧贯剥削平民莫此为甚诸公党国英俊定早鉴及请即日实行新盐法以苏民困一言九鼎

即墨县商会电五全大会:即墨地素产盐旧盐法为少数引商着想束缚重重乡民与官警时生误会痛苦万分新盐法就场征税自由贸易请即日实行以解倒悬

城阳县商会电五全大会:城阳地处胶澳产盐最盛旧盐法种种限制民困已久请即实行公布多年之新盐法以裕国课且惠穷黎

浙江省杭州市工商各团体也发出电文四则,内容与其它地区电文大体相似,"务希大会力促当局即日实施以慰民望",电文有:

杭州市煤业同业公会电五全大会:食盐为人生食用关系民食历年来受专商引岸之把持人民痛苦不堪设想幸蒙前次五中全会议决筹备实施新盐法就场征税自由贩卖等语迄今未见实行务希大会力促当局即日实施以慰民望

杭州市颜料业同业公会电五全大会:食盐为人生日用必需品关系民食至巨历年因受专商引岸之把持人民痛苦日深幸前五中全会议决一月内筹备实施新盐法但迄今未见实行务祈大会力促当局即日实施以慰民望

杭州市转运业同业公会电五全大会:食盐为人民生活所必需关

系国家安危然历年因受专商引岸之把持重重压迫质劣价昂使人民日处于水深火热之中幸前五中全会议决一月内筹备实施新盐法但迄今未见实行务祈大会力促当局即日实施以慰民望

杭州市内河船业同业公会电五全大会：P36 食盐关系民食人生日用必需历年受专商把持人民痛苦日深幸有二十三年间五中全会议决案限一月内筹备实施新盐法就场征税自由买卖惟至今尚未实施务祈大会督促以慰民食

此外，江西省南昌，九江等市商会发出电文二则，湖北省汉口市商会发出电文一则，河南省商丘县商会发出电文一则，均表达了希望新盐法早日施行的期盼：

南昌市商会电五全大会：中国盐法紊乱如丝之梦弊端所由厥为专卖盐质窳恶尤碍卫生小民无拣择之权官府贻养痈之患新盐法虽经颁布无奈决而不行坐视因循明知故昧于民于国交受其殃兹因大会初开谨特驰电吁恳诸公提出讨论催促实施以顺舆情而培国本

九江市商会电五全大会：盐法窳恶弊窦丛生困商病民中外腾诮新盐法任许人民自由买卖以拣择之权归诸人民立法备极良善只以颁布虽久未见实施决而不行尤资口实务望大会提出讨论促令早日实现以安国本以慰民望

汉口市商会电五全大会：新盐法尽善尽美业经五中全会议决施行迄今尚未实现伏乞以革命真精神毅然决然促早实施俾国计民生两有裨益

商丘县商会电五全大会：旧盐法弊害甚深人民不堪其苦恳请大会表决实行新盐法恢复食盐自由

这场空前的"函电"战中，各地各种团体发出电文足以令人叹为观止。除此之外，报刊上呼吁新盐法施行的文章铺天盖地，体制内代表提案督促施行新法应接不暇，南京国民政府政治上承受着新盐法风波以来最大的压力。此时，已到了南京国民政府对施行新盐法下决心的时候了，于是表态承诺，于 1936 年底起分区施行新盐法。[①]

分区施行新法是极具创意的政治操作，是南京国民政府新盐法风波中危机管理的高明手法。它不仅部分洗脱了政府在新盐法颁布以来消极敷衍的政治责任，同时将早应兑现的承诺包装成赢得民心的新礼物；既争取

---

① 张传英：《分区施行新盐法之检讨》，《盐政杂志》第 63 期"选论"，1936 年 2 月，第 2 页。

了与盐政改革反对派潜规则的时间空间,又掌控了施行新法的操作主动与技术灵活性;分区施行为南京政府解了套,盐政改革支持者和反对者的对抗得以消解;政府重获新盐政的主导权,民众又看到了新盐政的希望。自此以后,尽管不算很积极,南京国民政府开始了实施新盐法的一些实际准备,分区施行新盐法正式开启。在1936年底盐务稽核总所年报的结论中可以明确反映出南京国民政府对待盐政改革的态度。年报称:"民国二十年公布新盐法后,本所即遵循既定原则,分途策进,收效颇为显著。盖新法之精神,在废除少数商人专利,实行自由贸易,划一税率,平均人民负担。顾实行自由贸易,则各区中制本昂贵之盐场,因优胜竞存,势必归于淘汰,盐民生计必立受影响,于治安上国防上均有关系。欲遽行划一税率,则由高减低者易,其由轻加重者难。且厘订税率过轻,则影响国库收放,过重,又引起走私。故实施新法,欲求各方均能兼顾,允宜先行剪除其障碍,奠定其新基,始足以推行尽利。"①诡异的是,当各方妥协达成,新盐法失去反对者时,它却自己丧失了活力。旋值七七事变,重要盐区,先后沦陷,原有计划,既欲实行,亦不可得矣。时间和波折磨灭了新盐法的生命,至此只剩下一地鸡毛,让它的曾经的支持者和反对者凭吊。

后至1939年2月,第五届中央执行委员会第五次全体会议举行于重庆,有经济组审查委员会提出建议报告:"食盐引岸制度,流弊滋多,在战时尤不适用。近察当前盐荒之危机,远观国家经济建设之趋势,决定以民制、官收、官运、民销为原则,彻底废除引岸制度。"②并最终于1942年1月1日,国民政府宣布自即日起实行盐专卖,"所有过去原有专商引岸,及其他关于私人独占盐业之特殊待遇及权益,应自专卖实行日起一律废除"③。新《盐法》论争与角逐至此告一段落,这场风波随同新《盐法》法律文本的退场而正式落幕。

三、南京政府新盐法风波危机管理的效果

民国初期,中央权威衰落,各地军阀纷纷兴起,战争频繁,各省局势动

---

① 财政部盐务稽核总所总视察处编辑:《民国二十五年盐务稽核总所年报》(未刊行),第45页。

② 何维凝:《新中国盐业政策》,正中书局,1947年版,第128页。

③ 《1942年1月2日财政部关于废除专商引岸给盐务总局的训令》,载南开大学经济研究所经济史研究室编:《中国近代盐务史资料选辑(第四卷)》,南开大学出版社,1991年版,第47页。

荡,社会秩序失范,各地民众受害尤深。迄至南京国民政府成立,常以革命政府自居,"无事不具大刀阔斧之改革决心,如关税自主,澈底裁厘,雷厉风行",①在"此革命政府之下,卒能一扫而廓清之,此种非常建设之精神,颇足以慰全国人民望治之心"。② 于是,对于各地民众而言,似乎看到了希望,因而他们希望借助中央权威来重建社会秩序,而对于废除"蠹国残民","视诸苛捐杂税,田赋附加,尤加倍蓰",极大秕政之"盐商专卖制",③尤为民众所关注,并被视为政府"减少人民苦痛","实现为民政治"的一个有力政策体现。新盐法激发了民众对新政府新政的合理期待,国政府也有意相向而行,改善政府民众关系,重建权力合法性。但形势发展出乎预料,民众对南京政府由期待到不解直至失落。这场风波本来为政府及民众提供了重新认识双方关系的性质,建构新的共识形成和利益调整制度的机会,双方有这样的愿望,也都作出了努力,但结果显然不如人意。新盐法风波中,就新盐法颁布前后民众心路历程来看,其呈现出以下的发展变化过程。

(一) 新盐法制定前获民众拥护

由于"吾国盐商,垄断盐业,俨然成为特权阶级,具有浓厚之封建色彩,根深蒂固,不可卒除",同时"盐税为最恶租税",尤为民众之痛恨,"全国舆论,无不主张废引"。④ 于是当"立法院决定新盐法草案以后","举国人心,为之一快",舆论普遍认为以此"数千年屡革而未革之弊政,在此革命政府之下,卒能一扫而廓清之,此种非常建设之精神,颇足以慰全国人民望治之心"。⑤ 而当 3 月 21 日新盐法在立法院通过后,更是被民众赞颂为"打破百年来包商引岸之法,为盐政上一大革命",此事"不但为财政上之重大改革,兼为社会经济上之重大变动",诚可谓"民国史上大事件,极难能而可贵者也"。⑥ 更有民众对于新盐法之通过,由衷地赞美到:"这次国府当局,于裁撤厘金后,毅然决然又草新盐法,想要实行,革数千

① 涂星若:《国民会议与新盐法》,《大公报》1931 年 4 月 12 日,第三版。
② 《北京市党员建议督促政府公布盐法》,《北平晨报》1931 年 4 月 17 日,第四版。
③ 守白:《新盐法有从速施行之必要》,《救国日报》1934 年 12 月 11 日,第四版。
④ 《国民应自动废除盐引》,《益世报》1931 年 3 月 17 日,第四版;《改革盐法应减低税率》,《北平晨报》1931 年 2 月 10 日,第六版。
⑤ 《北京市党员建议督促政府公布盐法》,《北平晨报》1931 年 4 月 17 日,第四版。
⑥ 《社评:立法院通过新盐法草案》,《大公报》1931 年 3 月 23 日,第二版;《新盐法未能公布之症结》,《大公报》1931 年 5 月 18 日,第四版;《新盐法应从速施行》,《益世报》1931 年 3 月 23 日,第六版。

年之秕政,拯民众于引商帝国主义之下,减现时人民之痛苦,增国家将来之收入,吾人除馨香祷祝外,更有何说。"①民众对于新盐法之由衷之赞许,由此可以概见。

(二) 新盐法颁布前政府布局巧妙暗有隐患

新盐法通过之后,在各地民众"莫不表示热烈赞同",希望政府"早日公布新盐法","拟定实施办法,以解倒悬"②的同时,还一如既往的发出对新盐法的赞美之词,"百年来吾民所受引岸商人包商垄断之痛苦,至此有引领嘘气胸鬲一舒之望","上率历代成法,下准目前我国时地之宜",是"破天荒之巨制",③致"令盐商,无所措手足,而在盐阀铁蹄下之人民,始有一线解放之希望",令人"对革命政府表示钦佩"。④ 今日之政府,处处以民生为前提,"现在革命政府,在三民主义之下,盐商即使多钱,非如从前帝王军阀之时代,只要贿赂一人,即可将改革案,完全打消"。⑤ 不过,鉴于以往的经验教训,仍有疑虑,"中央对于财务行政之方针,始终未放弃从来传统的'力增收入'之主张。纯以筹款为惟一之目的,固无所谓调节生产与保护多数利益之意义,换言之,即尚未达到根据民生主义,为施行财务行政之策略,此为吾国财政上之基本问题,关系全国国民对于政府之疑信。但一涉及筹款,则一切良法美意,均将失败"。⑥

果然,新盐法"由立法院通过,已经一月","尚未经政府以命令公布施行日期","政府之态度如何? 尚未有鲜明之表示",于是全国民众渴望之余,"咸怀疑于盐商之运动,与政府之犹豫","观听为惑,怀疑莫解","此岂当局者变厥初衷乎,抑立法者之龙头蛇尾乎,此中委曲,实予外人以莫大之疑团"。⑦ 即便如此,民众还是对政府保持着高度的信任度,"新盐法施行之梗阻,不在政府,而在盐商","现行的引制,处处与本党的主义、政策、目

---

① 《山东盐政:实行新盐法》,《大公报》1931 年 4 月 2 日,第三版。
② 崔致平:《长芦盐政之现况及所期望于国议者》,《大公报》1931 年 5 月 13 日,第十一版;《新盐法之应声》,《中央日报》1931 年 4 月 27 日,第八版。
③ 蒋静一:《中国盐政问题》,正中书局 1936 年版,第 144 页。
④ 涂星若:《国民会议与新盐法》,载盐政讨论会:《新盐法通过后舆论界之评论》(未刊行),1931 年 5 月,第 1 页。
⑤ 于去疾:《盐法草案通过后之希望》,《大公报》1931 年 4 月 11 日,第十一版;本白:《新盐法施行之暗礁》,《大公报》1931 年 4 月 27 日,第四版。
⑥ 《盐政改革与鸦片专卖》,《益世报》1931 年 2 月 12 日。
⑦ 于去疾:《盐法草案通过后之希望》,《大公报》1931 年 4 月 11 日,第十一版;《社评:国府应速行新盐法》,《大公报》1931 年 4 月 15 日,第二版;《新盐法未能公布之症结》,《大公报》1931 年 5 月 18 日,第四版。

标立于反对的地位,现在的专商,是中国封建势力中的最强固坚韧者,因之,改革盐政,在中国是一件极难的事情"。并且今日之革命政府,秉政之初,"则不能不顾及环境,而求政治上之得其平衡",非如"政党当在野之际,可以充分发挥其政治之理论",政府所以迟迟不公布者,"并非专为盐商之利害计,实有两大点位新法施行之暗礁,即税率与整理场产两点是也"。①在对政府保持高度的信任的同时,民众还乐观的相信"总理革命,在求自由平等,对于帝国主义必推到之,难道盐商之帝国主义,在此青天白日之中,尚有存在之理",且"蒋主席每忧念民生疾苦,凡与民生有利者,当亦无不赞同,是以公布施行,当然无问题"。②

(三) 新盐法颁布后软着陆政府失信于民

新盐法颁布后,迟迟未能得到实施,民众对此开始尚能体谅:"新盐法通过后,于今三载,政府迄未明令实行","无非受专商之朦惑,因循延缓","殊不知施行新盐法,当扫除一切陈腐,另立新基,不能不妥为筹划,以策周详",政府"对于新盐法之实行,确已积极筹备,至一时尚未明令实行者,即因各种筹备事项,尚未完成,仓卒施行恐无良好之结果"。强调实行新盐法,"关系国计民生者,实非浅鲜,苟一不慎,则前途不堪设想,现在盐务机关已经进行各项计划,尚未完成,财政经济上,应行顾虑各点,亦非一朝一夕所能解决,此政府当局所以迟迟未明令实行者在此"。③ 在得知"五中大会后决定实施新盐法"以及"中央又成立盐政改革委员会"时,颇有如释重负之感,称赞到:"我国几千年积弊丛生的盐政,可望一日旷清,在这种国步维艰,民众倒悬的时候,实在是一个值得额手称庆的消息",盖国人"一闻当局有设立盐政改革委员会之议,正如'空谷足音',莫不喜形于色"。④ 但是,对于政府在施行新盐法问题上一再失言,拖延时日,民众在苦苦等待反复落空后,逐渐呈现出对政府的失望与不满。有人撰文《请五中全会注意新盐法》道:新盐法颁布至今,"业已三年,未见逐步推行,群情惶惑",政府

① 本白:《新盐法施行之暗礁》,《大公报》1931 年 4 月 27 日,第四版;朱德龄:《盐政改革与中国建设及教育问题》,《大公报》1931 年 5 月 5 日,第十一版;《国民对于新盐法应有之态度》,《益世报》1931 年 4 月 10 日。
② 《庄松甫畅谈新盐法》,《中央日报》1931 年 4 月 13 日,第四版;《马寅初谈新盐法公布施行无问题》,《晨报》1931 年 4 月 19 日,第六版。
③ 《实行新盐法意见书》,载盐政杂志社:《五中全会会议诀决通过限期实施新盐法案及各方评论》(未刊行),1935 年 4 月。第 68、83 页。
④ 谷源田:《盐政改革委员会与新盐法之实施》,《大公报》1935 年 1 月 23 日,第十一版;其华:《新盐法》,《中央日报》1935 年 2 月 11 日,第四版。

历次重要会议，"如国民会议、财政会议、盐务会议等，无不有关于新盐法之议决案，规定如何设立专会，筹划设计，如何负责实施，便民利国"，惟"辗转迁延，使民失望，似与政府威信，不无相当不良之观感"。认为"任何法制，苟不适于国情，而又戕贼民生者，政府应除之惟恐不速，避之惟恐不及，现行之专商引岸制度，系千百年来封建之遗毒，时事变迁，政体屡易，此项敝制，早不适于今日，政府行事，既然一本革命之精神，人民之福利，如此违反党义党纲之商专卖旧盐法，更何能容留其存在?"①另有文章质问道:"一个为民众谋幸福的政府，对于这个与全体民众福利攸关的大问题，既有解决方案，便须负责实行，不应再行拖延，何以直待今日，还有陈周等中委来翻陈案? 改革盐法，既为民众所殷恳要求，又为立法机关详密订定，事实上对于政府税收也没有多大吃亏，何以一搁再搁，至于今日?"文章说:"我们不否认实行新盐法有许多困难，然而困难的程度今已逐渐减轻，如关于整理场产，建筑仓垞，现在已有成效"，均足证明实行新盐法之时机今已成熟，而"所谓盐政改革委员会，竟到现在，还未见成立"，过去"厘金够麻烦了，但裁厘终归成功"，盐政问题之严重，"较厘金更为深刻，现在盐政的积弊，又甚于厘金"。盐政"所涉及的利害范围，包括全国的民众，民众虽愚弱，决不忘他切身的利害。政府天天说救民，独对民众天天所食的盐问题，不予解决，将如何取信于国民? 在盐糊涂支配之下，民众已达不能忍耐的地步，所为盐潮、淡食、销私、已成为社会治安，民族康健上的重大问题，政府实在没有理由再交白卷"。②《大公报》1934 年 12 月 6 日发表社评《国人所望于五中全会者》称，如若政府继续"决而不行，行而不动"，"空统欺伪之恶习，被于全国"，因"迂腐而不切实际，乃徒以损党国之威信，召民众之失望耳"。③但国民政府此时已无推行新盐法的政治意愿，为安抚旧盐商与地方势力，新盐法的效力是一个可以承受的代价，被民众质问是一个不得不承受的代价。尽管这在政治上看比较短视，但政府却缺乏选择机会。于是就有了这样的怪象:人民承受沉重的食盐负担，"却只能吃到质量很差的食盐"，政府的正常盐税只占人民负担的很小部分。据中国盐政讨论会估计，30 年代中期，每年全国食盐总费用约为 8.19 亿元。其中交付正当盐价者，包括生产成本、运输营业及其它各项杂费仅约 1.575 亿元，即使加上每年中央

① 《请五中全会注意新盐法》，载盐政杂志社:《五中全会会议诀通过限期实施新盐法案及各方评论》(未刊行)，1935 年 4 月，第 14、15 页。
② 《'改革盐政'之重提》，载盐政杂志社:《五中全会会议诀通过限期实施新盐法案及各方评论》(未刊行)，1935 年 4 月，第 22—24 页。
③ 《社评:国人所望于五中全会者》，《大公报》1934 年 12 月 6 日，第二版。

政府征收的约 1.84 亿元的正常盐税,合法和基本合理的成本也只有 3.42 亿元,而包括盐商的搀假短秤、漏税,地方势力巧立名目的各种盐税附加和盐官的贪污等不正当花费为 4.76 亿元。① 盐政变革阻力重重、步履艰难,由此可见一斑。

①　丁长青主编:《民国盐务史稿》,人民出版社 1990 年版,第 273 页。

结语

新盐法未及施行，没有产生实际的法律效力，不等于新盐法彻底失败。南京国民政府通过新盐法这一政治符号作了一次民意测验和政治试探，以牺牲新盐法的效力代价，部分地推进了盐政变革目标。

利益多元及冲突是社会关系的常态，法律为人们驾驭这种状况提供了有效工具。清末以来，由于政治败坏致社会治理失灵，本就千疮百孔的盐政加速沉沦，民众盐负深重，怨声四起，政府面临越来越大的经济政治压力。民国后，一直有刷新盐政的动机，推行的种种变革措施也小有成效，不过盐政败坏局面并未根本改观。至南京国民政府成立，面对入不敷出的财政、贪得无厌的旧盐商、自行其事的地方势力、热切盼望变革盐政的民众，政府不得不高调推出新盐法，意图以此巩固财政基础、强化中央权力、塑造民主形象，通过变革一举摆脱盐政危机。

然而，南京政府当时并不具备推行新盐法的经济资源和政治的社会前提，法律文本的制作水平低下也表明政府尚未熟练掌握法律治理技术。增加税收的现实经济利益与减轻民生痛苦塑造民主形象的长远政治目标的冲突，导致了税收取向盐政变革目标的负相关。与旧盐商复杂的利益纠缠，维持与地方势力微妙政治平衡的需要，加之对新法所遇阻力缺乏预见和对法律客观性认识肤浅导致的立法粗糙，决定了国民政府在盐政改革问题上的施政空间有限，当牺牲新盐法的效力看起来符合利益最大化的理性原则，这注定了新盐法被悬置的命运。

由于历史和现实的政治经济环境制约，在对新盐法风波的危机管理中，南京国民政府采用了政党、立法院与行政院、财政部对立的苦肉计政治技术。表面上看，似乎支持新盐法的国民党和立法院与拖延实施新盐法的行政院及所辖财政部是对立的，是行政院或财政部拖延抵制导致新盐法夭折。但实际上，这不过是执政的国民党在新盐法问题上，因施行法律条件不具备而退求其次补救的政治谋略。基于摆脱财政危机的变革，因其经济目标和政治目标的分立，财政取向与福利取向不相容，这样的改革逻辑会制约政府的施政空间和施政行为。

制定颁布又悬置新盐法,都是国民政府利益最大化的手段,都是其国家意志。新盐法的成案及公布,是政府挤压旧盐商和地方势力利益空间,回应民众刷新盐政期待的话语策略;而不能强推新法时,悬置新盐法,政府既保持了盐税收入,又避免与新盐法反对者摊牌。所谓行政院与立法院对抗的伎俩,无非是政府避免自食其言指责的政治手段。新盐法成了政府在盐政变革利益博弈中争取主动,抢夺话语权的工具,一旦各方利益妥协达成,法律文本也就弃之一旁,没人再关心它的命运。不过,尽管新盐法没能产生法律效力,随着时间的流逝,由于有违"国父遗教,民生主义之精神",而且有违资本主义的自有贸易经济原则,引岸专商制度显得与时代格格不入,其最终还是被废弃。南京政府最终事实上采纳了分区施行新盐法的妥协建议,并利用了时局变迁对过度消费这一议题的限制,给自己找了一个食言的台阶和降低这一话题的分贝的机会

总体看,新盐法挑战缺乏政治正确和道德合法性支撑的旧盐政,挤压了旧盐商的利益空间,震摄了地方势力,部分实现了巩固财税基础、强化中央权力的目标。新盐法未能全面正式施行,民众意愿落空,却换得了政府维持和扩大在盐政利益格局中比较优势,旧盐商和地方势力的利益空间补挤压,中央政府对地方势力的权力整合部分成功。政府以一部法律的效力为代价,获得了推进盐政变革的部分成果。

尤其重要的是,尽管新盐法夭折了,这部法律的推动者和反对者共享的价值、相互博弈的方式,乃至法律的具体规范和技术,都深刻地影响了塑造了当时的社会。通过这场风波,可以了解盐务法制和盐政现代性转型过程中,现代性文化元素的强势冲击力对当时中国社会产生的振荡。自由贸易对陈旧的专商垄断制的巨大杀伤;政府合法性建构方式受民主观念的影响,盐法制定颁布过程吸纳多方意见并兼顾各方利益;盐法相关利益主体包括地方政府、新旧盐商及社会公众,作出诉求、进行动员、追逐利益的博弈借助现代传播媒介的发展得以在民主法制管道内以和平方式实现。政府的危机攻关化解能力经受了考验,社会也通过这一事件接受了现代性文化启蒙。自由贸易的正当性、民生民意的重要价值、法制和平的博弈方式这些现代性文化元素获得广泛的社会认同,清末以来由丁恩推动的中国盐政现代性转型趋势得以维持。专商引岸未被全部废除,但已然丧失了合法性;在分区实施新盐法建议下,盐业自由贸易尽管没有整体确立,社会却接受了它的正当性,并获得一定发展,社会也避免了因新盐法过度对抗。地方势力的利益虽有所保留,但已丧失对抗中央政府的道义和实力基础。民

众负担依然沉重、生活困苦,但政府已不能熟视无睹,执政的合法性要基于人民拥护。利益博奕要遵循法制和平管道,传媒成为了新的社会动员、诉求交汇融合和均衡平台,妥协让步有了建构的正功能。盐政在向现代性转型的方向上被推进了一步。

不过,南京政府没有正式全面推行新盐法的事实,使之无法逃避失信于民的责任,其政治合法性重建目标未能如愿。现实的苦难和焦虑需要善政想象来释放,盐政变革给了民众这种想象一个理由。对新盐善政的参与其说是对政府的支持,勿宁说是民众对苦难的自我拯救。希望越大、创痛愈深,当考量经济和现实利益的理性压倒了谋划政治和长远格局的智慧,新盐法从目标蜕变为话语策略,南京政府终将为此付出沉重的政治代价。

综观整个新盐法起草、颁布和实施的过程,政府站在政治正确和道德合法性制高点,进行的是与旧盐商地方势力不对称博奕,胜之于理当然,而结果似乎出人意料。但其实又在情理之中不难理解。南京国民政府对于新盐法之态度呈现出由最初的革命立场渐趋为改良义立场,表面上有些虎头蛇尾、前后矛盾,甚至是言行不一、犹豫踌躇,实则是不具备施行新法的资源、技术与社会前提,勉力而为,一厢情愿、徒可奈何。财政的现实压力,与上盐商和地方势力妥协的需要,对法律施行环境的疏忽及对推行新法阻力缺乏遇见致法律文本不成熟,新盐法的夭折的确是政府无奈的选择和不得不承受的结果。政府借此作了一次民意测验。民众对政府刷新盐政极其支持;同时,这也是一种政治试探,旧盐商和地方势力受到震摄。尽管施行新盐法愿望落空,但民众在这场风波中展示的有现代性文化气质的政治参与热情,获得了变革盐政的一定的话语权。尤其宝贵的是,现代性文化传播带来的民意作为权力合法性基础的社会共识被再次确认,它的价值将远远越出新盐法风波,会深刻影响和塑造观念、文化及政治的后来中国。只是这只蝴蝶翅膀的振动,会在风雨飘摇 20 世纪中国掀起怎样的风暴,即使尘埃已经落地,答案仍在路途。

参考文献

一、报刊、杂志

《四川盐务日报》

《大公报》

《申报》

《中央日报》

《朝报》

《新民报》

《民生报》

《上海报》

《北平晨报》

《益世报》

《救国日报》

《上海报》

《新新新闻》

《盛京时报》

《时报》

《人民晚报》

《新闻报》

《盐迷专刊》

《盐政杂志》

《新盐法专刊》

《盐务月报》

《盐务汇刊》

《盐政杂志》

《四川月报》

《国闻周报》

《东方杂志》

《国民政府公报》

《临时政府公报》

《政府公报》

二、档案、文献

四川省档案馆藏：全宗名称：历史资料目录——（六）财政经济类。

四川省档案馆藏：全宗名称：历史资料目录——（七）工业类。

四川省档案馆藏：全宗名称：历史资料目录——（十一）其它类。

中国第二历史档案馆馆藏档案：财政部（1927—1949），全宗号：3。

中国第二历史档案馆馆藏档案：盐政总局（1927—1949），全宗号：266。

中国社会科学院近代史研究所图书馆馆藏档案：国民政府档案——国民党行政院。

中国社会科学院经济研究所图书馆馆藏盐务资料。

三、史料集、著作

盐政讨论会：《新盐法通过后舆论界之评论》（未刊行），1931年5月。

盐政讨论会：《新盐法舆论之一斑》（未刊行），1931年5月。

盐政讨论会：《盐法改革问题之释疑与辟谬》（未刊行），1931年5月。

盐政讨论会：《新盐法的起草经过及其内容说明》（未刊行），1931年5月。

盐政讨论会：《中国盐务之现状》（未刊行），1935年。

中国盐政讨论会：《为食盐牺牲人民生命之一斑》（未刊行），1935年9月。

中国盐政讨论会：《蜕化期中之新盐法》（未刊行），1935年双十节。

中国盐政讨论会：《新盐法实行可中止吗？》（未刊行），1935年11月。

中国盐政讨论会：《中国盐务之现状》（未刊行），1935年11月。

中国盐政讨论会：《蜕化期中之新盐法续集》（未刊行），1936年3月。

左潜盦：《盐法改革问题之释疑与闢谬》（未刊行），盐政讨论会，1931年5月。

熊楚：《川盐改进与资源》（未刊行），1931年12月。

盐政杂志社编：《五中全会议决通过限期实施新盐法案及各方评论》（未刊行），1935年4月。

盐政杂志社编：《各报对于最近盐政之评论》，中山印书馆，1934年11月。

景本白编：《盐政丛刊》，盐政杂志社出版，1931年版。

吴受彤：《四川盐政史》，1932年。

南开大学经济研究所经济史研究室编：《中国近代盐务史资料选辑（第一卷）》，南开大学出版社，1985年版。

南开大学经济研究所经济史研究室编：《中国近代盐务史资料选辑（第二卷）》，南开大学出版社，1991年版。

中国第二历史档案馆编：《中华民国史档案资料汇编》第三辑财政（二），江苏古籍出版社，1991年版。

季啸风、沈友益：《中华民国史史料外编——前日本末次研究所情报资料》（第三十四册）广西师范大学出版社，1996年版。

近代中国史料丛刊三编第九十三辑《盐务年鉴》

近代中国史料丛刊三编第九十三辑《盐务公报》

近代中国史料丛刊三编第九十三辑《川盐纪要》

近代中国史料丛刊三编第八十八辑《中国盐政实录》

近代中国史料丛刊三编第八十八辑《皇朝政典类纂·盐法》

阮湘等编：《中国年鑑·盐务》（第一回），商务印书馆，1924年版。

田斌：《中国盐税与盐政》，江苏省政府印刷局，1929年版。

韬园：《盐务革命史》，南京京华印书馆，1929年版。

林振瀚:《中国盐政纪要》,商务印书馆,1930年版。

贾士毅:《民国财政史》,商务印书馆,1934年版。

吕平登:《四川农村经济》,商务印书馆,1936年版。

蒋静一:《中国盐政问题》,正中书局,1936年版。

曾仰丰:《中国盐政史》,商务印书馆,1937年版。

何维凝:《新中国盐业政策》,正中书局,1941年版。

中国文化建设协会:《抗战十年前之中国》,文海出版社,1948年版。

李建昌:《官僚资本与盐业》,三联书店,1963年版。

[美]阿德谢德:《中国盐务管理的近代化1900—1920》,哈佛大学出版社,1970年版。

田秋野、周维亮:《中华盐业史》台北商务印书馆,1979年版。

段玉裁:《说文解字注》上海古籍出版社,1981年版。

[美]罗伯特 A·柯白:《四川军阀与国民政府》,四川人民出版社,1985年版。

林增平、周秋光:《熊希龄集》,湖南人民出版社,1985年版。

[美]巴林顿·摩尔:《民主与专制的社会起源》,华夏出版社,1987年版。

林振瀚:《盐政辞典》,中州古籍出版社,1988年版。

孙彩霞:《中国国民党历次代表大会简介》,南开大学出版社,1989年版。

李涵等著:《缪秋杰与民国盐务》,中国科学技术出版社,1990年版。

丁长青主编:《民国盐务史稿》,人民出版社,1990年版。

[美]费正清:《剑桥中华民国史》(第二部),上海人民出版社,1992年版。

彭泽益、王仁远:《中国盐业史国际学术讨论会论文集》,四川人民出版社,1992年版。

章开沅、罗福惠:《比较中的审视:中国早期现代化研究》,浙江人民出版社,1993年版。

李明明、吴慧:《中国盐法史》,台北文津出版社,1997年版。

[美]西摩·马丁·李普赛特:《政治人——政治的社会基础》,上海人民出版社,1997年版。

唐仁粤主编:《中国盐业史(地方编)》,人民出版社,1997年版。

郭正忠:《中国盐业史(古代编)》,人民出版社,1997年版。

吴景平:《宋子文思想研究》,福建人民出版社,1998年版。

丁长清唐仁粤:《中国盐业史(近代当代编)》,人民出版社,1999年版。

盐务署盐务稽核总所编:《中国盐政实录》,文海出版社,1999年版。

董振平:《抗战时期国民政府盐务政策研究》,齐鲁书社,2001年版。

方汉奇:《中国新闻传播史》,中国人民大学出版社,2002年版。

董振平:《抗战时期国民政府盐务政策研究》,齐鲁书社,2004年版。

李彬:《全球新闻传播史》,清华大学出版社,2005年版。

[美]丹尼斯·麦奎尔:《麦奎尔大众传播理论》,清华大学出版社,2006年版。

钱瑞升:《民国政制史》,世纪出版集团,2008年版。

四、研究论文

姚顺东、唐湘雨:《南京国民政府初期食盐立法与中国法律近代化》,《盐业史研究》,2006年第3期。

王果:《略论四川军阀对"新盐法"的抵制》,《盐业史研究》,1988年第3期。

张立杰:《探析南京国民政府未能实施新盐法的原因》,《盐业史研究》,2007年第3期。

刘慧:《刘晏盐法下政府与商人合作的产权意义》,《晋阳学刊》,2006年第4期。

曹蕾:《浅论南京国民政府时期的《新盐法》》,《社会科学论坛》,2005年第3期。

金钟博：《明代盐法之演变与盐商之变化》，《史学集刊》，2005 年第 1 期。

黄国信：《盐法变迁与地方社会的盐政观念》，《清史研究》，2004 年第 3 期。

王铭慎：《历代盐法源流考》，《盐业史研究》，2002 年第 1 期。

房建昌：《一九三七～一九四五年间伪蒙疆政权时期盐务述略》，《盐业史研究》，1995 年第 2 期。

姚顺东：《南京国民政府初期食盐立法研究》，广西师范大学 2004 年硕士学位论文。

王方中：《1927—1937 年间的中国盐务与盐法改革的流产》，载彭泽益、王仁远主编《中国盐业史国际学术讨论会论文集》，四川人民出版社 1991 年 12 月版。

附录 1 《盐法》

第一章　总则

第一条　盐就场征税任人民自由买卖无论何人不得垄断

第二条　本法称盐者指盐及盐卤盐矿并其他盐化合物含有百分之三十以上之氧化钠者而言

第三条　盐就其使用之目的分左列三种

一、食盐

二、渔盐

三、工业用盐及农业用盐

前项食盐包括酱类腌腊及其他制食品之用盐在内

第四条　食盐以含有百分之九十以上之氯化钠者为一等盐含有百分之八十五以上之氯化钠者为二等盐氯化钠未满百分之八十五者不得用作食盐

前项一等食盐所含水分不得超过百分之五，二等食盐所含水分不得超过百分之八

第五条　渔盐以沿海之本国渔业所需用者为限，但非沿海之渔业而许用渔盐者，其区域以命令定之

第六条　工业用盐以左列本国工厂所需用者为限

一、制造纯卤及其他卤类工厂

二、制造盐酸漂白粉及芒硝工厂

三、制造钠氯及其他有关钠氯之化学药品工厂

四、制造钾镁工厂

五、制造皮革工厂

六、制造颜料工厂

七、制造胰皂及提炼提炼油类工厂

八、冶金工厂

九、制冰工厂

十、制造玻璃工厂

十一、窑业工厂

十二、造纸工厂

十三、其他工厂需用工业用盐经经国民政府许可者

第七条 农业用盐分左列三种

一、饲畜用盐

二、选种用盐

三、肥料用盐

前项农业用盐以本国牧畜场农事试验场及肥料制造厂所需用者为限

第八条 盐非国民政府或受有国民政府之命令者不得由外国输入或由未施行本法之区域移入

第二章　场产

第九条 盐非经政府之许可不得采制制盐许可条例另定之

第十条 产盐之场区及每年产盐之总额政府得依全国产销状况限定之

第十一条 盐场以其产盐数量为标准分左列四等

一、年产二十万公吨以上者为一等场

二、年产十万公吨以上者为二等场

三、年产五万公吨以上者为三等场

四、年产不满五万公吨者为四等场

第十二条 凡产少质劣成本过重或过于零星散漫之盐场政府认为不适当者得裁并之。盐场裁并时关于原制盐人之善后办法以命令定之

第十三条 硝盐土盐石膏盐等政府应分别取缔或收买改制

第三章　仓坨

第十四条 政府应于盐场适宜地点建设仓坨为储盐之用,其由私人建造之仓坨应归政府管理或给价收归国有

第十五条 凡制盐人制成之盐应悉数存储政府指定之仓坨不得私自存储

第十六条 凡精制盐或再制盐均应在盐场内设厂制造,悉数存储政府指定之仓坨。以已经纳税之盐再加精制者不受前项之限制

第十七条 盐场设置盐质检查员,凡盐存入仓坨前应经检查员之检定。前项检查条例另定之

第十八条　不合食盐标准之盐应另行存储作渔业工作农业用盐，或令原制盐人改制

第十九条　县市卫生机关认为市售食盐不合法定标准时得施行检验

第二十条　盐场设置盐秤员，专司仓坨储盐之出纳。凡盐无盐质检查员之检定证，不得存入。无完税凭单或免税凭照不得秤放

第二十一条　仓坨管理条例另定之

第四章　场价

第二十二条　凡由仓坨售出之盐，由场长召集全体制盐人之代表按盐之等次及供求状况认定场价。公告之场价有变更时亦同

第二十三条　盐之售出应按各制盐人之存盐总数比例分摊。但制盐人为个人而其年产不满五公吨者得优先售出，年产不满五公吨者不止一人时得按比例优先售出

第五章　征税

第二十四条　食盐税每一百公斤一律征国币五圆不得重征或附加

第二十五条　渔盐税每一百公斤征国币三角

第二十六条　工业用盐农业用盐一律免税。关于免税管理方法以规则定之

第二十七条　前条免税用盐，应各按其用途以购买人之费用施行变性或变色。但第六条第三款及第六款需用之盐，得令购买人提供相当保证或担保品不施变性或变色。盐之变性或变色由盐质检查员于仓坨内起运前行之。变性变色方法以规则定之

第二十八条　凡需用多量免税用盐之工厂农场请求不施变性变色者，得由盐场公署及稽核分所分别派员驻于该工厂农场内稽查盐之收数及用途

第二十九条　盐副产物如苦卤卤块卤膏硝品卤巴卤饼等一律免税，但出场时应受盐场公署及稽核分所之检查

第三十条　盐之包装式样得由盐政机关规定。秤放时除实在皮重外不得有加耗等名目

第三十一条　由外国进口之酱油酱油精及其他调味品，除进口税外，得依其所含盐分照食盐税率征税并得加征倾销税。未施行本法区域所产之盐因特别情形许其移入者，应于移入时按同一税率征收盐税

第三十二条　凡向盐场买盐，应先向稽核分所领取完税通知单持，向

代理国库银行完纳盐税,领取完税凭单。前项完税凭单共分六联,一联为银行存根,一联由银行送交买盐地之盐场公署,一联送交买盐地之稽核分所,一联送交审计机关。余二联发交买盐人,由买盐人以一联向仓坨买盐,一联于经过稽查线时随盐截角放行

第六章　盐务机关

第三十三条　中央设盐政署及稽核总所,直隶于财政部。各产盐场区设盐场公署及稽核分所,分别隶属于盐政署及稽核总所。盐政署及所属机关掌理盐务行政场警编制仓坨管理及盐之检验收放事宜。稽核总所及所属机关掌理盐税征收,稽查盐斤收放及编造报告事宜。盐政署稽核总所属机关组织法另定之

第三十四条　产盐场区应划定稽查线,配置相当之水陆场警,稽查盐之出入并保卫盐场仓坨。前项场警归盐场公署管辖并受稽核分所之指挥,其编制另定之

第三十五条　盐政署及稽核总所因职务上之必要均得设置巡察员分赴各场区巡察

第三十六条　自本法施行之日起,凡非依本法设置之盐政机关稽核机关及缉私机关应一律裁撤

第七章　附则

第三十七条　本法公布后应设盐政改革委员会,直隶于行政院,掌理基于本法之一切盐政兴革计划至盐政改革完成之日裁撤。前项委员会由委员七人至九人组织之,以行政院院长为委员长,财政部部长为当然委员其组织法另定之

第三十八条　自本法施行之日起,所有基于引商包商官运官销及其他类似制度之一切法令一律废止

第三十九条　本法施行日期以命令定之本法施行之日边远区域有因特别情形未能施行本法者,得以命令定其区域

附录 2 《盐法说明书》

整理财政为我国目前之急图。关于税收方面,对于国家税与地方税尤须积极改革,切实整顿我国现时国税,收入之大宗盐税实居其一,而弊害亦最深。旧时引岸制度多被世袭盐商及腐败官员把持操纵,既损国家税收复增人民负担。民国以来虽有一番局部整顿,无如积弊太深,尚无多大成绩。现值国民政府统一全国,亟应抱定决心排除障碍制定盐法,从事盐务全部根本改革,以裕国计民生。查本党第三次全国代表大会政治报告议决案内决定整理财政之根本原则第五点为"整理国税与地方税制并杜绝收税机关之一切积弊"。盐税既为国家税收大宗,而其弊害亦不亚于厘金,自应在首先整理之列。又查中央执行委员会第二次全体会议关于振刷政治案(甲)决议第四项为"整理盐法减轻盐税剔除积弊调节盐价,财政部应于十八年内制定此项计划负责执行"。是不但明白规定整理盐法而且明白规定整理原则,限期由财政部负责办理。本院十八年七月第三十六次会议会根据以上两项重要原则议决:(一)咨行行政院转令财政部遵照二中全会议决草拟盐法全案从速提送本院审议;(二)指定委员三人搜集关于盐法之资料。事过一年,财政部迄未见复本院。始于十九年五月第九十二次会议议决由本院起草盐法,由院指定员委十五人起草。当经全体起草委员第一次会议议决,加推二人搜集关于盐法之资料。至全体起草委员会复议决,由主席指定委员七人整理起草要点并再搜集材料。自第二届立法委员就职后复由院长令派委员十六人起草盐法由全体起草委员会议议决起草要点,并指定委员五人初步起草条文,再由全体起草委员详细审查决定全部盐法草案,凡七章共三十九条。至于草案内容均系恪遵二中全会所决定之整理原则,并取消专商引岸改为就场征税任人民自由买卖,以期扫除数百年来民间积久之痛苦而上符总理民生主义之精神。此本案起草经过之大概情形也。条文说明如下:

第一章　总则

第一条　说明按盐务根本改革不外就场征税与就场专卖两种主张,此两种制度差别甚微。而就场征税实较为易行。因就场专卖须由政府将产盐完全出价收买,且政府既有专卖之权利,则盐务官吏对于全国各场产盐可完全左右操纵畸轻畸重,将见各处盐民之财产生计毫无障碍。盖吾国幅员广大,各地制盐之方法迥殊,制盐之成本亦异,非若蕞尔日本之易于举办国家专卖也。至于就场征税任听人民自由卖买,则只须责令制盐者将所制之盐悉行存储政府指定之仓坨便可办到,无须由政府出价收盐增多一番手续。且盐斤纳税之后既任听人民自由买卖,则各处产盐得以自由竞争,既可改良盐质,复可平减盐价。凡品质恶劣而成本过重之盐终归自然淘汰,政府不必有所轩轾至于其间,一切过去官商狼狈为奸之积弊均可免除。故就场征税较诸就场专卖至少在最近之将来实于国计民生更有裨益。将来全国场产完全整理就绪之后,如欲改为就场专卖则亦水到渠成,易如反掌。足见就场征税与就场专卖本属殊途同归并非南辕北辙背道而驰也。

或谓就场征税听人民自由买卖,则专商一去,所有边远或不产盐省份必有食淡食贵之虞。实则不然,须知盐为人生必需之食品,且无他物可资代替,有确定之需要,自有不断之供给,此为经济上供求相应之一大原则。至于交通不便或道途不靖乃暂时之现象,而非永久之现象,不能因此变更国家之远大政策,况在引岸制度之上偏远地方亦时有盐荒,如贵州盐斤有时每斤竟售价一元有奇即其一例。若就场征税任听人民自由买卖,则盐变为普通商品,价昂之地获利较厚,人必趋之。故自由贸易非特无偏枯淡食之虞且有调剂盐价之利。世之以淡食贵食为虑者多为专商作伥者也。

第二条　说明盐在法律上之意义应有明确之规定,以免征税之时发生疑问或取缔之时发生困难,且对于禁止外盐输入始有一定之标准。又按日本立法例系含有氯化钠百分之四十以上,中国现时亚尔加利类工业尚未发达,而且盐税颇重,不妨从严规定。

第三条　说明近世科学进步,盐之为用日以加广,除用以调和五味之外,在工业上农业上及渔业上皆有许多用途。德意志日本诸邦之立法例对于工业农业及渔业用盐大都特别减免盐税或减低盐价。我国实业尚未发达,尤应多方奖励,故本条特就盐之用途加以分类,以便分别规定征税及免税办法,保护本国实业。惟制酱类腌腊及其他制食品之用盐均系食用而酱与酱油并可完全代替食盐,故不应列入工业用盐范围。为保护国产起见,尽可增加关税,中央最近公布之海关进口税则对于本国酱业实已足资保护,况酱商之外人民自制酱与酱油酱菜及自行腌腊食品者亦属甚多,若悉按工业盐免税或减税在行政上必深感困难。欲只准商人独享减税或免税利益,则又极欠公允,故本条所规定之分类标准实更为适当也。

第四条　说明查各国盐法均规定食盐标准,以重人民卫生。欧美诸邦之食盐多含氯化钠百分之九十乃至九十五以上。吾国政府对于食盐标准,向持放任态度,对于劣盐之制造亦不切实加以取缔,兼之奸商售盐多掺和泥沙杂质以图厚利,遂致劣盐充斥,妨害民食。故本草案仿照东西立法先例,斟酌吾国产盐品质,规定食盐标准,以期次第改良盐质及注重人民卫生,至于食盐分为二等原为迁就事实起见,将来场产整理卓著成绩之时,始将食盐标准再行提高。

第五条　说明按腌鱼用盐以沿海渔业需用最多,为保护沿海渔业挽回利权起见,对于沿海本国渔业用盐实有减免盐税之必要。至于内地江河湖泊之渔业所用渔盐,似不宜普遍减征盐税,增多行政上之困难。故本条第二项对于非沿海之渔业用盐稍加一种限制,以免发生流弊。

第六、七条　说明工厂及农业用盐均应明定范围,以便一面奖励实业一面保护税收。故本草案仿照日本德意志诸邦之立法例及民国十七年财政部盐务署盐务讨论会会议关于农工用盐免税之提案,并参酌工业化学专家之意见,为前条及本条之规定。至工业用盐之限于工厂及农业用盐之限于牧畜场与农事业试验场及肥料制造厂等,乃纯为便于监督管理起见。

第八条　说明查外盐进口虽为条约所禁,仍应于盐法中加以明文规定较为严密。且日本盐专卖法亦有立法之先例也。又新疆外蒙西藏等地在未能施行本法以前,亦应限制其盐斤移入,籍以保护税收。

第二章　场产

第九条　说明本草案虽采取就场征税自由贸易制度藉以剔除专商垄断之恶习,惟制盐仍需经政府许可者,所以使政府便于整理场产限制产额并可避免私盐充斥妨碍税收也。霍有制盐特许条例于民国三年公布,为时已久多不适用故应另定以至臻妥善。

第十条　说明我国产盐之地甚多,而以味质浓厚成本轻少者为最适宜之场区。为便于管理及征税起见,政府可按全国产销状况加以限制。至于每年产盐总额则应按人口比例及实业上之需要佑定数量加以限制,务使供求相应,庶人民无淡食之虑产地无壅滞之患。

第十一条　说明无论就场征税或就场专卖均以整理场产为根本问题。盐场整理得宜,非特可以免除走私而且可以少设盐务机关。盐场按产盐数量厘定等级乃为便于管理及按事务之繁简设立相当之盐务机关起见。

第十二条　说明裁并产地为整理场产之要图,故本条规定凡盐场有各种情形经政府认为不适当不便利者得裁并之,俾产地更为集中。惟盐场裁并时对于原制盐人应代为妥筹善后办法,故有第二项之规定。

第十三条　说明此条规定乃为取缔私制劣盐起见。如湖北应城之石膏盐所含氯化纳远在百分之六十五以下,当然禁作食盐。幸此种石膏盐成本贵而产量少。将来盐税减轻引地废止,即不能与法定食盐竞争,自易消灭。又山西土盐成本亦高于盐海,只征同一之税即可寓禁于征。惟硝盐遍及数省,面积估百数十县,产额达一百万公担以上,家家可制,禁不胜禁征无从征,不但损害国课而且有害卫生。为治本计应于硝盐产区振兴水利引水冲淡,数年之后变斥卤为农田,农盐两利。为治标计,除交通不便地方禁止刮硝外其余所刮硝盐不准开锅提盐,但将原料售与硝盐局由硝盐局加以精制,则精硝精盐均可合格,而硝盐不禁自绝矣。至现行官硝厂章程多不适用,自应另定办法。

第三章　仓坨

第十四条　说明此条规定在使盐户所制之盐尽入官仓或官坨,以使实行就场征税防杜走私.现时已有若干产盐场区由公家建筑储盐仓坨,卓著成效,惜尚未普及耳.又盐户商自建之仓坨亦应尽归公家管理或给价收归国有,始能贯澈民产官储之目的。又如精盐公司在厂内自设仓坨由官厂派员管理秤放,亦与官坨无异。

第十五条　说明制盐人制成之盐应悉数存入政府指定之仓坨,不得私自存储以便实行就场征税防免走私。

第十六条　说明本条所谓仓坨即第十四所指。由公家管理之仓坨虽由精盐厂自行建筑亦应归收府管理,以便征税放盐。惟对于以已纳税之盐而再加精制者自不必加以干涉。

第十七条　说明盐质检定关系人民卫生,至为重大,故应由政府设置盐质检查员于产盐存入仓坨前专司盐质之鉴定及化验,其检查条例应另行订定以资遵守。

第十八条　说明凡不合食盐法定标准之盐应另行存储政府指定之仓坨作工业农业渔业用盐,但仍得令原制盐人加以改良以免劣盐储存过多无法销容。

第十九条　说明此条规定实为必遇。盖就场征税施行以后,除场区外既不另设盐务机关,难免奸商任意掺和杂质。故应由内政部通令全国卫生机关,认为市售盐质不合法定标准时,得重行抽查化验加以取缔,以补盐务机关之不逮。

第二十条　说明全国盐税全在盐秤员掌中，衡量稍有弊端即损失极大，国课责任既重，待遇宜优，并应严定奖惩办法以资遵守。

第二十一条　说明仓坨管理条例关系重要，故应另定。

第四章　场价

第二十二条　说明各场产盐虽准许制盐人本自由贸易明之原则自由出售，但盐斤既混存仓坨，似应由场召集全体制盐人之代表随时议定场价公告之，以免少数奸商操纵盐价或因他种原因发生争执。

第二十三条　凡同等次之盐一经存入仓坨，均系混合保管，售出之时则按各盐户存盐数量比例给付盐价以昭公允。北方各场已多数实行，于管理上亦甚为便利，但为体恤小本盐户起见，青岛地方有在某种数量以内得优先售出不照比例分配，此种办法似可采用。故有本条之规定。

第五章　征税

第二十四条　说明盐为贫富普通需用之食品，征税不宜过重。民国七年修正盐税条例为每司马秤一百斤征税三元，今改为每一百公斤征税五元，折合司马秤为三元一角七分五厘有奇，比民七税率已略有增加。照民国十八年度盐务署所公布之盐税总收入为一万三千二百九十五万二千七百零六元（附加在内）及该年度销盐总数为三千六百四十三万六千七百四十八担，平均每司马秤一百斤征税三元六角四分相差亦属无几。该年之税收及销额，因花定新疆两区报告不齐均付关如故，实销官盐总额当在司马秤四千万担左右，私盐尚不在内。将来盐场整理就绪，销数可达司马秤五千万担或三千一百万公担以上，是税率虽略为减低而税收则当有增无减。盖按照盐务稽核总所之最近估计，全国因种种原因少收之税欸约占应收盐税百分之二十五零七，即少取三千七百余万元之多也。

第二十五条　说明按渔盐在渔业法内已规定每一百斤征税二角，本条即系按照该项税率改为公斤计算，不过化零为整耳。

第二十六条　说明工业农业用盐在原则上虽应免税，籍以奖励实业，惟免税手续颇为复杂，故应另定免税及管理规则，以便有所遵循。

第二十七条　说明工业及农业用盐之变性变色，原为防止混充食盐侵害税收起见。但此种用盐在事实上有不宜变性亦不宜变色之，只好令其提供保证金或担保品以防舞弊，至于何种用盐加入何种物品或色料，应在于变性变色施行细则中规定。又盐之变性变色，第一须按盐之用途，第二须按需要之多寡,故应于盐斤起运之前由盐质检定员在仓坨内行之。

第二十八条　说明凡需用多量免税盐之工厂农场,欲令其将用盐悉行变性或变色所费甚属不赀,故不妨稍予变通,只由盐务机关派员驻厂或驻场严密监督稽查盐斤之收入及用途足矣。查民国十三年公布之实业用盐征税发放及管理章程,亦有类似之规定。如塘沽永利制盐公司,现时采购工业用盐即系由盐务机关派员驻厂监视也。

第二十九条　说明查盐副产物种类繁多,其中如卤块卤晶卤膏盐饼等,一般农人多用作肥料。又普通工业如豆腐业豆汁业以及制造牙粉之工厂亦多需用之,故不妨一律免税,但出场之时应受盐务机关之检查以杜弊端。

第三十条　说明散盐起运流弊甚大,为便利秤放起见,包装压力求划一。又加耗加斤侵害国税甚钜,民国三年公布之增税法本已革除,民国七年盐商运动北京盐务署修正盐税条例并恢复称斤名目。仅以两淮论,多者每百斤加耗十三斤,少者九斤,每年销六百万担(司马称)计之即有六七十万担之免税盐。是两淮盐斤加耗每年损失正税已不下二二百万元矣。本草案所定盐税税率较诸现在各省实征之盐税已属减轻。故除皮重外不许再有加耗等名目以维国税。

第三十一条　说明由外国进口之酱油精及其他调味品,应依其所含盐分征以同等之税率或较高之倾销税,藉以保证本国工业。至于未施行本法地方所产之盐,如蒙盐藏盐等应以其移入为禁原则。如因特别情形许其移入者,应于移入时按同一税率征收盐关税以免妨害税收。

第三十二条　说明此系为就场征税之要点。盐税由稽核机关发给完税通知书交买盐人持向代理国库之银行完纳税款,由银行填发完纳纳凭单。不但节省经费,而且杜绝盐务人员与商人勾通作弊或故意留难,并可免除一票数运众弊。查从前两淮发引改票,以为每年更换与自由贸易无异,孰知行之既久,每年曳换之票在实际上仍变为世袭罔替,引一票循环恃为恒业,流弊无穷,其原因即在立法之初,仍留票名故也。此次颁定革令,盐法自应废除引照运票运照等名目,经留完税凭单一种,一经出场即截角无效,不能再运,如此,则向来弊积均可除矣。

第三十三条　说明查现行盐务官司制实嫌过于复杂,事权既不统一,开支亦极浩繁。在欧美诸邦各种内国消费税之征收费用,少至百分之二多亦不过百分之五。我国盐税之征收费用竟达百分之十以上乃至百分之十四五。譬如民国十九年度拟定之增税总收入为一万三千六百三十八万九千一百二十元,而拟定之经费支出则为一千九百四十六万六千五百七十四元,计经费支出竟占总收入百分之十四有奇,较诸欧美不啻超过两三倍。何况机关愈多,则人民之间接负担尤不可胜计,现以改为就场征税,极应将现有盐务机关通盘筹划,完全改组。机关宜简便,征权宜统一,用人宜得当,待遇宜公平,方能脉络贯通有条不紊而事理矣。唯盐务与关务情形稍有不同,关务之税则事务较繁行政事务较简,盐务则行政事务较繁征税事务较简。故组织亦应酌量变通以收最大效能。

第三十四条　说明本法既采用就场征税制度,故只应于各盐场配置水陆场警,以保证场产仓坨及稽查盐之出入足矣。惟盐务场警办理,向极腐败,故应改由行政及稽核两方面会同营辖指挥以资整顿。

第三十五条　说明将来各产盐场区之盐务机关既直隶于中央,地方已无监督机关,故应设置巡察员分赴各场区巡察。

第三十六条　说明本法施行后既采用就场征税制,以就场官为原则,凡从前非依本法设置盐政机关稽核机关及缉私机关自应一律完全裁撤。

第七章　附则

第三十七条　说明为促进本法之施行完成盐政之改革起见,似可根据国民政府组织法第十七条二项关于特定之行政事宜得设委员会掌理之原则,特设盐政改革委员会以资进行,但财政部去年对于裁厘一事亦会特设委员会。盐政改革实较裁厘尤为繁杂,而且费时较要久,故有特委设改革委员会之必要。

第三十八条　说明本法革案既采用就场征税自由贸易制度,则所有基于引商包商官运官销及其他类似制度之一切法令自应一律废止。

第三十九条　说明本法为改革盐政之根本法,自应经过相当筹备期间,始能全部施行。故本条规定施行日期以命令定之,凡一时或永久不能施行本法之边远区域如新疆外蒙西藏等自应由政府斟酌情形另以命令定之。

致　谢

　　本书由本人在四川大学攻读博士学位期间学位论文增定而成。文章的构思写作,得到了我的博士导师陈廷湘教授的悉心指导,同门师弟鲁克亮博士给予了宝贵帮助,黄苹、曾燕、任春燕、潘训博士均贡献了有益建议。本书在申报国家社科基金后期资助项目过程中,上海三联书店王笑红、冯静女士给予了热情支持,西南民族大学法学院王允武院长、周洪波博士也积极帮助本书纳入西南民族大学民族法学研究创新团队(14CXTD01)资助项目。在此,对所有帮助本书写作的老师、同学、领导表示衷心感谢!

图书在版编目(CIP)数据

社会危机与法律变革：南京国民政府时期的新盐法风波研
究/阵卯轩著. —上海：上海三联书店，2017.1
ISBN 978-7-5426-5700-8

Ⅰ.①社… Ⅱ.①陈… Ⅲ.①盐税-税法-研究-中国-民
国 Ⅳ.①D922.229.2

中国版本图书馆 CIP 数据核字(2016)第 235410 号

社会危机与法律变革——南京国民政府时期的新盐法风波研究

著　　者／陈卯轩

责任编辑／冯　静
装帧设计／汪要军
监　　制／李　敏
责任校对／张大伟

出版发行／上海三联书店
　　　　　(201199)中国上海市都市路 4855 号 2 座 10 楼
网　　址／www.sjpc1932.com
邮购电话／021-22895557
印　　刷／上海肖华印务有限公司

版　　次／2017 年 1 月第 1 版
印　　次／2017 年 1 月第 1 次印刷
开　　本／710×1000　1/16
字　　数／220 千字
印　　张／15.5
书　　号／ISBN 978-7-5426-5700-8/D·338
定　　价／45.00 元

敬启读者，如发现本书有印装质量问题，请与印刷厂联系 021-66012351